相约经典 走进名著

（中国现当代卷）

主编 袁湛江

中国人民大学出版社
·北 京·

前　言

——致中学师生的一封信

亲爱的老师和同学们：

大家好！新课程，新教材，新征程。祝贺大家共同进入一个课程改革的新时代。您手中的这本新书，是我们长三角新语文教师联盟与中国人民大学出版社联手为您精心打造的一份礼物！

针对教育部2017版《普通高中语文课程标准》（以下简称“新课标”）在教育教学实施过程中遇到的重点和难点问题——如何稳妥推进、有效落实整本书阅读，我们汇聚了大量优秀一线语文教师、教学科研人员和部分高校相关专家聚焦问题，集中攻关，挖掘、优化、整合各地阅读经验和策略，经过长三角地区几十所不同层次学校的试验，逐步将整本书阅读纳入常态的语文教学轨道，激发阅读兴趣，培养阅读方法，提升阅读效率，在语文教师的有效指导下，初步建立了学生自主阅读的机制。今天推出这本书，希望为纠结于整本书阅读的师生提供一种解决问题的思路，也希望得到各位使用者的建议，在大家的共同探索中，逐步完善我们高中语文教学的常态阅读体系。

下面谈三个问题：这是一本什么书？为什么要编写这本书？

怎样用好这本书?

一、这是一本什么书?

简单地说，这是一本引导、规范并提升中学生有效进行整本书阅读的书。“引导”就是激发兴趣，解决“不想读”的问题；“规范”就是培养阅读习惯，提醒学生在阅读的过程中哪些是应该做的，哪些是不能做的，解决“不会读”的问题；“提升”就是建立科学的读书方法，指导学生哪些是有效率的阅读，哪些是无效率或低效率的阅读，解决“读不好”的问题。那么我们通过什么手段来解决“不想读”“不会读”和“读不好”这三个问题呢?

首先看看我们的“菜谱”(见目录)，有没有引起各位的“食欲”? 按照经典性、时代性、贴切性原则，我们选择了不同时代、不同风格，但都有较高成就并产生一定影响力的代表性作家的经典作品，同时是中学生比较喜欢并深受其影响的重要作家的作品作为阅读推荐对象。本丛书在时间上按照中国现当代、中国古代、外国三个序列，各编一本书，每本书选择 30 部左右成就突出、特色显著、影响巨大的代表性作品建立阅读训练体系。三本书加起来大约囊括古今中外 100 部最杰出的经典著作。我们的期望是：每位中学生能从中选择 30 本作为自己中学时代的整本书阅读对象，进行系统且深入的课外研读，在这个过程中，拓宽眼界，培养情趣，积累素养，提升境界。本册作为这套系列丛书的第一册，入选的作品来自中国现当代，其中第一部分作品始于 1919 年五四运动，止于 1977 年“文化大革命”结束；第二部分作品始于 1978 年“改革开放”，止于 2018 年。这样分阶段，主要是以作品的大时代思想背景为依据的——以“改革开放”为标志，意识形态领域发生了根本性的变化。这种时代思想的发展变化对于文化和文学的影响是巨大的，甚至是颠覆性的。如果不看清这一点，我们就没办法理解为什么当时会出现那么多与今天的观念迥然不同的作品。当然，不同形式的文艺作品在民族精神文化方面又具有多种形式的传承，我们在鉴赏文学艺术作品的过程中可以明显感受到传统文化在突破时代局限方面强大的穿透力和顽强的延续性。对于同一时代的作品，我们按照诗歌、散文、小说、戏剧和学术著作来分类排序，便于师生比较和鉴别。

其次说说本书的体例。每部作品的导读与互动分为相互关联的 8 个部分，每一个部分虽然有简明扼要的提示，但重点不在这里，而在于设置的那些既有温度、有情趣，也有思维含量的问题，每一个问题都体现了编者的深入思考与呈现方式，但是没有提供参考答案，就是为了引导学生切实通过整本书阅读，来形成自己的看法，完成自己的积累。8 个部分各起什么作用呢？

1. 导语——揭示一本书的阅读价值，或者提示最微妙的阅读切入点。

2. 关于作者——用最简练的文字与学生互动：关于作者的“那些事儿”。

3. 内容解析——伴随着你的阅读进程，通过互动的方式，逐步呈现作品的主要内容、思想情感以及价值取向。

4. 艺术鉴赏——与学生一起感悟作品的艺术魅力，帮助其学会简要分析。

5. 争鸣商榷——共同参与，提出并呈现对作品的质疑与批判。

6. 学以致用——即读后感，鼓励学生联系自身或社会实际做好文化迁移。

7. 阅读建议——教师根据自己的经验和体会提供的阅读建议，其中很多具有操作价值，比如阅读的关注点、切入点、节奏、效率、比较、检测、读写关联、思考与练习、阅读反思等，学生可按需索取。

8. 相关链接——为有兴趣深入研究该作品的学生提供一个定向延伸拓展的阅读空间。

二、为什么要编写这本书？

第一，自教育部 2017 版“新课标”颁布以来，整本书阅读已经成为新课改的标志。如果说上一轮课改因为出现了“模块”的概念而吸引了人们的眼球，突出了课程的三维价值，强调了语文学科的工具性与人文性统一的基本特点，那么本轮课改最受关注的地方则是提出了 18 个“学习任务群”，其中整本书阅读首当其冲。

“学习任务群”强化的是语文学科的“核心素养”（语言建构与应用、思维发展与提升、审美鉴赏与创造、文化传承与理解）。用心体会，我们会发现这里既有一脉相承的语文专业思想，也有教育功能的转化和飞跃，而整本书阅读在兼容上述元素的 18 个“学生任务群”中具有突出地位，可谓大势所趋、势在必行。

第二，目前中学语文界在操作层面遇到的实际困难是，中学生要面临巨大的考试升学压力，诸多学科需要大量的时间来“刷题”，整本书阅读如何落实？在严峻的现实面前，美好的理想目前还大多停留在设计层面。学校、教师、学生该何去何从，不仅需要在理论上澄清概念，重塑价值，更亟须在操作层面得到破解，为教师的指导和学生的行动找到一条出路。本书的目标就是要通过实际操作模式，引导学生有效进入并完成第一个“学习任务群”——整本书阅读，从而为本轮语文课程改革做出先锋式的探索。

整本书阅读，最大价值应该在于拓宽学生的阅读面，并让其从自由阅读中获得快乐和人生感悟，提升思维能力、语言建构和审美能力。因此，整本书阅读，应该是一种沉浸式的自主阅读，教师的作用在于引领学生感悟到以他们的阅历不太能够感悟到的东西，起到的是脚手架的作用，而不是把相关的知识整理出来，喂给他们。如果说，整本书阅读是在让学生阅读经过我们过滤缩编的二手书，那将是阅读的倒退和整体的失败。发达国家的教育显示，孩子入学，就应从绘本等读物开始，坚持让孩子每天在固定的时间读书 20 分钟，以此养成孩子终身阅读的习惯。每本书后附一些题，这些题主要考察孩子是否通篇读完，有什么感悟，很简单。教师每周记录一次，作为学期考核的一部分分数。这部分内容既是对孩子阅读的督促和检查，也是对孩子思维的引领。这种成功的经验给了我们很大的启发。目前，人民教育出版社新编的中学语文教材也提出了类似的要求，但在学校实际的教育教学过程中能否得到落实呢？我们认为，如果不采取有效措施，结果并不乐观。

整本书阅读，需要师生合作才可能完成。对教师而言，要逼着自己读书，重读、细读，读出独到的感悟，唯有如此，才有指导学生的欲望和底气，才能适应现代学生的需求，在此基础上，研究学生整本书阅读的推进策略。对学生而言，首先是“读什么?”——面对文化经典，浩如烟海，汗牛充栋，必须科科兼顾、分秒必争的他们该如何甄别，如何取舍？其次是“怎么读?”——怎样读才是有效率的阅读？怎样解决阅读与考试的关系？怎样处理整本书阅读与其他各学科学习的矛盾？没有兴趣怎么办？没有方法怎么办？没有时间怎么办？没有效果怎么办？我们希望本书在实践操作层面为师生找到一条解决困惑与纠结的出路。

三、怎样用好这本书？

怎样用好这本书？这是在推进落实整本书阅读过程中最关键的问题，不同的读法，效果大相径庭。鉴于以往中学生课外阅读的经验教训，我们提出几点建议，供大家参考。

第一，在使用本书的过程中，需要语文教师的参与和指导。一方面，教师的阅读经验毕竟比学生丰富，自然要承担答疑解惑的指导任务；同时，教师也需要不断完善自己的知识结构，拓宽阅读视野，以便找到更多与学生交流的话题与途径。但是我们教师个体孤军奋战，实在力不从心，大家都需要资源整合，需要建立一个平台或者一种机制，而这本书的使用，至少可以解决教师面对整本书阅读无从下手的困境，每位教师都可以在本书的基础上根据自己学生的实际水平做出调整，提出要求，而学生可以自主选择并形成阅读计划，教师还可以利用本书的问题设计有选择地布置和定期检查学生的答案。这样不仅可以大大节省自己的精力，而且可以提高准确定向定位的阅读效率。

第二，建立读书小组很有必要。虽然每位学生选择阅读的重点书目是不完全相同的，但是对于一本具体的书而言，一定会形成一个自然的读者群体，实际上会形成一个以书为中心的读书组织。教师应该充分利用这个自然形成的小组，每个小组选出负责人，制订阅读计划，定期举行交流分享活动，既可以提升学生的阅读速度，也有利于提升读书的质量。

第三，充分利用本书的资源。书的名字叫作《相约经典　走进名著》，“经典”和“名著”虽然在概念上还有细微的区别，但都是具有较高审美价值的作品；“相约”和“走进”表示我们的阅读行动已经开始从自发走向自觉；我们在每一个标题下面都加入了一个动词——“走进……”，请注意是“走进”而不是“走近”，旨在提醒和强调：要“通读原著”！对于重点部分要深读细读，反复研读，而不是象征性地读读简介，了解大意，这是整本书阅读的要义。

参与编写本书的作者，是从全国知名学校选拔出来的语文名师，他们对自己推荐的作家及作品情有独钟，有专门的研究。如果你对该作品还有更多的问题需要研讨，可以通过每一篇文章标题下面的联系方式与作者取得联系，深入交流与分享。

如果说这本书有什么特色，我觉得是把过去若干年形成的名著导读精华缩编的功能做了一个根本性的改变——把知识性的封闭导读体系变成了以问题为导向的开放性阅读体系。请注意，我们是想尽各种办法让学生“走进整本书阅读”，并在阅读中养成科学的阅读方法和有质量的思考习惯，我们的责任不是代替学生的阅读，也不是把我们认为的精华提炼出来喂给他们，而是激发他们的兴趣，让他们自己去发现、去尝试、去体验、去感悟、去迁移、去创造，甚至去犯错！我们的任务是引导他们进入这个轨道，并且给他们提供一个交流与分享的平台。因此，本书的焦点在于问题的设计，我们力图将我们的心血和智慧集中渗透在所设计的问题中，希望教师和学生在使用的过程中着意领会。当然，这种写法对问题的设计质量提出了更大的挑战——教师只有“读进去”了，他们的文字才会有温度，他们的激情才会转化为学生的兴趣；同时，教师只有学会“跳出来”，他们的文字才具有理性，他们设计的问题才具有洞察力和启发性。

至于是不是达到了这个设计的目标，只有读者才有评价的资格和权利。

如果阅读得法，我们有理由期待：各位学生不仅是只会解答问题的高手，而且是能够发现问题和提出问题的有心人和创造者，是在阅读过程中感知快乐、体验审美、改善三观，胸怀祖国、不断进步、充满潜力的青年。

袁湛江（浙江省正教授级语文特级教师）

2019 年 6 月 30 日于宁波

目录

第一部分

(1919—1977年)

恢宏阔大　气壮山河

——走进《毛泽东诗词欣赏》

设计者：郝玲君（河北省开滦一中）

一、导语

毛泽东诗词作为一种艺术，以豪迈伟美的笔法、崇高的革命情怀、恢宏阔大的境界、雷霆万钧的气势，向人们展示了一代伟人毛泽东与众不同的诗词风貌。中国历史上，甚至世界历史上从未有过这样一位杰出的政治家、国家领导人，可以把古典诗词写得这么具有审美性、艺术性，表现出这么强大的诗词魅力和人格魅力。

☆ 问题来了：

1. 你会带着怎样的心情捧起这本书来阅读？

____

2. 在阅读本书之前，先说一说你对毛泽东的印象吧。

____

____

____

二、关于作者

毛泽东，字润之，笔名子任。1893 年 12 月 26 日出生，1976 年 9 月 9 日逝世。湖南湘潭人。毛泽东是伟大的无产阶级革命家、战略家、理论家，同时是一位伟大的诗人。毛泽东被人们视为现代世界历史上最重要的人物之一，被美国《时代》杂志评为“20 世纪最具影响力 100 人”。他的诗词创作得很早，但是大多数发表于 20 世纪五六十年代，一下子吸引众人传诵他的诗词，研究他的诗词。他的诗词以其独特的经历背景为素材，其高超的诗词艺术水平将中国古典诗词在现当代推向了一个高潮。这些诗词，让人们看到了毛泽东作为诗人的另外一面。

☆ 问题来了：

1. 作为世界闻名的政治家，毛泽东博览群书，在空闲时间写下了很多古典诗词，并以自己独特的革命经历和政治视角展现对很多重大事件的态度和看法。他不仅是中国古典诗词艺术集大成者，更在很多方面开创先河。如果你对他的传奇经历感兴趣，不妨搜集一下他的故事，解读一下他形成巨大影响力的内在原因。

2. 毛泽东既是政治家，又是军事家，还是诗人，是一位典型的通才。你在哪些方面比较擅长？你怎样看待通才？

3. 你对诗人怎么看？你希望自己成为诗人吗？

三、内容解析

正编：毛泽东诗词中的经典作品欣赏

《贺新郎·别友》《沁园春·长沙》《菩萨蛮·黄鹤楼》《采桑子·重阳》《渔家傲·反第一次大“围剿”》《忆秦娥·娄山关》《七律·长征》《清平乐·六盘山》《沁园春·雪》《七律·人民解放军占领南京》《浪淘沙·北戴河》《水调歌头·游泳》《七律·到韶山》《卜算子·咏梅》《满江红·和郭沫若同志》

副编：毛泽东诗词中的补充作品欣赏

《五古·挽易昌陶》《虞美人·枕上》《西江月·秋收起义》《七绝·观潮》《七绝·屈原》《念奴娇·井冈山》《七律·贾谊》《七律·咏贾谊》

☆ **问题来了：**

1. 毛泽东从韶山农民家庭走出，成为新中国的国家领导人，那些惊天动地的传奇故事如何化作雷霆万钧、气壮山河的诗词？通过阅读他的诗词，我们能够体会他怎样的内心情感？你对他的精神品格如何评价？

2. 杨开慧不仅是毛泽东的妻子，也是他的知音和战友，书中几首诗词展现了二人怎样的情感生活？毛泽东如何看待他和杨开慧的感情？你对此有什么看法？

3. 柳亚子先生早年参加旧民主主义革命，是清末文学团体"南社"的发起人和主要诗人之一。他曾先后多次和毛泽东交往，二人在交往中互作诗词。请针对酬和诗歌，谈一谈你的看法。或者找一个擅长写诗歌的同学，二人尝试写写酬和诗歌。

4. 毛泽东是一位军事家，非常讲究独特的战略战术，一生中指挥过多次大的战役。请阅读他的诗歌，挑选一些战争题材的，比如《西江月·井冈山》《渔家傲·反第一次大“围剿”》《渔家傲·反第二次大“围剿”》《忆秦娥·娄山关》，就他对待战争的态度，谈谈你的看法。

5. 在中国共产党的初期，毛泽东和右倾主义、“左”倾主义分别做过斗争，曾被打击过、边缘过。长征是人类历史上的伟大奇迹，其间中央红军共进行了 380 余次战斗，经过 14 个省，翻越 18 座大山，跨过 24 条大河，走过荒草地，翻过雪山，行程约二万五千里。重庆和平谈判失败，毛泽东向全军发出《向全国进军的命令》，最终赢得全国解放。新中国成立之后，有天灾——血吸虫病；有人祸——外交失利、美国的经济封锁、苏联的遏制（撤走援助）。每一件事情都是天大的事情，但毛泽东用他的智慧带领广大人民取得了一个又一个胜利。阅读他的诗词《菩萨蛮·黄鹤楼》《菩萨蛮·大柏地》《七律·长征》《念奴娇·昆仑》《沁园春·雪》《七律·人民解放军占领南京》《七律二首·送瘟神》《卜算子·咏梅》《七律·冬云》，你有什么感想？他面对人生这么多磨砺时的那份坦然和气魄，对你有什么启发？

____

____

____

____

____

____

6. 读完这本书，你对毛泽东这个人有什么新的认识？他怎样看待中国近现代历史上那些血雨腥风？毛泽东的诗词展现出他对待各种大事的态度和处理方式，你看到了他思想中什么有价值的东西？与一般的政治家相比，他多了一些文人气质；与一般的诗人相比，他多了一份政治家气魄；他不仅在思想上是成功的，在军事上是成功的，而且诗词作品也是成功的，自成一家。对你而言，他的诗歌展现出来的各种思想，让你收获了哪些智慧？

____

____

____

____

____

____

四、艺术鉴赏

《毛泽东诗词欣赏》得到了众多读者的喜欢，说明毛泽东诗词具有艺术魅力和思想魅力，也说明注释者周振甫先生的赏析一丝不苟、认真全面、语言经典、学术水平高。有人说毛泽东的诗词题材广泛，妻子、同学、友人、下属、历史人物，人生境遇中的一切事情，皆入诗词中；有人说他善于抓住大的意象，借助大的时空背景，写恢宏阔大的境界；有人说他善于将中国古典故事、古诗词直接引用或者化用到自己的诗词中，平添含蓄蕴藉之美，文化底蕴十足；有人说他的语言具有超强的概括力，并巧妙地将口语用在其中，直白浅显；有人说他的诗词善于运用对比、比喻、拟人、夸张等多种艺术手法，使得诗词具有高度审美价值……

☆ 问题来了：

1. 语言风格。毛泽东诗词的语言呈现多样的风采，有的浅显易懂，有的深刻蕴藉，有细腻的摹状，有高度的概括，特别是比喻、夸张、拟人等多种修辞方法的运用比比皆是……这是我阅读的一些感受。如果你也有相同的感受，请找出相应的诗词例证，体味其雄伟的语言风格；如果你有什么新的发现，也请写在下面。

____

____

____

____

2. 豪迈的气魄。毛泽东诗词历来被人们认为是豪放派新的代表。他的词经常借助大的时空转换、古今人物的交织，营造出恢宏阔大的意境，甚至在遭遇失败、挫折的背景下，也不失豪迈之气。请你在阅读中细细体察他的豪迈风格，并结合实例说说毛泽东是怎样展现这份豪迈之气的。

3. 充沛的文化。毛泽东是一个酷爱读书之人，尤其是中国古代经典著作，更是反复阅读，很多能长篇背诵。正是因为读书的积淀，他的诗词呈现出文人词的特征，直接、间接引用了很多的传说故事、历史掌故、经典诗句，让他的诗词有时候呈现出像辛弃疾诗词那样频频用典的特点。请在他的诗词中找出两例，看一看他都运用了哪些故事和哪些人的诗句，表达了怎样的情怀。

阅读体会案例

毛泽东诗词的炼字

毛泽东，曾在以前最黑暗的时代引领我们走向光明，带领我们走向革命的胜利，建立了中华人民共和国，是伟大的革命家。可是有些人只知道毛泽东引领我们走向胜利，却不知道他还有另外一个身份，那就是诗人。

他很会写诗，而且他的诗都很有气魄。其气魄体现在哪里呢？我以为在“用字”上值得大书特书。比如他的《沁园春·长沙》，其中有一句“万山红遍，层林尽染”，这里面的“万”字用得很好，不仅写出了当地山峰之多，也表现出了作者指点江山的霸气，他的很多诗中都用了“万”字；“遍”字写出了红的范围之广；“染”字化静为动，增强了表达的生动性。还有一句“漫江碧透，百舸争流”，“漫”字描摹出湘江水势之盛，似有满溢之感；“透”字描摹出江水碧绿清澈之状；“争”字描摹出争先恐后的热烈场面。再比如“鹰击长空，鱼翔浅底”，“击”字准确地形容了雄鹰在空中矫健勇猛、迅速有力地飞翔的姿态；“翔”字刻画出鱼在水中自由自在、轻快活泼地游动的姿态。

类似的例子还有很多，总之，毛泽东的诗词用字很绝，仔细品读会发现其诗词有很强的画面感。

李秋磊

毛泽东诗词中的秋

不管是古代诗歌还是现代诗歌，大多数诗人写秋景都是“自古逢秋悲寂寥”，而毛泽东诗词中的秋景却是“我言秋日胜春朝”。读毛泽东的诗词仿佛不是在读悲秋，而是在读秋天的美景，一种“胜春朝”的气势，体现了毛泽东本人积极乐观的精神和开阔的胸襟。

在《沁园春·长沙》中，毛泽东把秋写得不再是悲凉暗淡的黄色，而是生机勃勃的红色，这也体现了他坚定的信念和昂扬的斗志，这也是他诗词最有特色的一点。我因此爱上诗词，感受着诗词的魅力带给我的快乐。

朱梓健

风景这边独好

柳亚子老先生曾这样评价您的作品：“推翻历史三千载，自铸雄奇瑰丽词。”

身为一代领袖，您在文学上的成就无人能及。您的词风豪迈，可比苏轼，却不像东坡般放荡。用您自己的话来讲：“风景这边独好！”

走进您的风景，从《卜算子·咏梅》开始。您一改陆游“寂寞开无主”的悲凄与孤苦。寒梅绽放，不再寂寞，不再无主。漫天飞雪，百丈冰川，梅自昂首挺立，奋发向上；花枝俏美，花色漫漫，梅报春来，丛中欢笑！

读到孩提时代的诗作《七绝·咏蛙》。“春来我不先开口，哪个虫儿敢作声？”16 岁，便有了凌云的壮志；16 岁，便拥有了统率三军的气质。语出惊人，这短短十余字，让我折服。

“自信人生二百年，会当水击三千里。”迎风劈浪，释放了您无限的自信。“千里冰封，万里雪飘”，一个冰天雪地的北国，一个山河壮丽的中国！您的领袖气质，借着雪景，喷涌而出。

在这三千年文学史上，您已经书写了浓墨重彩的一笔。

李博涵

五、争鸣商榷

关于毛泽东诗词赏析有各种版本，一一看过后，最终选了这本《毛泽东诗词欣赏》。著者周振甫先生是钱钟书先生最为推重的学者型编辑，也是著作等身的编辑型学者。在参与毛泽东诗词注释工作过程中，曾提出原作的两处错误，并被采纳。这本书有写作背景、有详尽的注释鉴赏，很有见地。这本书还是“国民阅读经典”系列重要读物。

实际上，很多的毛泽东诗词的阅读者对毛泽东诗词的评价有一些不同见解和各自的观点。我们摘取了几段比较有代表性的观点，你在读完书之后，合上整本书，要形成自己对毛泽东诗词的评价。再来对比看一看大家的观点，你是否同意这些评价？看看你还有哪些更好的想法。

观点一（网名为“火木”的网友）：磅礴霸气，王者之风。

如果一个人不了解毛主席的人生轨迹，也不了解中国共产党党史，那么他不可能真正理解这些诗词。毛主席的诗词气势尽显磅礴之气，大好河山尽收眼底，革命精神熠熠生辉。那种所向披靡的大气，不是伟人，何以至此？

观点二（网名为“山中客”的网友）：毛主席诗词在我心里是旧体诗词最后一个巅峰，常见的也就 40 余首，全部是经典。毛泽东诗词励志、昂扬、乐观，即使是伤感婉约词如《蝶恋花·答李淑一》《虞美人·枕上》《贺新郎·别友》，也感觉不到半点颓废消极。杜甫的诗有史料价值，毛泽东的诗词同样可称史诗，史诗合一，民族瑰宝，反正在我心里他和“李杜苏辛”并列。

观点三（网名为“光寒”的网友）：我从来没见过比毛泽东诗词更气势磅礴的，不不不，不是磅礴，那是一种江山在胸的自信气势，就是一切尽在掌握的举重若轻，难以形容，我只能说我崇拜他。李白乃仙才，他的浪漫主义诗歌可以说豪迈奔放，但是毕竟为臣，仅仅是豪侠之气，而毛泽东作为新中国的缔造者，他的诗词具有王霸之气，开天辟地的雄伟气象！总之我觉得一切霸气、豪气的词都可以用上，即使这样也不足以形容。怎么说？睥睨天下？不是，很难确切形容，是真正的胸怀苍生家国吧！

观点四（网名为“寡人有疾”的网友）：若论格局气魄，天下无双。即使纯论文采，在我们中国历史上所有大一统王朝有作为领袖的作品里都算是相当厉害的。只是我觉得他的文章才是顶级的。至于与纯写诗词的大家相比，那没什么好比的。若论文章我觉得可以比肩大家。当然，他的书法也同理。我个人认为论毛泽东，思想第一、政治军事第二、文章第三，然后是诗词，最后是书法。只是我个人喜欢他的诗词，因为他的诗词就是写给我们这些读书少的人看的。我相信只要上过几年学就能看得懂他的诗词。读书的时候，常听人说白居易的诗简单直白，我觉得毛泽东的诗比他的更加简单直白，因为他的诗就是写给所有人的。

观点五（肖石忠、梅常伟、孙杰）：长征时期，毛泽东主要创作了《十六字令三首》《忆秦娥·娄山关》《七律·长征》《念奴娇·昆仑》《清平乐·六盘山》《六言诗·给彭德怀同志》等多首诗词。毛泽东的长征诗词，充满热情、执着、坚毅的革命乐观主义精神，对长征中的红军指战员起到了巨大的鼓舞激励作用，不仅生动地反映了红军长征辗转曲折的行动轨迹，更艺术地再现了红军长征历经困苦走向胜利的光辉历程。

观点六（张兴德）：平易和精深的统一是诗歌思想性和艺术性高度完美统一的重要标志之一。通观毛泽东诗词，他的许多诗词就有这个艺术特点。

观点七（中国井冈山干部学院教授、副院长汪建新）：《庄子·知北游》云："天地有大美而不言，四时有明法而不议，万物有成理而不说。"在毛泽东诗词中几乎找不到"美"字，但它气魄宏大、寓意深刻、意境壮阔，给人以强烈的审美感受和深邃的思想启迪，毋庸置疑是一座艺术美的宝库。毛泽东诗词继承了中国传统审美文化，以美铸诗、以诗证史，蕴含着巨大的艺术感染力和审美价值，不仅反映了他个人的美学思想和审美趣味，也体现了中国人的审美追求，弘扬了中华民族的美学精神。

观点八（周书羽）：诗人贺敬之在 1996 年首届毛泽东诗词国际学术研讨会的开幕式上曾说：要了解一个民族的面貌和灵魂，

单单靠对这个民族物质文化生活外观的浏览是远远不够的，而要深入研读那些对这个民族产生具有历史永恒价值的文化和文学名著。要想了解中国人民的真实面目和精神，在所研读的经典著作中，是不能不列入毛泽东诗词的。作为诗词中的瑰宝，毛泽东诗词蕴含着他对于前人诗词歌赋的理解，蕴含着他为古典诗词注入的新鲜血液，蕴含着中国智慧。

☆ 问题来了：

摘录到这里，你可能会说“仁者见仁，智者见智”，“一千个读者眼中有一千个哈姆雷特”。有人对其诗词评价甚高，有人对其诗词艺术性评价不高，但是不管如何争论，都是从艺术角度、史料价值、古典诗词的发展和继承多个方面分析和评价毛泽东的诗词。

你呢？读完之后，写出你的观点吧。

我对《毛泽东诗词欣赏》的评价是：

____

____

____

____

____

____

六、学以致用

子曰：“诵诗三百，授之以政，不达；使于四方，不能专对。

虽多，亦奚以为?”孔子强调学习是为了用。只有时刻保持学以致用的精神，才能有效地学习。否则，死读书，读死书，费时又无效。读书的过程，实际上我们在吸纳他人的知识，努力将之变成我们自己的。每一个传神的字，每一句精美的句子，每一首经典有感染力的诗词，其实都有一些遣词造句、艺术手法、结构布局的规律和特征。每一个人高度不同、眼界不同，收获或多或少，但是总会有那么一些值得你学习的东西，或者是精神方面的，或者是文化方面的，或者是技巧方面的，将来都会成为你成长的力量和营养。

☆ 问题来了：

读完这本书之后，你感觉到自己对毛泽东诗词的赏析有哪些方面的提升呢？对于你提升赏析古典诗词的能力有哪些帮助呢？请你仔细想一想，在纸上写出一些关键词，再进行关键词分类，整理成一篇自己独立思考过的读后感。

七、阅读建议

1. 在阅读本书之前，先在网上搜索一下毛泽东的生平介绍，最好将他一生中经历的大事按照年月日整理一下，写在纸上。最后用横轴表示年龄或时间，纵轴表示成功或失败经历。这样毛泽东一生的起伏折线便一跃出现在你的纸上，你再对应着来阅读《毛泽东诗词欣赏》中的每一首诗词，会更容易入境。

2. 现在很多书籍都可以在网上购买电子书进行阅读，很是便捷。但是它也带来无穷的弊端，比如损伤眼睛，不便于回顾，不便于勾画，不便于写批注，不便于长时间保留。所以我建议大家购买纸质书籍，用“点评阅读法”来勾画重点，写出自己的见解，再对比著者的赏析文字，你的赏析水平会在阅读中逐渐提高。

3. 诗词赏析片段写作，就是撰写针对一首诗词的赏析文字，或者撰写针对几首诗词共同特征的赏析文字。这种诗词赏析片段写作的练习，就是为了让学生有自己的独立思考，练习如何更好、更流畅、更有条理地表达自己的观点。建议同学们自己写好片段之后，全班召开一个小型的“我眼中的毛泽东诗词”片段写作发布会，或者集合稿件出版一本“我眼中的毛泽东诗词”小册子，在共同交流的过程中，取长补短，碰撞思维，提高水平。当然，更理想的是邀请一位研究毛泽东诗词的专家为同学们做点评，进行拔高指导，举办一场大型讲座。

4. 对比阅读。对比之于阅读，妙趣横生，开阔视野，启迪思维，解读深刻。而对比的二者，又会被神奇地赋予各种深度、宽度、高度的解读。对比赏析诗词的过程中，你会发现人们有很多特质，也会发现人们共性的规律。比如毛泽东是阅读了陆游的《卜算子·咏梅》之后，写了自己的同题诗词。你可以对比阅读并赏析两首《卜算子·咏梅》的异同。毛泽东经典诗词中，有两首《沁园春》——《沁园春·长沙》《沁园春·雪》，你也可以对比阅读并赏析这两首写景词的不同。

八、相关链接

1. 本文主要参考依据是周振甫先生的《毛泽东诗词欣赏》（中华书局，2010 年 4 月），如果你想对毛泽东的诗词有更多了解，对其诗词艺术性赏析有多维度的认知和提高，可以同更多的诗词赏析书籍进行对比阅读，形成全面的认知，可以参看下面几本书籍：

◆ 上海辞书出版社文学鉴赏辞典编纂中心．毛泽东诗词鉴赏辞典．上海：上海辞书出版社，2011.

◆ 田秉锷．毛泽东诗词鉴赏．上海：上海三联书店，2012.

◆ 吴正裕．毛泽东诗词全编鉴赏（增订本）. 北京：人民文学出版社，2017.

◆ 公木．毛泽东诗词鉴赏（珍藏版）. 长春：长春出版社，2009.

2. 赏析诗词，经常用到一种方法——知人论世。如果你想更多地深入了解作者深蕴在诗词中的个人情感，可以阅读关于作者的几本传记作品，看看外国人眼中的毛泽东是什么样子。

◆ 罗斯·特里尔．毛泽东传．北京：中国人民大学出版社，2010.

◆ 迪克·威尔逊．毛泽东传．北京：国际文化出版公司，2013.

◆ 亚历山大·潘佐夫．毛泽东传（上下册）（插图本）．北京：中国人民大学出版社，2015.

流连尘世的理由

——走进林语堂的《生活的艺术》

设计者：王巧飞（宁海知恩中学）
QQ：15002419

一、导语

越是忙碌的生活，越不能漫不经心。读《生活的艺术》，享一场清心之旅，在生活的忙碌中，享受悠闲的生活艺术。林语堂用一种横亘于中西文化之间的中间人姿态，用睿智的幽默解读“生活的艺术”，为我们提供了一份“生活的艺术”指南。

☆ 问题来了：

1. 解构主义思想家米歇尔·福柯（Michel Foucault）：“不知从什么时候开始，创造艺术品成了一种职业性的活动——由画家作画，由雕塑家雕塑，由音乐家作曲，由文学家写小说……而我们绝大多数人，我们这些‘凡夫俗子’，变得与艺术无缘。每一个人的生活难道不可以是一件艺术品吗？”尼采也曾说过：“赋予人的生活一种风格——这实在是一种伟大而崇高的艺术！”生活是一种艺术吗？你怎么看待这个问题？

2. 你如何评价自己目前的生活状态？你希望本书在哪些方面给你指引？

二、关于作者

林语堂（1895—1976 年），出生于福建龙溪一个基督教家庭，中国现代著名作家、学者、翻译家、中文打字机发明者，是第一位以英文写作扬名海外的中国作家。早年留学美国、德国，获哈佛大学文学硕士学位、莱比锡大学语言学博士学位。回国后在清华大学、北京大学、厦门大学任教。曾两度获得诺贝尔文学奖提名。作品包括小说《京华烟云》《啼笑皆非》，散文集《吾国与吾民》等。1937 年出版的《生活的艺术》是他旅美期间用英文写就的作品，后便居美国畅销书排行榜首达 52 周，且接连再版 40 余次，被翻译成十余种文字。他也被美国文化界列为“20 世纪智慧人物”之一。

☆ 问题来了：

1. 林语堂被西方社会誉为除孔子外的最广为西方人认识的中国文人。请找找关于林语堂的资料，思考他能够在西方形成巨大影响力的内在原因。

2. 林语堂在本书的“自序”中说，自己的理论依据大多来源于以下人物：老妈子黄妈，她具有中国女教的一切良好思想；一个随口骂人的苏州船娘；一个上海的电车售票员；厨子的妻子；动物园中的一只小狮子；纽约中央公园里的一只松鼠；一个发过一句妙论的轮船上的管事；一个在某报天文栏内写文章的记者（已亡故十多年了）；箱子里所收藏的新闻纸；任何一个不毁灭我们人生好奇意识的作家，或任何一个不毁灭他自己人生好奇意识的作家……你从中得到了什么启示？

三、内容解析

为了明确本书每一章的阅读重点，现结合目录与章节内容提炼各章关键词如下：

第一章：中国人闲适的哲学

第二章：人类天性的本质

第三章：生物学观念上的人

第四章：人类的文明与尊严

第五章：最会享受人生的中国人

第六章：生命的享受

第七章：悠闲的重要性

第八章：家庭之乐

第九章：生活的享受

第十章：享受大自然

第十一章：旅行的享受

第十二章：文化的享受

第十三章：与上帝的关系

第十四章：思想的艺术

☆ 问题来了：

1. 本书内容非常丰富，涵盖文学、艺术、哲学、科学等领域。请你把全书 14 章的内容整合归纳成 150 字左右的文段。

____

____

____

____

2. 以下是书中一些颇具林语堂个人特色的概念，请结合相关章节的内容做出解释。

（1）动物性遗产

（2）近人情

（3）人类的尊严

（4）幽默感

（5）个人主义

（6）放浪者

3. 一生追求“两脚踏中西文化，一心评宇宙文章”的林语堂向我们展示了许多关于中西文化差异的精到见解。他的一位朋友曾说过：“林语堂最大的长处是对外国人讲中国文化，对中国人讲外国文化。”在本书中，我们会感受到林语堂对于中西文化差异的深刻理解。请概括书中他对于中西文化差异的认识。

4. 作者谈到了许多自己理想中的人物，他们不是帝王将相，也不是富豪权贵。你最欣赏哪一个人物？请谈谈你对这个人物的生活艺术的认识。

5. 作者为我们罗列了各种各样的具体的生活艺术，让我们心向往之。最能打动你的是哪几种生活艺术？为什么？

四、艺术鉴赏

林语堂阐述各种理论、观点，绝不严肃刻板，反而如密友攀谈，娓娓道来，轻松随意，幽默俏皮。自然亲切的闲谈语气、平和舒缓的说理节奏、幽默自然的语言、精致灵活的修辞构成的特有风格，与他所倡导的闲适的内容是极其协调的。

☆ 问题来了：

1. 闲谈的语气。林语堂构建了一种独具个人特色的写作风格，并称之为“闲谈体”。请结合本书内容谈谈你对“闲谈体”的认识。

2. 温厚的幽默。林语堂被称为“热心冷眼看人间”的幽默大师，他的幽默却不同于鲁迅的幽默。请结合本书以及鲁迅的文章谈谈两人不同的“幽默”特点。

3. 精巧的修辞。表面上看，林语堂似漫不经心，娓娓道来，仔细回味，其文却独具匠心，暗藏很多修辞技巧。请结合本书内容分析三个修辞技巧。

4. 从容地说理。林语堂在“自序”中说本书是一种“私人的供状”，是一本“哲学书”。美国《纽约时报》赞扬他“向西方人解释他的同胞和国家的风俗、想望、恐惧和思想的成就，没有人能比得上”。本书充满哲思，流光溢彩、妙语连珠，闪烁着智慧的光芒。他是如何将个人的思想与生活的哲理写得如此通俗有趣的呢？请结合最令你惊艳的三处，谈谈本书的说理特点。

五、争鸣商榷

林语堂说：“我是个不合时宜的人物，但我的书主要是写给数十年后的人看的。”这真是一个清醒的认知！在 20 世纪，主流文化力量对林语堂是拒斥的。他曾是鲁迅批判的对象，他曾与赛珍珠对簿公堂，他还被人指责晚节不保。与林语堂关系不错的郁达夫批评林语堂“只见苍蝇之微，不见宇宙”。他在中国受到冷落的同时，却在海外学术界产生了广泛影响。中国学术界对他的冷漠、指责与国外学术界对他的高度评价形成了一种鲜明的反差。而近几十年，又掀起了一股“林语堂热”。林语堂研究专家王兆胜在《闲话林语堂》中指出：林语堂的价值是指向当下，甚至是指向未来的。如今，《生活的艺术》豆瓣评分 8.3，已经是比较高的分数了。对于林语堂的著作历来存在两种截然不同的评价，孰是孰非，可以不忙下结论。建议你在阅读该书，基本上已经形成自己的观点之后，再来看看这些评价，你比较倾向于哪一种？或者另辟蹊径？

观点一（民国著名记者、作家曹聚仁）：“他原有点小聪明，但他理解古书的能力很差，所以读袁中郎的文章，也会断句错误，所以对儒家经典及汉史诸书，摇头生叹，用骗美国人的法宝到国内来骗人，那是不够的。”还特别奉劝广大读者，对林语堂吃够了面包、抽够了雪茄以后所发的痴语姑妄听之，不可信以为真，除非你在美国银行里存够了美金，也跟他到美国去！

观点二（南京师范大学中文系教授甘竞存）：林语堂的观点完全抹杀了人与动物的区别，也完全否认人的阶级属性，把人的本质归结为动物性、生物性，从根本上否认人的本质是一切社会关系的总和。他所谓“悠闲”不仅是一种生活的艺术，而且是其人生哲学的一部分，是一种根本的人生态度，这种哲学的真谛就在于“一个人以为不要紧便什么都不要紧了”。也就是说，要“看得开”，要超脱、旷怀、达观、高逸、退隐，实行老子的玩世主义。这种哲学对于过分紧张的美国人，对于热衷于追求功名利禄、“心为形役”的势利鬼，也许还不失为一副清凉剂，但对广大的中国民众却只能是一种麻醉品。

观点三（三峡大学马克思主义学院王宥人）：《生活的艺术》总体上而言堪称一部绝佳的文学著作，至少它向西方人开启了一扇了解中国文化的窗口，也在那个特殊的年代中于一定程度上消解了西方人对中国传统文明的误会与偏见，为提升中华民族自尊心与自信心做出了重要贡献。

观点四（闽江学院历史学系副研究员郑新胜）：在乱世多艰、国家多灾多难、民族危亡之际，人民生活困苦不堪的时代里，在一个没有闲适，不该闲适，没有幽默，也无心幽默的时代里，鲁迅为首的现实主义作家对林语堂的批评确是正中其弊，其中虽然也掺杂了一些“左”的文学观念的影响，但林语堂自身的原因是其主要方面。如今，我们已经有了比以往更多的可以自由支配的闲暇时间，可以从劳作中解放出来。在匆忙、严谨的生活重负之外找到一种自由的方式，获得超越劳动之外的新的创造意义。当代人面临着太多的心理和精神等方面的生存困境，如何提高闲暇质量，享用闲暇，享受人生，追求生命本身的安然与和谐，这些问题越来越引起我们的关注。对此，林语堂给我们指明了方向。

观点五［著名书评家彼得·普瑞科特（Peter Precott）与著名评论家伯民］：彼得·普瑞科特说过：“读完这书后，我真想跑到唐人街，一遇见中国人，便向他行个鞠躬礼。”伯民说：“林语堂在欧洲、美国等地生活的丰富经历使他能够以慧眼全方位评论西方的文化习俗。他对西方文化有着丰富的认识和了解。他的笔锋温和幽默。该书是以英文写作、以中国为题材的最佳力作。”

观点六（华南师范大学中文系教授刘炎生）：他确实是从人生的实际需要出发，尽力挖掘并继承中国传统文化中儒家和道家等哲学的内涵，而且融入了他个人的见解。表面看来，这种“闲适哲学”是跟搏击生活的进取精神截然不同的，但它毕竟是我国传统文化的遗产之一，而且是可以作为人们生活的一种补充而存在的。因此，不宜简单地否定它，重要的是怎样正确地运用它。

观点七（肇庆学院教师陈艳玲）：必须正视与警惕的是，林语堂强调人性的自然性维度的享受，是否在一定程度上忽视了人性的社会性维度，而社会性是为了群体利益对人类天性的某种必要的理性抑制。当年林语堂及《论语》同仁们（《论语》为林语堂创办的刊物）所遭受到的非议应该与此相关。因此，正如恩格斯说的：（人类）为了在发展过程中脱离动物状态，实现自然界中的最伟大的进步，还需要一种因素：以群的联合力量和集体行动来弥补个体自卫能力的不足。如何在两者间寻找到一个合理的平衡点也应该是当代人思考的方向。

观点八（豆瓣网友蜂）：他对女性的态度非常局限，男权角度。不仅如此，他受儒家思想影响也非常深，人活着从生物学角度讲是为了繁殖，从人类物种角度来讲就是为了孝敬父母，我认为个人主义是不可思议的，人不能以个体为单位存在，至少要以家庭为单位。这些都接受不了，选择忽略，我与他有很深的代沟！

观点九（豆瓣网友 aaron）：很多观点已经落后了，虽然内容涵盖生活的方方面面，虽然对中国人集体意识的观察有很多亮点，但还是无法躲过时代落差所带来的偏颇。

☆ 问题来了：

学术争鸣的真正意义不是找到一份标准答案，而是调动起我们积极思考的激情。学术争鸣是我们思维发展与提升的必经之路。现在该你上场了，亮出你的观点吧。

我对《生活的艺术》的评价是：

六、学以致用

读书的目的在于应用，不懂得应用，读再多的书也没用，甚至会变成书呆子；聪明的人，总是善于从阅读中提炼对自己有用且有益的东西。如果你懂得应用，捧起书前与放下书后，你已判若两人！要把生活过得快乐自在，真的需要智慧。我们一辈子都在拼命地想要获得些什么，却将自己紧紧地束缚在这些东西之中。无论以何种方式生活，切勿被痛苦、挣扎、忙碌拘役。《生活的艺术》仿佛一束光，指引着我们从庸俗走向优雅。

☆ 问题来了：

读完这本书之后，你感觉到在哪些方面自己有所开悟或者提升呢？现在给你一段独立思考的时间，然后写一篇完整的读后感。

七、阅读建议

1. 阅读准备：本书多修辞、多议论，具有跳跃式的风格，对于中学生来说，是有理解难度的。因此，阅读本书当有不急不躁的阅读品质，还当有执着坚韧的阅读意志力。

2. 通读全书，学会钩玄提要，梳理书中的纲目并写出内容提要；利用本书的自序、内容介绍、目录等对作品进行初步研读；圈点勾画，能够把握书中的主要观点和价值取向。须看到篇与篇之间的关联，整体把握作者的思想倾向与写作风格。

3. 阅读检测：能结合现实与生活体验，解释或应用书中的观点。比如读第一章第二节“一个准科学公式”，可以为自己崇拜的伟人或者身边的某个人写一个公式，并谈谈理由。

4. 难点突破：因为翻译的问题带来许多难解之处，可以从本书的英文版电子书中找到原句，结合原文有助于对某些观点的理解；书中大量引用中国古代文学作品，也造成了理解上的障碍，可以选择时间集中性地阅读这些古文。

八、相关链接

1. 如果你想了解林语堂，你可以阅读他的传记。

◆ 林太乙．林语堂传．西安：陕西师范大学出版社，2002.

◆ 刘炎生．林语堂评传（国学大师丛书）．南昌：百花洲文艺出版社，2003.

◆ 王兆胜．闲话林语堂．北京：中国人民大学出版社，2016.

2. 如果你喜欢林语堂的写作风格，你可以阅读他的其他几部重要作品。

◆ 林语堂．吾国与吾民．长沙：湖南文艺出版社，2018.

◆ 林语堂．京华烟云．长沙：湖南文艺出版社，2016.

◆ 林语堂．苏东坡传．长沙：湖南文艺出版社，2018.

自然率真 情味隽永

——走进丰子恺的《缘缘堂随笔》

设计者：孙瑾（宁波中学）

QQ：417736855

一、导语

亲爱的同学们：当你迷惘于付出和收获的失衡，当你喟叹于童年的不复，当你静默地思考命运，有这样一个人，引领你走进散文世界，给你以童真之趣和人性关怀，让你摒弃浮躁，褪去矫饰，安放灵魂。他，就是丰子恺。而他开辟的这一派天光云影尽在一部图文交融的《缘缘堂随笔》，让我们搭乘这一列因“缘”而起、随“缘”而去的列车，去寻“缘”吧！

☆ 问题来了：

1.“随笔”是随手笔录，是一种集抒情、叙事或评论于一体的文学体裁，它虽篇幅短小，却可包罗万象。在你平时的随笔中，你会关注哪些内容呢？

____

____

____

2. 在阅读《缘缘堂随笔》这本书之前，你阅读过哪些作家的随笔？有何独特的心灵感悟呢？

二、关于作者

著名文化人马未都注视着丰子恺先生晚年的照片写下这样一段文字：“丰子恺先生的肖像每每让人心动。我常常凝视着先生的像，猜想着他那颗博大而善良的心。先生的精神世界准确地反映在他那洞穿世界的眼睛里，他那安谧的神情告诉世人如何对待繁杂险恶的世界。”正是借助这一双眼睛，让我们走近散文大家丰子恺。

☆ 问题来了：

1. 丰子恺的身份是多元的，他是中国现代画家、散文家、美术教育家、音乐教育家、漫画家、书法家和翻译家，最难能可贵的是：这样一位博闻强记的先生，在各个领域都有杰出的作品，不妨通过“网上冲浪”或者到图书馆找寻一下丰子恺先生在各领域的足迹吧！

2. 丰子恺先生曾经自语："我的心为四事所占据了：天上的神明与星辰，人间的艺术和儿童。"以言析人，以行识人，由此，你觉得丰子恺先生会是一个怎样的人？

三、内容解析

读毕《缘缘堂随笔》，我们会发现丰子恺的散文取材总是来源于身边点滴平凡的生活细节，而国家兴亡、旅途见闻、人世沧桑、童真童趣、旧事往昔、市井百态都被这叫"生活"的帷幕一一笼罩。我们不妨将散文集中的作品根据描摹的对象分门别类地构建三个专题，由此进入丰子恺笔下交融着人、事、理的"缘缘堂"世界！

☆ 问题来了：

专题一："缘缘堂"世界中的"人"

1. 目光聚焦的儿童世界。丰子恺非常喜欢孩子，在《缘缘堂随笔》中以儿童为对象的写作是先生最为倾心的，在关于儿童的名篇《从孩子得到的启示》《给我的孩子们》《送阿宝出黄金时代》等散文中，他赞美孩子是"身心全部公开的真人"，有着

“天地间最健全的心眼”，“天赋的健全的身手与真朴活跃的元气”。我们每个人都拥有别样的儿童时光，相信你的童年也毫不逊色。如果要用一段文字书写自己的童年，你会如何描述呢？

2. 时时关切的平凡大众。丰子恺是一个有着仁者之心的知识分子，所谓“仁者爱人”，必能“泛爱众而亲仁”。在《癞六伯》《歪鲈婆阿三》《阿庆》《菊林》等散文中，他总是凭借感同身受的深切关怀，以悲悯之心将目光投向那些不起眼的小人物。在这些小人物的塑造中，你印象最深刻的一位是谁？通过对该人物的赏析，你觉得他的背后站立着一个怎样的作者？请以四人小组为单位各抒己见。

3. 念念不忘的师友、同窗。对师友、同窗的回忆，也是丰子恺散文中不可忽视的部分。在这些文章中，先生无不表达出对他们的思念与敬仰，比如《伯豪之死》《为青年说弘一法师》《悼夏丏尊先生》就是其中的代表作。如果要为其中一人写一段与丰先生散文内容相熨帖的墓志铭，相信你会以庄重而准确的笔触展现以下文字：

专题二："缘缘堂"世界中的"事"

日本作家古崎润一郎评价丰子恺说："他所取的题材，原并不是什么实用或深奥的东西，任何琐屑轻微的事物，一到他的笔端，就有一种风韵，殊不可思议。"生活中的一些小事在丰子恺的笔下即刻成为散文的题材，集子中收录的有关日常之事的叙写，一类是对童年生活的追忆，另一类则渗透着丰子恺对旧中国黑暗动荡的现实的强烈不满，以及在此间寄寓的忧国忧民的社会责任感。请以"丰子恺的家国情怀"为主题，以阅读笔记的形式展示你的阅读成果。

专题三："缘缘堂"世界中的"理"

丰子恺在《缘缘堂随笔》中用最温润和睿智的文学语言为我们打开了一道道启迪心智的门窗，透过它们，我们看到了哲学之光的闪耀，感受到灵性的召唤。请你结合具体的散文篇目，以分条罗列的方式阐述你从丰子恺的随笔中收获的思想光芒、人生感悟。

四、艺术鉴赏

有人说丰子恺的散文“虽不及朱自清的深情绵邈，却多出几分轻松自如；不及叶圣陶的严谨细致，而风韵神采则过之；不及夏丏尊的淳厚朴实，反更显出其丰润灵动”，在这个急功近利而略显浮躁的时代，捧起先生的散文，就像是与最初的自己进行一次精神的对话，让不安的灵魂暂且从容自适。正源于此，在20世纪的中国散文史上，丰子恺以其独特的艺术风格成为众多大家中不容忽视的一位。

☆ 问题来了：

1. 文画互释，包罗万象。唐代诗人王维“诗中有画”“画中有诗”的创作成为中国文化中的艺术佳话，他将中国水墨画和诗歌创作融合在一起，形成了悠远绵长的诗歌意境，对后世产生了巨大的影响。而丰子恺先生却将西方的画技与散文的创作结合起来，将鲜活生动的画面嵌入他的散文里，让绘画与写作达成一种

深层次的交融。他的绘画是散文内容的具象化，而散文又是绘画内涵的延伸，如名为《茅店》的这幅漫画就是随笔集中一篇散文的绘画再现，你知道是哪一篇散文吗？你能找到这一绘画对应的描写性文段吗？此外，你还能找到文画互参的例证吗？

2. 自然率真，“白描”入文。丰子恺散文语言上最大的特质就是自然无雕饰。有人说，他的文章完全采用质朴无华的言说方式，就像“拉家常”一般随便平常。赏读其文有时像是与一位老友在自然、自由地聊天，而有时又像是一位长者在与你促膝长谈。对于丰子恺散文语言风格的评价，你认同吗？请举例说明。

3. 儒释相生，超然通达。丰子恺一方面秉持着“以天下为己任”的儒家入世之心不断地进行文学创作，另一方面又以佛家的超然与通达高蹈出世，俯视着种种“世间相”，让自己的人生态度更加圆融而旷达。他的作品集的名字也带着些许禅味，因而赏读《缘缘堂随笔》时，常常会有人对作品集题目的由来进行追问。相信你也有同样的疑惑，那就同伴偕行去一探究竟吧！在中国文人的人文血脉中一直流淌着一种儒释道相生的特质性血液，在不同的人生境遇、生命变迁中，三者的浓度不尽相同，我们可以开展一场名为“儒释道文化对中国文人的影响”的讨论，你是本场讨论的书记员和总结者，请把你的笔记整理一下吧。

五、争鸣商榷

在进行了《缘缘堂随笔》的整本书阅读活动后，学习小组内部开展了一次读书交流会，同学们围绕着丰子恺在作品中常常流露的对现代都市文明、科技、教育制度的批判性态度进行了一次研讨，形成了唇枪舌剑、据理力争的两个不同阵营，邀请你以一个见证者的身份一同参与，并记录下他们发言的梗概。

研讨与争锋

在20世纪的中国，城市化进程的加快正是社会进步的一个重要标志，但是在先生的笔下，他似乎对这种城市文明的发展带有极强的主观批判，他在《山水间的生活》一文中有这样的表述：“我从前往往听人讲到子弟求学或职业等问题，都说‘总要出上海’。(指到上海去。）听者带着一种对于将来生活的恐慌的自警的态度默应着。”当时的普通民众对大城市都有神往之情，但丰先生对大城市却敬而远之，他甚至在《故乡》中叹惋“然而大家离乡背井，拥挤到都会里去”，而他自己也一度放弃上海大都会的生活，来到浙江上虞的乡村学校任教，这是不是先生以消极避世的情绪对现代社会的一种有意抗拒呢？

的确，在丰子恺看来，都市文明对于人性产生了巨大的压抑，他以城乡生活的对比为基础，看到了现代都市生活中的种种不堪：物欲的膨胀、自然生机的泯灭、人情的淡漠以及诗意人生的瓦解。就像《楼板》中的描绘——“尽我们租住这房子的六个月之间，与隔一重楼板的二房东家及隔一所客堂的对门的人家朝夕相见，声音相闻，而终于不相往来，不相交语，偶然在里门口或天井里交臂，大家故意侧目而过，反似结了仇怨”，但我们恰恰从中看到了一个知识分子的风骨，他向往的是一种富有趣味、诗意并满怀善意的生活形态，这种生活并不依赖于物质的丰沛和外在的繁荣，而是建立在精神的愉快与满足之上，这不正是一个艺术家应捍卫的心灵圣土吗？

如果说对于城市文明的忧郁是因为先生对淳朴生活的守望，那么又如何理解他对于火车、汽车等现代机械科技的态度呢？还记得他在《塘栖》一文中的立场吗？文章开始先生引用了夏目漱石在《旅宿》里的话：“别人都说乘火车，我说是装进火车里。别人都说乘了火车走，我说被火车搬运。像火车那样蔑视个性的东西是没有的了。”然后，丰先生自道：“我翻译这篇小说时，一面非议这位夏目先生的顽固，一面体谅他的心情。在20世纪中，这样重视个性，这样嫌恶物质文明的，恐怕没有了，有之，还有我一个，我自己也怀着和他同样的心情呢。”你看，作家对现代科技文明的“嫌恶”甚至到了批判的程度，难道不是困守一隅的表现吗？

或许在丰子恺看来，“艺术生活”和“现实生活”是两个相对的概念，他的《缘缘堂随笔》就是要守住这一份珍贵的“艺术生活”，在这里没有“顺从、屈服、消沉、悲哀、诈伪、险恶、卑怯状态”。而要把自己从“现实生活”中解脱出来也唯有过“艺术生活”，先生认为，“倘能因艺术的修养，而得到了梦见着美丽的世界的眼，我们所见的世界，就处处美丽，我们的生活就处处滋润。一茶一饭，我们都能尝到其真味；一草一木，我们都能领略其真趣；一举一动，我们都能感到其温暖的人生的情味。”所以，他在“缘缘堂”世界中创造的“艺术生活”便是帮助我们摆脱现实生活中遭遇的种种困境，从而使我们的生活呈现一种“趣味”的精神密钥吧！

☆ 问题来了：

看一看他们以上的争锋，你更信服哪一方？对此你又有何见解呢？

六、学以致用

在一次阅读课上，老师印发了收录在《缘缘堂随笔》中的散文让同学们进行阅读，课后让大家结合自身实际或当代社会现象进行文化反思，于是就有了以下的含英咀华：

读《伯豪之死》有感

江涵

有些人从二十五岁渐渐死去，直到七十五岁才入土。在我眼里，伯豪自他离开校园的那刻起就被众多冷眼旁观的人抛到了黄泉路上，余生二十年，不过是一只“久已死去而还未完全冷却的鸟”罢了。从孩童的“昏蒙”渐渐到圆滑，生活像是施行了一场催眠，醒的人始终醒着，睡的人仍时刻不忘对周遭的“噪声”加以打击。伯豪的言行举止，无疑成了众人的“噪声”。他深刻冷静，以宗旨、诚意、志向为少年时的信条，却被全校师生所嫌；他心怀广宇，“以天地为室庐”，却最终病倒在无名之地潦倒离世。伯豪卓尔不群，个性鲜明，可这样的人非但没有被命运垂青，反而被生活玩弄于股掌之间，就连死去前，理想与自由都不曾接纳他，他死得一文不值。

丰子恺的笔调平实却含千钧之力，伯豪的形象随着行文渐渐立体，又轰然倒下，至此我仿佛见证了一桩惨案，可生活中谁不曾亲历这样的湮灭？面对异己，谁又不曾一边窥探一边“装着鬼脸”呢？一个伯豪倒下了，仍有千千万万个“伯豪”正在被生活吞噬，可人们总把他们求救的挥舞视作另类的表演。幼儿的童真，少年的纯真，最后都被成人揶揄为“天真”，仿佛这份“真”是与生俱来的，而人们要的是用小半生去克服它，最后才能缅怀它。伯豪不舍得这份真，他不是第一人，也不是最后一人，他们都不是为理想而死，不是为信仰而死，而是活生生被现实碾至尘埃里灰头土脸地离去。命运给了他明亮的眼睛，只为了让他眼睁睁看着自己向命运低头。活得囫囵也好，活得通达也罢，究竟孰优孰劣无从谈起，因为若只是从结局往前回溯，那便已是世俗势利之举，而活在其中的百般滋味，怕是只能“冷暖自知”了。

读《从孩子得到的启示》有感

吕一丹

我们常常疲于奔命，却往往忘记出发时的初衷，同样，我们常常在成长的过程中汲取各式各样纷繁复杂的内容，然后在生命浓度达到饱和时，析出最不为世所容的童真。我们在一步步远离孩童的年岁，也一点点开始变得羡慕孩子。

我们羡慕孩子独特的视角，羡慕他们能在逃难时感受出游般的快乐，羡慕他们无论身处的时代是安宁和平抑或兵荒马乱，都能享受一样天真无忧的年月。不难看出，在个人生命的尺度上，年长所带来的影响要远大于年代。我们在不同年代里，却以近乎相同的方式将自己从棱角分明的孩子打磨成适应生活的大人。我们羡慕孩子真诚的能力，羡慕他们处在并不是非黑即白的世界里却建造出了黑白分明的法则。把一只手仅仅看作“一只手”，而不是“一巴掌”或是“give me five”，这样的能力也许不能被划入“聪明”的范畴，其中却显示着当仁不让的真诚。

可这些让我们羡慕的能力又是如何流失的呢？是教育的条条框框阻挡了我们，还是圆滑的世相裹挟了我们？当我们到了不再被他人包容的年纪时，就必然要学着改变自己去包容别人，可这就一定意味着失去那份“真善美”吗？丰子恺的这篇文章本身就足以显示他的“真”，如果一个人在顺从本心的同时学会适应环境，在“称心而言”的同时择可言而言，这才是真正的成长吧。

师者观点

眼光犀利，看透社会，孑然一身立于社会浑流之中的人终究格格不入，正如茨威格形容托尔斯泰时所说的那样，“作为一个始终具有善于观察并能看透事物本质的眼光的人，他肯定缺少一样东西，那就是属于自己的那一份幸福”。伯豪不屑于像社会中的其他人那样浑浑噩噩、畏畏怯怯过一生，他大胆去做自己想做的事情，却终被卷入命运的急流，成了万千繁星中不算起眼的一颗，但他的那份冷静、勇敢、深刻，敢于抬起头反抗陈规腐矩的精神却独树一帜。

而王开岭说成长就是意味着“一个纯洁的天使不断地掏出衣袋里的珍珠，去换取巫婆手里的玻璃球”，这不由得引起了丰子恺的深思：“我们本来也和他们（孩子）那样的，谁造成我们这样的呢？”是日益加剧的竞争，是这个越来越娱乐化、实体化的时代，是我们不想被“另眼相看”的本能？倘若我们能像阿宝、阿软那样坦率地表达自己的“要”，便可再遇已然消逝的童真，也才得以解开生活的链条，心无旁骛地感受世界，窥见艺术的国土。

和无限的时间相比，人的寿命如同击石之火光般短暂，明达者谦让、平和，将无限的空间和时间收缩在方寸之心，于是“手掌里盛住无限，一刹那便成永劫”，而成长又是不可抗拒的渐次发展的过程，仔细体味“渐”中的真实、捕捉细微的觉知，在逐渐洞悉世界的光彩与灰暗中历经幸福与无奈，也是一份别致的体验。

☆ 问题来了：

丰子恺先生的《缘缘堂随笔》中一定也有你自己喜爱的、值得被含英咀华的篇目，而以上同学和老师的感悟应该也给了你很大的启迪，请结合自身实际或当代社会现象进行文化反思，不妨也写一篇读后感吧！

七、阅读建议

1. 版本推荐。《缘缘堂随笔》在市面上的版本很多，我们推荐同学们选购 2016 年 10 月由作家出版社出版的《缘缘堂随笔》（作家经典文库）进行阅读，该版本除了收录 1930 年丰子恺第一部散文集《缘缘堂随笔》的所有篇目外，还精选了先生在《缘缘堂再笔》《缘缘堂新笔》《缘缘堂续笔》等集子中的精华内容，再配上丰子恺的精美彩色插图，能让读者最为直观地感受先生“图文相融”的创作风格。当然，你也可以选择江苏人民出版社于 2016 年 10 月出版的《缘缘堂随笔》，该书共收录 68 篇经典散文，在作品的数量和内容上更全面，而形式上则与作家出版社的版本类同。

2. 阅读规划。以《缘缘堂随笔》（作家经典文库）为例，该书共收录散文 48 篇，你可以考虑用一周的时间完成整个阅读过程。每天安排 40 分钟开辟出自己的“静读时光”，依着书中的编排顺序一天阅读 7～8 篇，这样一周时间刚好读完全书。在阅读的过程中，为了加深对文章的理解，你可以借鉴以下阅读策略，养成良好的阅读习惯。

3. 阅读策略。浏览该书的目录，我们可以发现《给我的孩子们》《从孩子得到的启示》《华瞻的日记》是描写儿童生活的散文；《阿庆》《歪鲈婆阿三》《癞六伯》是有仁者情怀的知识分子同情平凡大众的散文；《忆儿时》《过年》《我的母亲》等是以脉脉深情感念家庭琐事的散文……这样一分析，从散文书写的不同对象和内容上加以分类，阅读时的关注就有了落脚点。

此外，阅读丰先生的经典散文不仅要读通，更要读懂、读精，这时就需要采用字斟句酌的精读法。因此，不妨采用摘录式、批注式、心得式读书笔记，在阅读过程中及时含英咀华，记录自己的认识、感想和体会！

八、相关链接

如果看了《缘缘堂随笔》之后意犹未尽，有兴趣了解更多有关丰子恺的创作艺术，你还可以通过以下我们推荐的途径继续学习。

（一）作品集萃

1. 丰子恺．活着本来单纯．南京：江苏文艺出版社，2016.

2. 丰子恺．丰子恺自述：我这一生．北京：中国青年出版社，2015.

3. 丰子恺．丰子恺散文精选：人间情味．武汉：华中科技大学出版社，2018.

4. 丰子恺．丰子恺的艺术与人生．北京：北京日报出版社，2017.

（二）他人之玉

1. 盛兴军．丰子恺年谱．青岛：青岛出版社，2005.
2. 丰一吟．爸爸丰子恺．北京：中国青年出版社，2015.
3. 余连祥．丰子恺美学思想研究．北京：商务印书馆，2012.

（三）影视在线

“上海纪实”频道曾推出纪录片《大师》，该栏目分上、下两集介绍了丰子恺，它可以让你了解更真实的作家人生。请到爱奇艺等平台观看相关视频。

永远新的旧故事

——走进鲁迅的《故事新编》

设计者：马雅玲（宁波效实中学）

QQ：573852701

一、导语

“女娲补天”“嫦娥奔月”“大禹治水”等耳熟能详的故事温暖了我们的童年，也给予我们很多成长的思考。20 世纪二三十年代，文学巨匠鲁迅对这些故事进行了改编，赋予故事以新的内涵与魅力，赢得了许多读者的青睐。

☆ 问题来了：

1. 小时候，你读过哪些神话故事？请回忆一下，把故事题目写在横线上。

____

____

2. 这些老故事传递了什么样的思想？体现了什么样的价值观？

____

____

二、作者介绍

鲁迅（1881—1936 年），原名周树人，浙江绍兴人。鲁迅一生在文学创作、文学批评、思想研究、文学史研究、翻译、美术理论引进和古籍校勘与研究等领域都有重大的贡献。鲁迅的作品对于五四运动以后的中国社会思想文化发展具有重大影响，对韩国、日本思想文化领域也产生了较大的影响，被誉为“20 世纪东亚文化地图上占最大领土的作家”。

☆ 问题来了：

1. 鲁迅一生著述等身，研究领域颇广，他的创作对于中国乃至整个东亚思想文化的发展都产生了重要的影响。请你查阅资料，并以思维导图的形式梳理鲁迅的代表作品及主要思想。（思维导图中可以包含创作的时间、作品的标题、作品的主要特点及思想等内容。）

2. 有人提出中学生“一怕文言文，二怕写作文，三怕周树人”的观点，他们认为鲁迅作品艰深晦涩、与时代脱节，学生难以理解，鲁迅作品在中学语文课本中应该减少比重。对此，有人赞同，有人反对，你同意哪一种看法？请你结合所学的知识，说说你的理解。

三、内容解析

《故事新编》是鲁迅最后的创新之作。全集共 8 篇，《补天》《铸剑》《奔月》三篇取材于神话传说，它们或赞扬英雄人物的坚韧、伟大，或歌颂劳动人民的复仇精神，或鞭挞生活中的市侩气息和庸俗作风。《理水》《采薇》《出关》《非攻》《起死》这五篇以中国历史人物、事件为原型，它们或深情歌颂“中国脊梁式”献身精神，或批判社会上消极避世、虚无主义等思想。

☆ 问题来了：

1.《补天》开篇，女娲“以未曾有的勇往和愉快继续着伊的事业”，她捏了很多“小东西”。捏“小东西”的女娲在故事的发展中遭遇了哪些事情？请你用简洁的语言进行概括。

2. 神话传说中的后羿是一个怎样的英雄？《奔月》中的后羿与神话传说中的后羿形象有什么区别？为什么《奔月》中的后羿

有这样的特点？

3. “浩浩怀山襄陵，下民都浸在水里”“舜爷的百姓，有的捆在树顶，有的坐着木排……”这是小说《理水》中对滔天洪水的描写。大禹经过多年艰苦卓绝的努力，终于治理好了洪水。大禹在治水过程中遇到了哪些困难？在治理好洪水之后，大禹又发生了哪些变化？变化的原因有哪些？

4. 据记载，伯夷、叔齐饿死也不食周粟，他们是儒家经典中抱节守志的典范，而在《采薇》中，鲁迅先生颠覆了他们的形象。请你简单梳理小说中用烙饼来衡量时间流逝的相关内容，并思考作者这样处理的目的。

5. 为父复仇而死的故事在武侠小说中处处可见，然而常常被冠以忠孝的名义而湮没在历史洪流中。而倾注鲁迅先生极大心血的《铸剑》却成为《故事新编》中一颗闪耀的明星，最为重要的一个因素就是黑衣人——宴之敖这个角色。你觉得宴之敖是一个怎样的人？另外，据统计，鲁迅的笔名有190多个，“宴之敖”就是其中的一个。你认为鲁迅在《铸剑》中把黑衣人取名为“宴之敖”有什么深意？

____

____

____

6. 在《出关》中，老子骑着他的青牛准备出关，遇见关长关尹喜，关尹喜就请老子给大家讲学。老子讲学的时候，众人有什么表现？请用波浪线画出来，并试着进行评点。如果老子穿越时空，来到我们中间，也给我们讲授《道德经》，同学们将会有什么样的表现？请你发挥想象，用形象的语言进行描述，并说说为什么同学们会有这样的表现。

____

____

____

____

____

____

7. 俗话说：“为国为民，侠之大者。”《非攻》中的墨子能否称得上“侠者”？请结合小说内容，进行简要分析。另外，小说结尾安排墨子一进宋国界就碰到一系列晦气之事的情节有哪些作用？

____

____

____

四、艺术鉴赏

一代文豪鲁迅创作了700多万字的作品，但他的一部分作品常让读者望而却步，大众所熟知的文学形象大概也仅止于闰土、祥林嫂、阿Q、孔乙己等。小说《故事新编》和我们平常所读到的作品有较大的不同：首先，《故事新编》给人带来一股扑面而来的新意，它让人诧异，原来小说是可以这样写的，可以是如此有意思的；其次，《故事新编》充满一种诙谐幽默的味道，阅读《故事新编》是一段充满愉悦欢笑的旅程，后羿和嫦娥窘迫到每天以乌鸦肉炸酱面度日，伯夷和叔齐用烙饼来计算时间的流逝，大哲学家庄子在汉子面前竟然如此狼狈，如此不堪一击……最后，阅读《故事新编》既是一种轻松欢快的体验，更是一个发现深刻意义的阅读探究过程，因为《故事新编》在嬉笑幽默的表面下蕴含着深刻又丰富的历史价值和社会意义。作者是如何达成在新奇、幽默中寄寓自己对于历史、对于社会的深沉丰富思考的？你在阅读《故事新编》之后，在艺术鉴赏方面又有哪些感受呢？你可以跟随下面的问题，进行深入的探究与追寻。

☆ 问题来了：

1. 在作品的序言中，作者谈到了“油滑”一词，你怎样理解作者的意图？在作品中，所谓的“油滑”是如何体现的？达到了什么效果？请举一例说明。

---

2. 在小说中，社会环境描写指的是对特定的时代背景及人物生活环境的描写，它对渲染小说氛围，推动情节发展，刻画人物性格等方面都起着重要的作用。在《故事新编》中，作者是如何描写社会环境的？这样的社会环境描写有哪些作用？请用《理水》或《补天》中的例子加以分析说明。

3. 在情节设置方面，古人的故事是小说的主干，如《补天》中的女娲造人、女娲补天；《理水》中，大禹跋山涉水，多年不入家门而治水；《非攻》中，墨子不远万里，徒步楚国，救下宋国等都是新编故事之后的主要情节。在这些主要情节之外，鲁迅先生又增添了哪些内容？这样处理的目的是什么？请在《出关》《奔月》《非攻》中选择一例，进行思考分析。

4. 在人物塑造方面，我们都知道女娲、后羿、大禹等都是古代神话中的英雄，孔子、老子、墨子等都是古代的圣人、贤人，而在《故事新编》中，鲁迅让他们走下了神坛，走进了百姓的生活。这些走下神坛的“英雄”“圣贤”在现实生活中遭遇了哪些困境？如果你遇上这些“英雄”“圣贤”，你会如何设置他们的生活？请说说原因。请在伯夷、叔齐、后羿、庄子中选择一例，进行分析说明。

5. 在我们的印象中，嫦娥是一位美丽的仙女，但是她究竟长什么模样，仁者见仁，智者见智。在《奔月》中，鲁迅大胆地发挥想象力，直接对嫦娥的形象进行了详细、生动的描绘。请摘录作品中的相关描写，并说说这样写嫦娥的价值在哪里。

五、争鸣商榷

鲁迅在新时代背景下以自己独特的视角新编了古老的故事，增添了故事的谐趣，也让故事产生了丰富的社会价值。关于《故事新编》的创作，有很多专家学者提出了一些引人深思的观点。我们一起来看看：

观点一（杨若蕙、权绘锦，《论〈故事新编〉中的“油滑”》）：“油滑”是鲁迅在历史小说创作领域里着眼于现实战斗意义而采用特殊的叙事策略所形成的一种特殊的美学风格，是鲁迅在当时严酷的现实环境压迫下，为了强调文学的现实战斗性而使用的一种有效方式。

观点二（陈鸣树，《论〈故事新编〉的独创性》）：鲁迅对古人古事的评判，以自己对生活的感受补充传说、史事的不足，以及古今交融的写法，在中国文学史上都是前无古人的。……新在什么地方？一是鲁迅用新的历史观点对待故事，二是根据现实斗争的需要，大胆地容纳和穿插进了现代的生活。……《故事新编》是一部从思想到艺术都有独创性的作品，其中充满着作者痛苦或愤怒的笑声，它虽然只产生于那个时代，但它的思想意义和审美价值将是长存的。

观点三（吴颖、吴二持，《〈故事新编〉与历史文学的美学机制》）：从历史文学思想意蕴的美学机制这个角度来看，“油滑”无疑是个缺陷，鲁迅自己也确凿无误地明白它虽有“弊”中之

"利"，但客观上也是"利"中之"弊"。

观点四（王哲，《"油滑"问题与〈故事新编〉小说艺术的新探索》）：《故事新编》创作于20世纪二三十年代，这一时期内外交困，社会局面复杂多变、混乱不堪。现实已经不允许文人自由地发表言论，鲁迅开始转向刀锋更尖锐的杂文。小说凭借和依靠所创造的人物形象和故事情节反映和展示生活的面貌；而杂文论时事不留面子，砭痼弊常取类型，力求将战斗和批判作用达到最高。杂文对《故事新编》的最大影响，是鲁迅把杂文的思维方式引入了小说，使小说在思路、笔调和风格等方面都烙上了它深刻的印记。……这一情境下产生的《故事新编》，我们不得不重新思考它所附带的社会作用和功能，不得不思考"油滑"这一特殊手法所承载的特殊功用。从"认真"陷入了"油滑"，使杂文式的社会批判色彩在《故事新编》中得到了明显的强化，而小说的审美功能有可能被削弱了。

观点五（江胜清，《论〈故事新编〉的荒诞感》）：对荒诞感的追求，虽然形成《故事新编》新颖独创的特色，但也伴随着明显的缺陷。荒诞感使《故事新编》失却了一般历史小说应有的历史厚重感，使之具有现代神话的某些特征，这一缺憾直接造成了对《故事新编》是否是历史小说持续不断的马拉松式的论争。不仅如此，对荒诞感的追求在一定程度上破坏了《故事新编》整体上的完美和谐，如鲁迅所言，《补天》"原意是在描写性的发动和创造，以致衰亡"，而"小丈夫"的出现，"不但不必有，而且将结构的宏大毁坏了"。的确，"小丈夫"的出现，固然使小说的战斗性加强了，但它把小说那气魄宏伟、色彩瑰丽的优美画面破坏了，使得小说前后两截明显失衡，不协调。《非攻》结尾“募捐救国队”的出现和《出关》中优待老作家等的插入，也存在同样的局限；尤其是当小说的写作背景模糊和对立消失后的今天，不仅造成读者理解的困难，而且很有可能导致误读。

☆ 问题来了：

关于《故事新编》的创作，在一定时期内有一些争议，以上截取了几个较有代表性的观点。在阅读完《故事新编》之后，你一定有了自己的体会，你是如何看待这些观点的？可以结合具体的小说内容，把你的想法写下来。

六、学以致用

女娲是补天造人的仁慈母亲，后羿是神话传说中的射日英雄，大禹是治理滔天洪水的功臣，伯夷、叔齐是抱节守志的典范，老庄是道家思想的创立者……这些赫赫有名的“英雄”“圣贤”，却被鲁迅请下了神坛，过起日常普通人的生活。曾经力勇无比、智慧超群的“英雄”“圣贤”在日常生活中却遭遇了一个又一个啼笑皆非的尴尬局面，有些死后还要被人扎寨安营，有些被遗弃在孤零零的生活中，有些跟随大溜而“华丽转身”，有些被世俗浅薄地消费和娱乐……那么，是哪些原因让他们遭遇这些尴尬困境的？鲁迅借此想要表达哪些思考？

郁达夫曾说过，一个没有英雄的民族是不幸的，一个有英雄却不知敬重爱惜的民族是不可救药的。我们有英雄，可是在现实中，这些“英雄”却堕落为庸人，这些“圣贤”却成为被众人取笑的对象。80 多年过去了，英雄退为庸人的现象有没有改变？英雄的生存空间有没有改善？

☆ 问题来了：

在读完《故事新编》之后，你觉得这本小说对你的生活产生了哪些影响或启示？在查阅资料和仔细思考的基础上，把你的想法变成一篇读后感。

七、阅读建议

1.《故事新编》是鲁迅在特定历史背景下对老故事进行创新改编后的作品，新老故事的差别较大，有些甚至只是借用老故事的"壳"而已。但不管怎样，新老故事之间的差别往往是新编小说之亮点所在，所以建议你在阅读《故事新编》之前，先温习回顾一下老故事的人物、情节、主题等内容，为阅读新故事做好准备。

2. 有趣诙谐是《故事新编》的一大特点，有趣背后隐藏的对于社会的深刻观照也是小说的重要特征。如《奔月》中的乌鸦肉炸酱面，《采薇》中伯夷、叔齐衡量时间的烙饼等都是令人喷饭大笑的内容，这些内容在塑造人物性格、表达主题内容等方面起到重要作用。因此，在阅读中，你需要随时调整阅读节奏，甚至需要停下阅读脚步，探究蕴含在表象背后的深层思想。

3. 比较阅读是一种重要的阅读方式，它可以让读者在相近或相对文本的比较中更加深刻地理解作品。在比较阅读时，你可以选择遣词造句等形式层面的内容，也可以选择人物主题等内容进行比较。如阅读《理水》，可以比较思考文化山上的学者用“古貌林”“好杜有图”等英语进行问候交流，而不用“早上好”“你好”等汉语日常问候词的目的；如比较《起死》中的庄子形象与传统文化中庄子形象的区别；等等。

4. 结合时代改编一些你感兴趣的老故事，让它们在新时代再次焕发光彩，既有利于我们更好地理解小说，也有助于提升我们的小说创作能力。时下，在《哪吒闹海》基础上改编的动画片《哪吒之魔童降世》，上映短短一个星期，累计票房已突破20亿元大关，创中国动画电影票房新纪录。除去特效、画面风格等电影技术因素外，故事没有因袭讲述“反抗父权”的故事，而是赋予哪吒、敖丙、李靖夫妇等人物以新的性格，赋予故事无比正能量的主题——扭转命运、打破成见，这是创下电影票房新纪录的重要原因。我们也可以学习“哪吒”的做法，或许下一个“票房冠军”就是我们哦！

八、相关链接

1. 鲁迅．两地书·集注．厦门：厦门大学出版社，2008.

2. 鲁迅．鲁迅杂文全集．郑州：河南人民出版社，1994.

3. 皓元宝．郜元宝讲鲁迅．合肥：安徽教育出版社，2010.

4. 钱理群．鲁迅作品十五讲．北京：北京大学出版社，2003.

5. 王富仁．中国文化的守夜人：鲁迅．北京：人民文学出版社，2002.

6. 杨义．鲁迅文化血脉还原．合肥：安徽大学出版社，2013.

7. 边笑弘．《故事新编》中“吃”意象解读．文学教育（下半月），2017（8）.

8. 陈改玲．《故事新编》的总体构思与多层面阅读——北大现代文学研究生讨论课摘要．鲁迅研究月刊，1991（9）.

9. 陈慧忠．深刻的现代意识，丰厚的历史内涵——重读《故事新编》. 鲁迅研究月刊，1992（1）.

10. 高远东．《故事新编》的读法．中国现代文学研究丛刊，2012（12）.

11. 罗宗宇．《故事新编》中的“陌生化”手法．中国文学研究，2007（3）.

12. 王海燕，曾超．“偏是谋生忙”——漫谈《故事新编》中的“吃”．襄樊学院学报，2008（4）.

13. 杨义．《故事新编》的生命解读．杭州师范大学学报（社会科学版），2014（2）.

14. 于明．析鲁迅《铸剑》对古小说中故事的思想艺术升华．武汉水利电力大学学报（社会科学版），2000（1）.

15. 赵敬立．《故事新编》重读．上海鲁迅研究，1999（5）.

16. 钱理群．《故事新编》漫谈．http://www.doc88.com/p-742643829082.html.

乱山碎石间一股激流

——走进巴金的《家》

设计者：孙丽君（余姚八中）

QQ：78971056

一、导语

黑漆的大门，高高的石墙，蹲在门口的永远沉默的石狮子，屋檐下大大的红纸灯笼……20 世纪二三十年代的中国成都到处都有这样的公馆，《家》的故事就发生在那样的公馆里。作者说，那不是自己家庭的历史，那是一般官僚地主家庭的历史，他要向垂死的制度喊出他的控诉。

☆ 问题来了：

1. 在 20 世纪二三十年代的中国，高高石墙里的那些“家”都是怎样的呢？写下你的预想。

____

____

____

2. 那“垂死的制度”让你想到了什么？

____

二、关于作者

巴金（1904—2005 年），汉族，原名李尧棠，字芾甘，中国作家、翻译家、社会活动家、无党派爱国民主人士。巴金在四川成都一个封建官僚家庭里度过了他人生最初的十九年，目睹了封建家族里的种种倾轧和斗争。1923 年，受新文化运动洗礼的巴金离家远赴上海、南京等地求学。其间，巴金参加社会运动，创办刊物，并开始了他长达半个世纪的文学创作生涯。其主要作品有长篇小说“爱情三部曲”——《雾》《雨》《电》，“激流三部曲”——《家》《春》《秋》，“抗战三部曲”——《火》（分三册）以及小说《寒夜》《憩园》，散文《随想录》等。译作有长篇小说《父与子》《处女地》。2003 年 11 月，国务院授予巴金“人民作家”称号。

☆ 问题来了：

1. 那十九年的日子里，巴金遭遇了什么？是什么促使他走上创作之路？不妨读一读巴金的自传，寻找一下答案。

2. 如果你的生活也遭遇了这些，你会做出怎样的选择呢？

三、内容解析

《家》展现的是“高公馆”这个靠礼教维持的封建大家庭的盛衰史。高老太爷是这个家族中封建统治的君主，他掌控着这个家族的经济，也掌控了这个家族中人的命运。但小说主要描写对象是以克明、克安、克定为代表的第二代人和以觉新、觉民、觉慧为代表的第三代人。三代人在这个大家族中分别扮演了怎样的角色，演绎了哪些惊心动魄的故事，表现了什么样的时代主题呢？让我们一起走进这个“家”。

☆ 问题来了：

1. 《家》中的人物是多义而多变的，每一个人物都是一个矛盾体。在觉慧眼中，祖父就是一个矛盾体，他想起祖父以赏玩书画的心情同姨太太在一起生活的事，不觉哑然失笑，他觉得祖父简直成了一个谜。克明始终是一个封建卫道者，但他又说为了在家里不给自己招来麻烦，引起争吵，在外面能博得“孝顺”的名声，他做了他所不愿意做的事。可见，他也是一个矛盾体。觉新是一个有两重人格的人，“在旧社会里，在旧家庭里，他是一个暮气十足的少爷；他跟他的两个兄弟在一起的时候，他又是一个新青年”。他们的矛盾体现在哪些事件里？人的矛盾心理是否普遍存在呢？你是否也有过类似的体验？

2. 在你的心目中，觉慧是一个怎样的青年？能否结合他的故事谈谈你对他的认识？巴金否认觉慧就是他本人，但他也一再强调，他与觉慧有某些相似之处。你发现了哪些相似之处呢？

3. 如果请你在觉新、觉民和觉慧中选择一个来续写他的故事，你会选择谁来写？告诉我们，在那样的时代，他的未来会是怎样的？

4. 小说贯穿了觉慧与鸣凤，觉民与琴，觉新与梅、瑞珏这几个青年的爱情故事，如果你化身为小说中的人物，就他们各自的感情生活而言，你最不希望自己是谁呢？为什么？

5. 巴金在《激流》总序中提及："在这里我所要展开给读者看的乃是过去十多年生活的一幅画。自然这里只有生活的一小部分，但我们已经可以看见那一股由爱与恨、欢乐与受苦所构成的生活的激流是如何的在动荡了。"这个故事，对你认识20世纪二三十年代的中国有什么样的帮助？作品所展示的内容，又给了你怎样的生活启示？

四、艺术鉴赏

《家》不仅是巴金文学道路上树起的第一座丰碑，也是中国现代文学史上最优秀的现实主义杰作之一。吸引读者的是作品展现的时代背景，还是书中真实的人物形象，抑或是作品浓郁的抒情性和细腻而真实的心理描写？

☆ **问题来了：**

1. 反封建的主题。高家是中国20世纪二三十年代封建专制社会的缩影，巴金选取高家这样一个典型的封建家庭作为切入点，从根本上去发现和揭示封建家庭的种种罪恶，并揭示封建制度必然走向灭亡的历史发展趋势，充分显示了小说反封建的主题。封建制度吃人的本质在作品中显露无遗，你看到那些噬人的魔鬼了吗？还有那些鲜活的年轻的生命，他们的陨落又都是谁在导演？

2. 独特的现实主义风格。巴金曾说，他不是一个冷静的作家，不是为了要写小说才写小说，是过去的生活逼着他拿起笔来。他说“书中人物都是我所爱过和我所恨过的。许多场面是我亲眼见过或者亲身经历过的”。比如，觉新不仅是书中人物，他还是一个真实的人，巴金说：“他就是我大哥。”他也有过一个像梅那样年纪的表姐，大家都喜欢她，盼望她成为嫂嫂，但与书中所写一样，有情人未能成眷属。从作品展现的时代背景到书中人物形象，小说正是以作者十九年来的家庭生活为内容的。如实地写生活中的人与事，按照生活的本来面目塑造人物形象，使得整个作品具有高度真实的概括性和反映客观历史事实的现实性。以觉新为例，巴金的大哥在1931年春天的一个早晨，用毒药断送了自己年轻的生命，当时的巴金正在上海写《家》的第六章。按大哥的遗书所述，他是为了顾全绅士的面子，终于做了一个不必要的牺牲者而死去了。可见，文学艺术的真实并不是原封不动地照搬生活，你对此有着怎样的感悟？用书中的实例来说明吧。

3. 人物的心理描写。运用多种手段刻画人物性格是小说的主要任务。《家》中的人物不下于七十个，并且都是极具个性的，作者依托人物的身份和性格，通过人物的言行彰显人物性格，而细腻的心理描写使人物形象显得更为丰满。作者通过内心独白、直觉、梦幻、日记等形式充分展现了这些人物丰富的内心世界。这不同形式的心理描写在作品中俯拾皆是。如觉慧在寂寞中信笔写在搁置许久的日记本上的大段文字，他的生活正如他日记本上所描述的那样；如鸣凤在投湖前矛盾而又决绝的内心世界的呈现；如觉慧对鸣凤的爱情在经历了犹豫和徘徊后他做出的选择……如果让你穿越到《家》的世界里，你愿意和谁做一次心灵上的交流？把这次交流的过程根据你的理解和想象写下来。

五、争鸣商榷

与所有古今中外的巨著一样，《家》在受到各界褒扬和推崇的同时，也遭到过种种非议。对这部作品你心中是否也有过质疑呢？我们来看看那些批判。

对作品的质疑和批判主要体现在以下几个方面：

一是到了社会主义时期，《家》的影响和意义“已经过去了”，“而有害的消极影响甚至反动作用却相对地突出出来”。

二是《家》没有触及封建阶级和农民阶级的矛盾，没有把地主对农民的剥削作为背景和内容来描写，视野停留在资产阶级层面，而没有涉及更加广阔的农村。

三是《家》对封建阶级的揭露并不彻底，作品对书中人物尤其是高老太爷一流给予了过多的同情。

四是有评论者认为《家》并没有给青年指出一条求生存、求解放的路，觉慧出走了，但出走后的前途也是渺茫的。

五是《家》没有充分反映出“五四”的时代特征，没有写出新思潮、新运动的日益壮大，也没有真实反映当时中国革命的进程。

此外，还有观点认为《家》写恋爱不像，文学技巧不高，在小说中作者时不时站出来讲话等。

针对上述观点，出现了以下不同争鸣。

首先，有学者认为，我们应该站在当时新文化运动的大背景下去解读《家》。1918 年，鲁迅先生在《新青年》上发表了他的第一篇白话小说《狂人日记》，第一次在文学领域内提出了新民主主义运动的革命要求，提出了彻底的不妥协的反封建的主题——“暴露家族制度和礼教的弊害”。《家》是一部符合新民主运动革命要求的书，有人认为《家》是《狂人日记》之后又一篇反封建的战斗檄文，它在当时中国新文学领域自然是一个全新的收获。如果去苛求《家》对当代的作用，这是不符合文学评价的原则的。

其次，封建主义的毒害波及广大民众，选择某一反封建群体作为小说主体并不能抹杀它的时代价值，小说是符合五四时期提倡民主和科学的革命主张的，这是毋庸置疑的，而要求每一个作品全面反映社会全貌也是不符合文学特征和规律的。

最后，巴金一再说过自己并不是一个冷静的作家，他所“攻击的是制度不是人”。作者对高老太爷的描述不是扁平的，他的专横冷酷、腐朽虚伪和最后的温存妥协体现出的正是人的情感的复杂性，而这也不能削弱小说的反封建性。作者对高老太爷的批判和否定是正面而直接的，对家中封建卫道者克明、克安、克定也是充满批判性的，对觉新这个具有双重性格的大哥也是否定的。

☆ 问题来了：

以上种种，是否有一种是说到你的心坎里的？请佐证它吧。

如果没有，也请告诉大家你的独到评价。

六、学以致用

1. 文学创作是有目的的。作为小说，有的作品是以讲故事为目的的，有的作品是以传达思想为目的的，而以传达思想为目的的小说，它在表现主题时是自觉的。鲁迅先生在《中国小说史略》中评价曹雪芹创作《红楼梦》“仅乃如实抒写，绝无讥弹，独于自身，深所忏悔”，貌似曹雪芹创作《红楼梦》源于他的忏悔意识，是一种未加雕饰的内心直白。巴金在他的《文学生活五十年（代序）》中曾明确指出：“我写小说从来没有思考过创作方法、表现手法等问题。我想来想去，想的只是一个问题：怎样让人生活得更美好，怎样做一个更好的人，怎样对读者有帮助，对社会、对人民有贡献。”

2. 文学源于生活。曹雪芹如果没有锦衣玉食的富家子弟生活经历，不耳闻目睹官场的腐败和不堪，不是家道中落沦为一个穷苦书生，又怎会写就这“封建百科全书”——《红楼梦》。曹禺如果没有自幼便随继母看戏的经历，文学史上也许就没有《雷雨》《日出》这样的戏剧经典。《家》是一部写实的作品。

3. 艺术形象是个性与共性的统一体。鲁迅在《我怎样做起小说来》中说："人物的模特儿'没有专用过一个人'，'是一个拼凑起来的脚色'。"周作人认为阿 Q 的原型来自鲁迅的故乡绍兴，或是他同乡，或是他远亲。也许包括他的流浪汉兄弟、周氏家族的"桐少爷"、没落地主阿 D、老秀才等多个人物，作者在这些人物身上杂取种种，合成了一个阿 Q。巴金《家》中富有鲜明个性的人物形象同样是源于现实生活中的形象之和。

☆ 问题来了：

读完这本书之后，你发现作者的创作目的了吗？《家》与作者十九年的生活有着怎样千丝万缕的关系？其中的人物形象又是如何体现个性与共性的统一的？这些问题对你今后的阅读是否有启发呢？选择其中一个问题，结合你阅读的其他作品谈谈感受，并把你的感受写成一篇完整的文章。

七、阅读建议

1. 让《序》和《跋》指引方向。“一般的小说家都喜欢把自己对读者讲的话完全放在作品里面，但是也有人愿意在作品以外发表意见。”巴金说他大概属于后者。在巴金的每一部长篇小说或者短篇小说集中都有他自己写的《序》或者《跋》。《家》中的《激流总序》《呈献给一个人》《初版后记》《关于家——给我的一个表哥》等都能帮助我们从整体上把握书的内容。

2. 初见与再遇。初见作品，看尽人事；再遇作品，发现故事背后的故事。初读作品时，重在“广”和“全”，阅读时可用笔做标记或者圈点勾画，于空白处留下阅读痕迹，内容可以是阅读的即时感想、心中疑惑或者写作手法评点等，以供交流。精读重在“深”和“细”，需在泛读基础上完成。精读时，一是可以通过写故事梗概、完成人物关系表、建立人物档案等方式帮助我们再次整体把握作品。二是经典片段再阅读，如“鸣凤、梅、瑞珏之死”“觉民之逃婚”“觉慧之出走”“学潮运动”“过年”“捉鬼”等重点情节，都可以细细品读，并整理归纳，写好读书笔记。

3. 谁来考考我。命题答题训练是对阅读的巩固和检验，内容可以指向考查对文本内容的熟知程度、对人物形象的理解和分析、对作品主题的认识和把握等方面。可以组成阅读学习小组，成员各提供思考题，形成思考题库。形式可以多样，评价可以多元。

八、相关链接

1. 书中那些人物接下去的命运如何？“激流三部曲”之《春》《秋》或许能满足你一部分好奇心。

2. 巴金的《谈自己》，是巴金自序，内容包括《忆》选、《短简》选、《谈自己的创作》选、《创作回忆录》选等，对我们了解巴金创作的初衷及目的，会有很大帮助。

3. 曹禺的《家》，是一部四幕剧，根据巴金同名小说《家》改编，可做比较阅读。你还可以从老舍的《四世同堂》、路遥的《平凡的世界》中发现与巴金的《家》中有着某些共同点的人物形象，不信你可以去看看，做做比较分析。

人间地狱　向生而死

——走进老舍的《骆驼祥子》

设计者：李涛（宁波荣安实验中学）

QQ：597498103

一、导语

它以一个车夫、两个女人、三匹骆驼为主体框架，讲述了20世纪二三十年代发生在北平的一个社会底层小人物的故事。独特的历史人文景观、简约却不简单的语言、精彩的人物形象、细腻的心理活动等都深深地吸引着我们走进老舍和他的《骆驼祥子》。

☆ 问题来了：

1. 北平是一个历史文化底蕴丰厚的城市，它有许多的城市名片。请你以“导游”的身份穿越历史，回到20世纪30年代的北平，向你的同学和朋友介绍它和它的城市名片。

____

____

____

____

____

2. 你是否看过张丰毅和斯琴高娃主演的电影《骆驼祥子》？你如何评价这部电影对原著的改编？

二、作者简介

老舍（1899—1966 年），原名舒庆春，字舍予（舍弃自我之意）。1968 年，获诺贝尔文学奖提名，且获投票第一。中国现代小说家、杰出的语言大师、新中国第一位获得“人民艺术家”称号的作家。著有长篇小说《骆驼祥子》《四世同堂》等，话剧《茶馆》《龙须沟》。老舍喜欢通过日常平凡的场景反映普遍的社会冲突，笔触往往延伸到民族精神的挖掘或者民族命运的思考，让人从轻松诙谐之中品味出生活的严峻和沉重；语言俗白精致、雅俗共赏，把“想得深”的思想内容，用“说得俏”的语言表达出来。

☆ 问题来了：

1. 查阅相关资料，了解获诺贝尔文学奖提名且获投票第一的是老舍的哪部作品，请你为评委写一段老舍获奖理由的文字。

2. 老舍如果活着的话，那么他是最有可能获得诺贝尔文学奖的中国作家。2012 年 10 月 11 日，中国的另一位作家莫言凭借《蛙》获得了诺贝尔文学奖。试着去比较阅读《骆驼祥子》和《蛙》，寻找中国文学的“根”在何方。

3. 新中国被授予“人民艺术家”称号的有三位，分别是老舍（1951 年）、齐白石（1953 年）、常香玉（2004 年）。老舍是唯一一个获此殊荣的作家，结合《骆驼祥子》等作品，谈谈你对“人民艺术家”的理解。

三、内容介绍

这部小说以 20 世纪 20 年代末的北平市民生活为背景，以人力车夫祥子的坎坷悲惨生活遭遇为主要情节，深刻揭露了旧中国的黑暗，控诉了统治阶级对劳动人民的压迫，表达了对劳动人民的深切同情。

☆ 问题来了：

1. 看过作品以后，寻找一个最合适的词语，填在下面的横线上：

这是一个________的社会，这是一群________的人。

2. 根据小说内容，以主人公祥子为中心，画出故事情节发展线索。

____

____

____

____

____

____

3. 虎妞和小福子在小说中是两种不同类型的女人，在小说中分别扮演了重要的角色，她们各自具有怎样的性格？你认为她们分别传递了中国传统文化中的什么信息？作者对这两个人物表现出什么态度？

____

____

____

____

4. 古希腊的悲剧理论指出“悲剧常常是将美好的有价值的

东西毁灭给人们看”。悲剧创作的一条重要的现实主义原则就是“要努力突出悲剧人物的美好”。发生在祥子身上的是一种“从‘人’到‘牲口’的退化。试从社会原因、个体劳动者的性格缺陷、个人奋斗道路的盲目性等方面探讨祥子悲剧的必然性。祥子的悲剧给你带来了怎样的思考和启迪？

5. 苏教版必修四选文《雷雨》的“问题探讨”中有：“周朴园对侍萍的怀念之情到底是真是假，一直有不同的看法。钱谷融认为以假为主，但又假中有真；曹禺认为完全是真实的；李计谋认为半真半假；钱理群认为是人性的真实表现。”对《骆驼祥子》中祥子与虎妞的婚姻及他们之间的感情，作者（老舍）、评论家们和你是怎么看的呢？

四、艺术鉴赏

《骆驼祥子》融汇了老舍的与众不同的京派作家的气质和风格，堪称老舍的代表作，也是他“职业作家的第一炮”。老舍对这部作品非常满意，比作“谭叫天唱《定军山》”。

☆ 问题来了：

1. 人物。老舍在自传里回忆说：“我所要观察的不仅是车夫的一点点的浮现在衣冠上的、表现在言语与姿态上的那些小事情了，而是要由车夫的内心状态观察到地狱究竟是什么样子。车夫的外表上的一切，都必有生活与生命上的根据。我必须找到这个根源，才能写出个劳苦社会。”老舍找到的“这个根源”是什么？它在祥子身上是怎样体现出来的？

2. 语言。学者孙钧政一直致力于老舍作品的语言研究，他将老舍作品的语言特色言简意赅地概括为“白、俗、俏、深”，这个概括最具代表性，适用于老舍的每部作品。请你结合作品本身（个性化的人物语言、纯正生动的北京口语和方言、笑中含泪的叙述笔调），找出分别能体现这四个字的语言片段进行赏析。你认同学者孙钧政的概括吗？如果不认同，请谈谈你的看法。

3. 人性。我们常常讲“勤能补拙”“人定胜天”，但是从祥子的身上我们完全推翻了上面的两个论断。经典的魅力就在于，观照自我的精神世界或灵魂深处的东西，看到人性真正的美，从作品—作者—读者—人类，不断推衍、创造着新的世界。请结合作品，绘制一幅思维导图，以“人性美”为核心，展现“作品—作者—读者—人类”四者之间的关系和你的观点。

五、争鸣商榷

对《骆驼祥子》的争鸣从它诞生以来一直没有停止过。我们根据不同的时代特征和文学特征将其分为三个不同的认识阶段：第一，政治批判与文学肯定的阶段（1936—1949 年）；第二，在狭隘的视野中徘徊的阶段（1949—1978 年）；第三，在开放的环境中攀登的阶段（1979 年至今）。现将每个阶段“争鸣”的代表性观点予以呈现。

（一）政治批判与文学肯定的阶段

1. “文学肯定”代表人物及观点：叶圣陶主要从两个方面来谈老舍作品的风格特色：一是“尽量利用口头语言”，二是“幽默的趣味”；毕树棠就《骆驼祥子》发表于 1939 年的评论文章，从语言风格和人物刻画等不同的侧面肯定了《骆驼祥子》的艺术成就。

2. “政治批判”代表人物及观点：王任叔（巴人）提出“老舍对革命的认识，也是‘世俗的’，将革命者看作‘为钱出卖思想’，这正是单看现象，不明实际的‘世俗’的看法，本质上是反动的”；许杰《论〈骆驼祥子〉》的主要看法是：一是老舍并未指出祥子走向灭亡的真正原因，二是老舍没有看到中国和中国人民的出路在哪里，三是老舍对中国革命的态度和理解是不正确的，四是老舍对性的描写过于用力。

（二）在狭隘的视野中徘徊的阶段

在新中国成立初期的高度意识形态化的时代背景下，文学创作和文学批评也笼罩在“政治唯一”的氛围中。

1. 丁易在《中国现代文学史略》中分析了老舍及其笔下的人物，诸如祥子不敢革命的原因：“首先，作者幼年的小市民的‘命该如此’的思想该是一个因素；其次，当国内革命斗争、阶级斗争最尖锐的时候，作者还在国外，没有和革命发生关系；最后，六年生活在英国资本主义社会里，思想上也不能不受影响。因此，就使得作者脱离了政治，脱离了斗争。”

2. 刘绶松的《中国新文学史初稿》中，在谈到小说的结尾时，他指出：“对于‘个人主义末路鬼’的谴责，当然也说明了作者思想的进展——他对集体主义的赞成和向往。但是，应当认为：使祥子这样的人物得到这样一个结局，是不真实的，是不应该的。故事的结尾太低沉，太阴惨了!”

3. 蔡师圣的《略论老舍早期的小说》指出，这部小说的思想深度，不仅在于揭示了“旧社会的残酷和不合理”，更在于揭示并批判了祥子盲目奋斗道路的错误。他提出的“集体力量思想”，显示了“老舍社会思想和美学思想的一个显著进步”。

（三）在开放的环境中攀登的阶段

20 世纪 80 年代以来，各高校和各文学研究所致力于新文学史的编纂，力图修正十七年时期及“文化大革命”时期对文学观念和文本价值的曲解，以还原文学的本来面目。

1. 夏志清《中国现代小说史》中，对老舍和他的小说给予了很高的评价。他指出：“小说的戏剧力量和叙述技巧都超过作者以前的作品，虽然《赵子曰》《二马》和《离婚》都各有自己独特的优点。它也超乎老舍后来——抗战开始以后——的作品之上。”另外，关于《骆驼祥子》中的政治革命观点问题，夏志清还提出了具有真知灼见的观点：“来自一个倡导咬紧牙关为社会服务的作家……老舍显然已经认定，在一个病态社会里，要改善无产阶级的处境就得要集体行动；如果这个阶级有人要用自己的力量来求发展，只徒然加速他自己的毁灭而已……毫无疑问，老舍是把社会批判当作不可缺少的一部分。……《骆驼祥子》是一本深含个人情感的小说，在这里老舍想具体写出他对个人单独救国的必然徒劳所感觉到的新观念。”

2. 钱理群、温儒敏、吴福辉编著的《中国现代文学三十年（修订本）》中对《骆驼祥子》的点评得到了大家的一致认可。它以大的文化视野来观照《骆驼祥子》，指出它是“对城市文明病与人性关系的探讨……这部小说的成功在于其真实地反映了旧中国城市底层人民的苦难生活，揭示了一个破了产的农民如何市民化，又如何被社会抛入流氓无产者行列的过程，以及这一过程中所经历的精神毁灭的悲剧”。另外，这部文学史里还提出了老舍对底层市民内心世界的探讨与批判：“老舍在祥子等下层市民的身上所发现的不敢正视现实、自欺欺人的幻想，以及人与人之间的冷漠、个人奋斗道路破灭以后的苟且忍让，与他在其他一些小说中常写到的‘老中国的儿女’之间显然存在着某种共同点，这是同一经济文化的产物，在一定程度上也反映了中国国民性格中的某些弱点。……老舍不止于批判社会，也不止于批判传统文明和落后的国民性，他显然在思考城市文明病如何和人性冲突的问题。”

☆ 问题来了：

文化的进步，文明的传承，都是在批判性继承中进行的。“不唯书”“不迷信权威”，也是我们在阅读时应有的正确态度；在了解了对《骆驼祥子》三个阶段不同认识的基础上，谈谈你读完《骆驼祥子》后的心得。

六、学以致用

读书之后呈现阅读成果的形式很多，最常见的形式是文学短评和读后感。两者的表达目的和写法都有明显的区别。文学短评是一种精短的，以作家、作品、文学创作等作为评论对象的理论文体，它既有议论性，又有文学性，是理、情、文的统一，而读后感需要在写作时结合本人实际，联系社会现实，写出自己的感想、体会、收获。前者重“评”，属于评论体，侧重于分析作品思想艺术的优劣高下，带有客观评价的色彩；后者重“感”，属于引申体，注重阐发自己主观的想法。

☆ 问题来了：

随着阅历的增长和鉴赏能力的提高，重新涵泳品味，你一定会有不少独到的感悟和创造性的理解。请为老舍的《骆驼祥子》写一篇文学短评或者读后感。

七、阅读建议

1. 在阅读方法上，采用“知人论世”和“披文入理，析文入情”的方法。“论世”即了解作者写这部作品的时代背景。“知人”即比较全面地了解和认识老舍这个作家。比如：作家的创作动机、老舍与北平的关系（《想北平》）、个人经历等。

2. 整体阅读和比较阅读。老舍的创作大致可以分为三个时期，每个时期选取其中的一本细读。第一时期，长篇小说《骆驼祥子》。第二时期，长篇小说《四世同堂》第一、二部——《惶惑》与《偷生》；第三时期，戏剧《茶馆》。同一个作家三个时期的作品构成了一个整体，比较其创作上的异同之处。比较阅读的第二种做法是将创作时间相近的其他作家的作品与老舍的《骆驼祥子》进行比较阅读，可从主旨揭示、写作手法、语言风格、人物塑造等不同的维度进行。

3. 阅读切入点：建议从最简单的人物入手，把握人物塑造的基本手法（肖像、动作、语言、心理等），进而探究人物悲剧命运产生的原因，揭示小说的价值和意义。

4. 阅读的呈现形式：课本剧表演、读书报告会或读书心得交流会、撰写阅读小论文。

八、相关链接

（一）《骆驼祥子》的研究专论

1. 叶圣陶．北平的洋车夫．新少年，第二卷第 8 期，1936.
2. 毕树棠．骆驼祥子．宇宙风（乙刊），第 5 期，1939.

3. 吉力．读《骆驼祥子》. 鲁迅风，第 14 期，1939.

4. 老舍．我怎样写《骆驼祥子》. 青年知识，第 1 卷第 2 期，1945.

5. 林万春．给骆驼祥子．开明少年，1948（41）.

6. 许杰．论《骆驼祥子》. 文艺新辑，第一辑，1948.

7. 蔡师圣．《骆驼祥子》的构思及其他．厦门大学学报，1980（1）.

8. 王静波．虎妞形象再议．中国现代文学研究丛刊，1985（1）.

9. 樊骏．论《骆驼祥子》的悲剧性．江汉论坛，1986（9）.

10. 曹一新．老舍先生谈《骆驼祥子》. 河南大学学报，1987（2）.

11. 王宝树．祥子的婚姻悲剧．贵州高等专科师范学校学报，1989（2）.

12. 苏常青．试论祥子的性爱悲剧．河南大学学报，1991（5）.

13. 余光中．骆驼与虎．名作欣赏，1992（6）.

14. 李豪．在老舍家谈《骆驼祥子》. 北京党史，2000（3）.

15. 老舍．回忆《在烈日和暴雨下》的写作．语文教学与研究，2001（14）.

16. 老舍，勇夫．谈谈《骆驼祥子》中的祥子．语文教学与研究，2002（14）.

（二）文学史、小说史关于《骆驼祥子》的文容

1. 王瑶．中国新文学史稿．上海：新文艺出版社，1953.

2. 丁易．中国现代文学史略．北京：作家出版社，1957.

3. 唐弢．中国现代文学史．北京：人民文学出版社，1979.

4. 夏志清．中国现代小说史．上海：复旦大学出版社，1961.

5. 钱理群，温儒敏，吴福辉．中国现代文学三十年．北京：北京大学出版社，1987.

6. 杨义．中国现代小说史 2. 北京：人民文学出版社，2005.

7. 刘勇，邹红．中国现当代文学史．北京：北京大学出版社，2006.

（三）老舍研究中与《骆驼祥子》关系紧密的论文

1. 孙钧政．老舍语言学习笔记．语言教学与研究，1979（1).

2. 孟广来．老舍在山东．文史哲，1980（4).

3. 赵园．老舍——北京市民社会的表现者与批判者．文学评论，1982（2).

4. 舒济．国外翻译研究老舍文学作品概况．中国现代文学研究丛刊，1982（3).

5. 王文英．重读老舍．文艺理论研究，1998（2).

（四）《骆驼祥子》改编目录

1. 王宏韬．一个是一个——话剧《骆驼祥子》表演评点．中国戏剧，1980（7).

2. 石言．“骆驼祥子”终于找到！．电影评介，1980（5).

3. 王珞．影片《骆驼祥子》的导演艺术一瞥．电影评介，1982（11）.

4. 晓原．《骆驼祥子》拍摄二三事．电影评介，1982（3）.

5. 黄兴华．美是生活——斯琴高娃谈饰演虎妞．电影评介，1982（8）.

6. 李希凡．略论虎妞形象的再创造——《骆驼祥子》观后．电影艺术，1983（1）.

边境“至美” 城外“桃源”

——走进沈从文的《边城》

设计者：李莉（绍兴鲁迅中学）

QQ：467219300

一、导语

中篇小说《边城》是沈从文先生的扛鼎之作，是他表现人性美最突出的代表作。通过湘西儿女翠翠和傩送之间的爱情悲剧，以兼具抒情诗和小品文的叙事笔调，描绘了“边城”湘西人特有的质朴良善的本性，反映出湘西人在“自然”“人事”前无法把控命运，寄托了作者个人乃至民族的隐痛和对人生社会理想的诉求。

☆ 问题来了：

初读完《边城》，合上小说，简要谈谈你的感受。

____

____

____

二、关于作者

沈从文（1902—1988 年），原名沈岳焕，字崇文，湖南凤凰人。我国现代小说家、散文家、京派小说代表人物、历史文物研究家。1924 年沈从文开始进行文学创作，有小说、散文、文论、自传等文集 70 余种，是我国现代文学史上最多产的作家之一。代表作品：小说《边城》《长河》，散文集《湘行散记》《湘西》，专著《中国古代服饰研究》等。沈从文的代表作是湘西小说，他的创作风格趋向浪漫主义，语言朴素而有质感，字里行间透露出浓郁的地方色彩。

☆ 问题来了：

1. 沈从文到底是一位怎样的作家？他为什么能写出《边城》这样美好又悲伤的故事呢？不妨收集一下他的故事，为他制作一张简历，着重突出他的经历，探究对他形成巨大影响力的内在原因。

2. “一方水土养一方人”，一方风物人情也可能对作者的写作内容与风格形成一定的影响。你觉得作者的文风与他的成长环境有关系吗？请你再收集一些关于其他作家的创作风格与其成长经历的资料，谈谈两者之间的关系。

三、内容解析

故事围绕翠翠的爱情纠葛展开。茶峒掌水码头的船总顺顺的两个儿子——老大天保和老二傩送同时爱上了翠翠，而翠翠只钟情于傩送，翠翠的祖父只知天保曾来求亲，却不知孙女心事。兄弟两相约以唱歌争得翠翠的心，哥哥自知非弟弟敌手而自动退出后溺水而死。顺顺和傩送由此对翠翠祖父产生误会，顺顺要傩送另结一门富家亲事，傩送的心却仍在翠翠身上，遂赌气沿河下行，祖父已察觉此事，心中郁闷，于某夜雷雨中去世了，而翠翠则一直等着傩送。

☆ 问题来了：

1.《边城》的主要人物是翠翠、爷爷、傩送、天保等，他们在茶峒经历了什么呢？请你任选一个人物，站在该人物的视角上叙述“边城”故事。

2. 沈从文笔下的人物特色鲜明，在《边城》这些人物中，是谁最让你印象深刻呢？请你选择一个人物，首先向大家介绍该人物的形象，再发表你对该人物的评价。

3. 在沈从文的精神世界里，“边城”是大城市的对立面，是“中国另外一个地方另外一种事情”。“大城”意味着人声喧闹，意味着世俗与名利，意味着庸俗与市侩……与“大城”相对的“边城”则象征着自然雅拙，象征着纯情厚道，象征着人性本真……所以，沈从文说，他要用这部作品来表现“一种‘人生的形式’，一种‘优美、健康而又不悖乎人性的人生形式’”，“为人类‘爱’做一度恰如其分的说明”。其实，这种“人生的形式”的内核就在边城的自然纯美之景，就在边城人与人间的坦诚之心，就在边城人与自然的和谐之境。读完《边城》，你发现了哪些自然之美和人情之美，抑或人与自然的和谐之美呢？

4. 翠翠和傩送都是善良美好之人，但他们的爱情最终却没有圆满。你觉得《边城》是一幕爱情悲剧吗？如果是，你觉得在这一场爱恋中，是谁造成了这一悲剧呢？如果不是，你又是如何理解的？请你准备一份发言稿，阐发你对这一“悲剧”的看法。

四、艺术鉴赏

沈从文先生的《边城》以其“清水出芙蓉”般的清纯栖居文坛，众多学者在倾心于淳朴善良的翠翠形象的同时，也为翠翠那遥遥无期的等待扼腕哀叹。

☆ **问题来了：**

1. 人物塑造。沈从文在塑造翠翠、傩送等人物时用了哪些艺术手法，使他们性格如此鲜明？请你选择一个人物，揣摩其人物塑造的方法，可制作一张小表格。

2. 语言特色。一个成功的作家，自有其吸引人的语言功底。沈从文的《边城》为何让人百读不厌，除了内容之外，其语言表达也是功不可没。读完《边城》，小说中的哪些语言表达吸引住你了呢？请找出你欣赏的语言，并对其进行赏析。

3. 语意“错位”。小说《边城》中的语意“错位”艺术，主要集中体现在人物的言语交流中，以及小说人物对话的潜台词理解上。基于小说中人物的性格和家庭背景的差异，对同一个意象言语有不同的语意“错位”理解，进而阻碍小说的顺势生长，形成言语误解和叙事的一波三折之效。小说中有哪些语意的“错位”呢？请找出并分析。

五、争鸣商榷

《边城》的结尾——这个人也许永远不回来了，也许“明天”回来！沈先生这最后一句表现了翠翠等待傩送的决心，即使“明天”不回来，她依然会在渡口等待。《边城》这一结尾的走向是未知的，特别对“傩送”是否回来，争鸣颇多。对于翠翠的等待，我们也提出了不少质疑。与此同时，读者也想从文本中探寻出沈先生对无尽等待的期许之迹。

☆ 问题来了：

1. 我们有了对《边城》整本书的理解后，可以进行聚焦主旨的节选文本微写作——先加上标点，用微写作的方式来展示《边城》结尾的寓意：

这个人也许永远不回来了（　　）也许“明天”回来（　　）

填写该标点的理由及想表达的寓意：

2. 续写小说结尾。小说的结尾写道：“这个人也许永远不回来了，也许‘明天’回来!”按照你的理解，傩送会回来吗?

3. 如果你是傩送，在离别之际，你有什么想对翠翠说的?请你代傩送给翠翠写一封信。

六、学以致用

阅读，不仅仅是读完一部作品，更重要的是从作品中读有所得、读有所悟。艺术源于生活，又高于生活。从作品中，你会对某一个人物唏嘘感叹或由衷敬佩，会由作品中的情节、环境描写联想到现实社会中的某一现象，你对作品的感悟有时就是你对生活的感悟……读完作品后，你的思考与感悟都将成为你的积淀，化为你的素养，并将被运用到学习与生活的方方面面。

☆ 问题来了：

1. 小说的标题，是我们阅读的一大关注焦点，读完《边城》后，你觉得这部小说为什么取名“边城”而不是“翠翠”？请结合小说，说说你的理解。

2. 读完这本书之后，你感觉到在哪些方面自己有所开悟或者提升呢？给你一段独立思考的时间，然后写一篇完整的读后感。

七、阅读建议

通过聚焦《边城》的教学活动，引导师生对《边城》结尾的言语指向更符合沈从文的“美的从来就是悲的”理念的认同，并思考沈先生的创作意图：他要表现的本是一种“人生的形式”，一种“优美、健康、自然而又不悖乎人性的人生形式”。“我的主意不在领导读者去桃源旅行，却想借重桃源上行七百里路酉水流域一个小城小市中几个凡夫俗子，被一件普通人事牵连在一处时，各人应有的一分哀乐，为人类‘爱’字做一度恰如其分的说明。”老师也可以此为基点，再形成一系列的微写作教学探索：师生可以跨媒介阅读，组织学生观看电影——香港版《边城》与内地版《边城》，然后比较书评和影评。师生也可结合沈从文先生的评价——香港演员林黛饰演的翠翠“太时髦了，她不是我的翠翠……”——一起探讨交流整本书阅读和影视的张力，可以让学生续写《边城》的结尾、举办《边城》读书交流会、开展专题辩论会、进行阅读笔记评选、开展课本剧表演等个性化的微写作展示，驱动师生对《边城》整本书的拓展思考，把微写作教学真正落到实处。

八、相关链接

“《边城》是降格之艺术的一个经典。”

关于《边城》的艺术手法，曹文轩在《回到“婴儿状态”的艺术——读沈从文小说〈边城〉》中如是说：“我以为艺术——至少有一路艺术，必须对生活进行降格处理。当生活中的人处在悲苦中时，艺术中的人却只应该处于忧伤中。在生活中，这个人可号啕，而在艺术中，这个人却只应该啜泣。一些港台影视作品使人感到浅薄与肉麻，其原因正在于它们不谙艺术之道，对生活非但没做降格处理，也不是同格复印，却做了升格处理。生活中那个人都未达到大放悲声之地步，艺术倒让他泪雨滂沱哭得不成体统了。这就毁了艺术，中国当代文学的历史性格浮躁之根本原因，也正在于此。它恣意渲染苦痛，并夸大其词，甚至虚幻出各种强烈的情感。这种放纵情感而不节制的做法，使它永不能摆脱掉轻佻与做作的样子。”

1. 如果你想深度解读《边城》，更进一步感知《边城》的意蕴，领悟其艺术魅力，可参考以下资料。

◆ 陈思和．中国现当代文学名篇十五讲．北京：北京大学出版社，2003.

◆ 凌宇．从边城走向世界．长沙：岳麓书社，2006.

◆ 刘洪涛．《边城》：牧歌与中国形象．文学评论，2002（1）.

◆ 田红．《边城》的叙事策略．理论与创作，2005（4）.

◆ 邱于芸．中国文人美学视野下的《边城》研究．吉首大学学报（社会科学版），2010（4）.

◆ 刘艳．《边城》：“向生命的神性凝目”的抒情性．名作欣赏，2019（1）.

◆ 徐芳，刘嘉．诗化的才情：论《边城》的语言艺术．黑龙江教育学院学报，2019（4）.

◆ 夏萍．《边城》美学意蕴之我见．汉字文化，2017（21）.

◆ 施军．“美丽总令人忧愁”——《边城》题旨解读．名作欣赏，2005（11）.

◆ 王向辉．《边城》的叙事策略及其湘西风情．新乡师范高等专科学校学报，2004（1）.

◆ 宋皇森，谢玉兴．《边城》语言艺术成因探析．山东农业大学学报（社会科学版），2005（2）.

◆ 张瓯雯．《边城》小说的意境营造．名作欣赏，2019（21）.

2. 如果你想深度了解沈从文，全面了解其生活的时代背景、作品、风格等，可参考以下资料。

◆ 刘洪涛，杨瑞仁．沈从文研究资料．天津：天津人民出版社，2006.

◆ 严家炎．中国现代小说流派史．北京：人民文学出版社，1989.

◆ 沈从文．沈从文文集．成都：四川人民出版社，1983.

◆ 张新颖．沈从文的前半生．上海：上海三联书店，2018.

◆ 张新颖．沈从文的后半生．上海：上海三联书店，2018.

◆ 沈从文．湘行散记．武汉：长江文艺出版社，2015.

◆ 马新亚．“文学革命”·“爱与美”·“生命”——论沈从文国民性改造思想的独特性．南方文坛，2019（4）.

◆ 凌宇．沈从文创作的思想价值论——写在沈从文百年诞辰之际．文学评论，2002（6）.

月亮与黄金枷

——走进张爱玲的《金锁记》

设计者：严雨清（宁波中学）

QQ：649741249

一、导语

小说世界是现实生活之外的平行宇宙，自有其运行的规律，但又同时与现实世界彼此支撑，互为映照。对个体而言，不甘被命运牵制，出自本性；无法掌控自己的命运，却又必然。你是否也遇到过这般挣扎？当不愿屈从于无能为力带来的束缚时，你的命运会有哪些走向？张爱玲以她冷峻的眼光、苍凉的笔调勾勒出一个曹七巧，让她在小说世界中先于我们走向人生的结局。

☆ 问题来了：

1. 你是否曾在小说世界里遇见过“自己”？请分享“小说世界”映射“真实世界”的一次阅读经历。

____

____

____

2. 在影视作品领域，有一种“大女主戏”的说法，即作品聚焦女性人物的成长。那么，你是否在中外文学作品中也遇到过这样的“大女主”？

3. 对于张爱玲笔下的“大女主”——曹七巧，你抱有怎样的阅读期待？

二、关于作者

张爱玲，出生在一个新旧交替的年代，从西方涌入的民主平等新思潮与她所处的前清遗老家族一脉相承的观念发生了强烈的碰撞。对人心、对文字极其敏锐的洞察力和感知力让张爱玲很早便确定了自己的未来就在文学这条路上。她的创作涉及小说、散文、剧本、文论等，其中以小说成就最高。1943 年，张爱玲以一篇《沉香屑·第一炉香》横空出世，同年接连创作了《金锁记》《倾城之恋》《封锁》《茉莉香片》。这一年，张爱玲 23 岁。她一生中最重要的中篇作品基本创作完成。张爱玲的写作不大介意时代权威话语的指令，而是一味执着于对“现世”的关注，贴近世俗，回避崇高，她以一种几乎恶毒的犀利目光，洞穿蒙在爱情、亲情表面的温柔的面纱，将这面纱背后的丑恶展示给世人。

☆ **问题来了：**

“出名要趁早”是张爱玲留给这个现实世界直白的告诫，流传甚广。张爱玲确是年少因作品而成名，然而中年出走、晚景凄凉的传奇人生却是其留给众人的无数谈资，甚至成为其作品的又一注脚。

1. 了解张爱玲的人生经历，截取人生重要时刻，为她制作一张生平事迹表。

____

____

____

2. “成名”的路径多条、方式各异，在张爱玲身上便出现了作品、人品皆为众人谈资的现象，你如何看待“成名”这件事儿？

____

____

____

三、内容解析

曹七巧，一个麻油店里走出来的小市民阶层女子，由哥哥做主嫁入了姜公馆，给姜家残废的二少爷做媳妇。阶层的跨越让长期处于众星捧月位置的曹七巧彻底成为边缘人物。在姜公馆，她得不到一个正常的丈夫，得不到姜家人的认可，甚至得不到下人们的尊重。逼仄狭窄的生存空间让曹七巧不自觉地成为刻薄疯癫、牢骚满腹、精明计较的代名词。随着丈夫和老太太的过世，曹七巧终于拥有了黄金和地位。她守着用命换来的黄金于深宅中逐渐走向乖张、多疑、执拗、暴戾，将前半生的压抑进行肆无忌惮的宣泄。她抓紧身边一切处于弱势地位的人——儿媳、女儿、儿子，为她的无望人生殉葬。

☆ 问题来了：

1.《金锁记》作为中篇小说，涉及的人物并不多，不妨理一理人物间的关系，画一画姜公馆内的人物关系图。

2. 关于曹七巧的原生家庭，着墨不多却十分精彩。你是否猜想过在进入姜公馆前的曹七巧该是一副怎样的模样。试着设计一个情节，展示少女时代的曹七巧。并对你所设计的形象进行简要说明。

3. 曹七巧人物的典型意义在于她不仅是悲剧的承受者，更是悲剧的制造者。她彻底承受了中国妇女的不幸，也彻底将一切的不幸报复于她所能报复的一切人。曹七巧这一生惹人怜也讨人厌。请你从以下情节中挑选其一，前往微博#曹七巧#话题讨论区发表对于曹七巧的看法。

4. 张爱玲在曹七巧身上把腐朽文化、钱权欲望对人的异化展示得淋漓尽致。何为“异化”？即自我外化为非我，人在特殊的环境和条件下背离原本人的性质而走上另一条路。曹七巧就是这样一个“异化”的人。你是否在其他文学作品中也读到过“异化”的人物？请列举一二。这些被“异化”的人物是否存在一些共性？尝试着做一次研究性学习吧，将自己的研究结论写在下面，有机会与同学和老师做一次分享。

5. 在《金锁记》中，曹七巧之外的人物各有性格、各有命运。你对其中哪位人物的遭遇感触最深？若有幸与之面对面，并有3次发问的机会，你将如何把握？将问题写下来，注意提问的先后顺序。

四、艺术鉴赏

德国作家歌德有句名言：“内容人人看得见，含义唯有心人得之，形式对于大多数人而言，是一个奥秘。”小说对绝大多数人而言，是一场没有阅读门槛的旅程。收获一个精彩故事，晓悟一些普世真理，小说阅读似乎是我们与生俱来的本领。然而，小说除了内容与含义，其形式更是每位作家用心最深却又最易被人忽略的存在。若是能触及一些形式的奥秘，则我们于作家能成就心灵的契合，于作品能达成饱满的理解，于自身能丰厚阅读的历程。那么，张爱玲的《金锁记》又有哪一些关于形式的奥秘呢？我们不妨一起往下看。

☆ 问题来了：

解密一：叙事节奏

曹文轩指出，小说的速度是双重性的，即故事的时间速度与叙述的时间速度。而无论是前者还是后者，这两种速度都不宜是均匀的。因为均匀意味着节奏的丧失。在《金锁记》中，我们可以很明显地感受到时间如川流般，时而停摆回旋，时而奔腾向前，我们一起来做个梳理：

整部小说的故事时间整整横跨________年，而小说前________篇幅却只运行了其中的________时间。在这里，你会发现，张爱玲有意地________叙事节奏。这样的有意为之便于介绍铺展故事发生的空间——____________，并让生活其中的大小人物挨个登场亮相。

张爱玲切一个横截面，向读者集中展示了姜公馆的日常生活。在这个横截面中，开篇就设置____________________的情节，初步勾勒出姜公馆内部的各路人马及其身份地位。天一亮，夜间被谈论的主要人物先后出场，待到其余人亮相完毕以后，曹七巧才姗姗来迟。这样的写法事实上在《____________》中也曾出现过。曹七巧在姜公馆里是一个可以被忽视的异类，而这一异类却偏要往最打眼的人群里挤，便落得更惹人嫌的下场。这一天里，有____________________，有七巧去往老太太跟前搬弄是非气走小姨子的一次反抗，也有____________________，当然还有娘家人来访时姜家人冷漠的反应与七巧对自身处境的牢骚与埋怨。

你会发现，张爱玲在这一天中设置了一个又一个情节，紧凑却又舒展地呈示在读者面前。事实上，在小说的前半部分，她就通过有意的减速来达成一些目的：一来揭示当下众多人物各自的特性，二来着重展现主人公曹七巧前后的人生岁月以及其面临的巨大身份落差，使其性格有了转变发展的依据与空间。

但张爱玲毕竟不会让这种低速的叙事节奏保持到故事的结尾。张爱玲一挥笔“____

____

____

____”

就将时间向前推进了十年。在这里，你会发现张爱玲利用“__________”这一意象做了一次电影镜头般的、精致得无可挑剔的场景切换。几乎于瞬间，叙事速度便不顾一切地往前奔走而去了。略过平庸的生活，聚焦于波澜起伏之处，小说情节开始加速展开。

解密二：意象贯穿

张爱玲太爱写“月亮”了。《十八春》中，她写道“今天晚上有月亮，稍带长圆形的，像一颗白净的莲子似的月亮，四周白蒙蒙的发出一圈光雾。人站在阳台上，在电灯影里，是看不见月色的，只看见曼桢露在外面的一大截子手臂浴在月光中，似乎特别的白”。《沉香屑·第二炉香》中也有对月亮的描写，“摩兴德拉的窗子外面，斜切过山麓的黑影子，山后头的天是冻结了的湖的冰蓝色，大半个月亮，不规则的圆形，如同冰破处的银灿灿的一汪水。不久，月亮就不见了，整个的天全冻住了；还是淡淡的蓝色，可是已经是早晨”。在《牛》中，她又细细描绘“黄黄的月亮斜挂在烟囱，被炊烟熏得迷迷蒙蒙，牵牛花在乱坟堆里张开粉紫的小喇叭，狗尾草簌簌地摇着栗色的穗子”。《倾城之恋》里也有“泪眼中的月亮大而模糊，银色的，有着绿的光棱。十一月尾的纤月，仅仅是一钩白色，像玻璃窗上的霜花”。但没有一部小说，像《金锁记》这样，将“月亮”从头写到了尾，且看——

①三十年前的上海，一个有月亮的晚上……我们也许没赶上

看见三十年前的月亮。年轻的人想着三十年前的月亮该是铜钱大的一个红黄的湿晕，像朵云轩信笺上落了一滴泪珠，陈旧而迷糊。老年人回忆中的三十年前的月亮是欢愉的，比眼前的月亮大，圆，白；然而隔着三十年的辛苦路往回看，再好的月色也不免带点凄凉。

②天就快亮了。那扁扁的下弦月，低一点，低一点，大一点，像赤金的脸盆，沉了下去。

③她接不上气来，歇了半晌，窗格子里，月亮从云里出来了。墨灰的天，几点疏星，模糊的残月，像石印的图画，下面白云蒸腾，树顶上透出街灯淡淡的圆光。

④隔着玻璃窗望出去，影影绰绰乌云里有个月亮，一搭黑，一搭白，像个戏剧化的狰狞的脸谱。一点，一点，月亮缓缓地从云里出来了，黑云底下透出一线炯炯的光，是面具底下的眼睛。天是无底洞的深青色。

⑤芝寿猛然坐起身来，哗啦揭开了帐子，这是个疯狂的世界。丈夫不像个丈夫，婆婆也不像个婆婆。不是他们疯了，就是她疯了。今天晚上的月亮比哪一天都好，高高的一轮满月，万里无云，像是漆黑的天上一个白太阳。遍地的蓝影子，帐顶上也是蓝影子，她的一双脚也在那死寂的蓝影子里。

⑥窗外还是那使人汗毛凛凛的反常的明月——漆黑的天上一个灼灼的小而白的“太阳”。……月光里，她的脚没有一点血色——青、绿、紫、冷去的尸身的颜色。她想死，她想死。她怕这月亮光，又不敢开灯。

⑦三十年前的月亮早已沉了下去，三十年前的人也死了，然

而三十年前的故事还没完——完不了。

1. 以上7处关于“月亮”的描写均出于《金锁记》，你是否能从原文中找到这些描写，并对这些“月亮”出现的情节进行定位？

①____________________

②____________________

③____________________

④____________________

⑤____________________

⑥____________________

⑦____________________

2. 在这些关于“月亮”的描写中，哪一处的描写让你最为惊叹？说说你的阅读感受。

____

____

____

____

3. 不知你是否发现，小说中段不时跳出“月亮”的身影，在重要情节的转折处，人物命运的关键处，“月亮”总是如影随形。比如，“月亮”出现在了长安的视线中。“丢了褥单的长安害怕七巧去学校里兴师问罪，在模糊的残月和几点疏星中做了人生中第一个重大的决定——退学。正如长安往后的人生岁月，呈现出一种模糊、茫然、不确定的状态，她从未有过锋芒，就只是那样平庸地被母亲七巧支配着，浑浑噩噩进行着自己的人生。”你是否也能在剩余的几处描写中再咀嚼一番张爱玲投射在“月亮”这一意象上的苦心？

4. 张爱玲的《金锁记》被夏志清评为“中国从古以来最伟大的中篇小说”，而欧阳子认为“在中国文学史上，就中短篇小说类型来论，白先勇的《游园惊梦》是最精彩、最杰出的一个创作品”。而巧合的是，白先勇也是一位爱写“月亮”的小说家，他在《游园惊梦》中也有几处写到“月亮”。不妨去读一读白先勇的《游园惊梦》，尝试着比较两位作家笔下两部作品中的“月亮”这一意象，它们在表达形式、情感寄托、文化意蕴等方面的同与不同，以学术小论文的形式将你的比较结果呈现出来。

五、争鸣商榷

《金锁记》作为一部以人物塑造为主要目的的小说，盛名在外。张爱玲确实将一个乖戾、扭曲、变态的疯女人形象描绘得入木三分，尤其是后期曹七巧的所作所为让人毛骨悚然。然而，再经典的作品在不同人眼中也总有不同的评价。比如有些读者认为，在与季泽产生爱情的一些前因后果的交代上，小说似乎显得有些不够游刃有余。

且看——

七巧与季泽的第一次对手戏是在季泽大婚之后的一个早上。当着季泽新婚妻子兰仙的面，七巧与季泽旁若无人地打情骂俏起来。七巧一句“总算你这一个来月没出去胡闹过。真亏新娘子留住了你。旁人跪下地来求你也留不住”，季泽用一句“是吗？嫂子并没有留过我，怎见得留不住？”在言语上调笑了回去。两人之间似有暧昧。然而，从这一处就能断定这两人之间心存情愫吗？且看七巧对其他姊妹说的一些言语，除了牢骚抱怨，便是这一类入不了耳的闺房私语。如此看来，撇除爱慕之情，七巧对季泽讲的这些话也是符合其性格逻辑的，与旁人并无二致。而季泽在前文丫鬟们的口中也是一个风流倜傥、玩世不恭的纨绔少爷形象，对着本就不是大家闺秀的七巧说了一些不得体的言语似乎也是平常之态。而随后七巧硬挤进兰仙与季泽之间的举动更多的是对先前她欲亲近兰仙却惨遭冷眼的一次反击。若是强加七巧对季泽有爱意，显得牵强了些。而这就导致在兰仙走后，七巧与季泽的调情这一情节没有显示出爱情在这两人间热烈奔腾的效果，倒更像是七巧攒了一上午的气之后对着姜公馆里另一个异类的一次控诉和发泄。其他人太正经了，太循规蹈矩了，七巧没法在她们面前暴露自己的软弱，因为那样只会招致更多的嘲讽。

但这是爱吗？或者说，这份爱够深刻吗？撑得起十年后面对季泽虚情假意的试探，七巧彻底丧失人性，完成异化最后一步的转变吗？毕竟，那一刻，七巧心里想的是“当初她为什么嫁到姜家来？为了钱吗？不是的，为了要遇见季泽，为了命中注定她要和他相爱”，她所表现出来的爱是如此之深刻，因而季泽的谎言才能报以她最沉痛的一击。当季泽扬长而去时，七巧“倏地掉转身上楼去，提着裙子，性急慌忙，跌跌跄跄……她要在楼上的窗户里再看他一眼……多少回了，为了要按捺她自己，她迸得全身的筋骨与牙根都酸楚了……”这样绝望浓烈的爱才能置七巧于死地啊，然而读者却很难在前文七巧与季泽的交往中感受到这份爱的存在。

张爱玲说她要写的是芸芸众生中最广大的负荷者，七巧正是其中背负着旧时代女性最彻底的痛的代表。但关于七巧与季泽这份爱情的描绘，似乎显得不够极致而略显出跳脱的意味。

☆ 问题来了：

对于以上解读，你有什么见解？或许，你亦发现了其他值得商榷争鸣的关键点，也可一并分享。

____

____

六、学以致用

在《金锁记》中，还有一群面目模糊、不甚具备个人魅力的形象，长安就是其中最典型的代表。她没有艳丽的外表，也没有突出的个性。在母亲强势的控制下，她更是被磨平了身上所有的棱角，变得平庸而无趣。长安蜷缩在母亲的庇护下，只能用一个一个“美丽而苍凉的手势”终止了一切逃离的可能性。于是其面目愈发模糊不堪。

其实，曹七巧与长安这般亲子关系是中国式家庭关系的一个缩影。在宗族制度沿袭、儒家文化浸染的影响下，不单是曹七巧，许多中国式家庭中的大家长常常对子女有异常强烈的控制欲——将子女作为自己的附属品，扼杀子女的独立人格，将自己的喜恶强加于孩子身上。包办婚姻、旧俗陋习或许已渐消失在历史长河中，但当下是否已不再存在对子女的控制和束缚了？不尽然。事实上，这种束缚以更加隐蔽的形式出现在生活中并屡见不鲜——借爱之名而忽视子女的正常需求，打压子女的个性发展——隐性束缚更容易让双方陷入不自知的状态而重蹈悲剧覆辙。

☆ 问题来了：

在你的成长过程中，是否曾有过自我意识被家长权威扼制的经历？反过来，自己与父母之间存在哪些误解却又缺少沟通机会？读完《金锁记》，你想对父母说说哪些心里话？写一封给爸爸妈妈的信吧！

____

____

____

____

____

____

____

____

_______________________________________。

七、阅读建议

《金锁记》作为一部中篇小说，篇幅不长，适合一口气阅读完，但这绝不是一部读一遍就够的小说。不妨通过完成以下挑战来丰富你对于《金锁记》的理解。

1. 找一找文学作品中的“疯女人”。我猜，读完第一遍的你应正处于对曹七巧又气又怨的状态，气她的乖戾残暴，怨她的无知愚昧。你想不通张爱玲为何要塑造如此极端变态的“疯女人”

作为书中主角，此刻你不妨向外延伸，调动以往的阅读经验，回顾是否还在其他小说文本中碰到过类似的“疯女人”形象，做一番横向的比较与探究。要知道，“疯女人”这一文学形象在中外文学中往往都蕴藏着丰富的意蕴哟！

____

____

____。

2. 比一比张爱玲笔下的“疯女人”。在《金锁记》发表二十年后，张爱玲将这部作品改编成《怨女》进行发表。两篇小说里，两个苦命的女人都是在报复，七巧的报复更加猛烈变态，银娣的报复则是隐秘绵长。同样的素材，不同的角度，张爱玲为我们提供了人生的另一种可能性，不妨做个比较阅读。

____

____

____

3. 品一品张氏文字里的“文艺范”。你应该是会读第二遍的！毕竟，张爱玲式的妙语金句在这部小说中太常见了。你会拿起笔做些摘录，然后细腻如你一定不会错过张爱玲在这部小说中对于“月亮”这一意象的偏爱。当然，还有其他意象也值得我们咀嚼细究，比如“镜子”“大烟”等，在小说中都别有意味。在这一遍阅读过程中，你会读到更多的细节，也就自然而然地会关注到更多的其他人，这些人都与七巧有着千丝万缕的联系，在不多的篇幅中展现出真实动人的姿态。

____

4. 评一评大众审美里的“曹七巧”。至此，再来审视曹七巧这一人物的一生命运，你又将给出什么样的评价呢？这部小说的文字具有极强的影视化风格，阅读过程中，一帧帧一幕幕，恍若在眼前。但是，根据小说改编的影视作品却不尽如人意，无一例外地美化了曹七巧这一人物，与原作的创作理念背道而驰。这是否从另一个侧面显示了大众对于曹七巧这个人物形象的接受度还是抗拒大于理解？你又如何看待这样的现象呢？

八、相关链接

如果你想继续了解张爱玲，不妨读读她的其他小说作品，如《沉香屑·第一炉香》《金锁记》《倾城之恋》《红玫瑰与白玫瑰》《十八春》等。当然，你也可以读读傅雷的《论张爱玲的小说》、周芬伶的《哀与伤：张爱玲评传》，以及华东师范大学中文系研究员、博士生导师陈子善先生关于张爱玲的各类专著。相信这些作品将带领你走进张爱玲的文字人生！

胸中有丘壑　皮里贮阳秋

——走进钱钟书的《围城》

设计者：王湘萍（浙江省湖州中学）

QQ：414841255

一、导语

这是一部有趣且有味的小说。有趣，是因为其含蓄诙谐的幽默风度，一个个妙喻把作者的想象力发挥得淋漓尽致；有味，是因为其包含深刻的文化寓意，展示了最为丰富的知识界众生相和最舒展的文化智慧联想。

☆ 问题来了：

小说的题目就用了比喻手法，由“城”这一喻体你可以联想到生活中的哪些情境？

____

____

____

二、关于作者

钱钟书（1910—1998 年），江苏无锡人，中国现代著名作家、文学研究家。1929 年，他以数学 15 分，而中英文全优的成绩被清华大学外文系破格录取，后赴牛津大学、巴黎大学研读数年，精通英文，熟谙法文、德文、意大利文。他的长篇小说《围城》出版于 1947 年，这是中国现代文学史上一部风格独特的讽刺小说，被誉为“新儒林外史”。除此，先生尚有散文集《写在人生边上》，短篇小说集《人·兽·鬼》，文论集《七缀集》《谈艺录》及《管锥编》（五卷）等。

☆ 问题来了：

1. 被誉为“文化昆仑”的钱钟书在生活中很有点“痴气”与“淘气”，比如，他会画同学的表情包，他经常分不清左右脚，他会帮自己家的猫咪打架……如果你对这样的钱钟书感兴趣，不妨收集一些他的趣闻逸事，为其勾勒一幅更全面的画像。

2. “木桶原理”告诉我们，一只木桶盛水的多少，取决于桶壁上最短的那块木板。但钱钟书以数学 15 分的成绩入清华大学而终成大师，同样地，曾任清华大学校长的罗家伦数学 0 分而被北京大学破格录取，著名诗人臧克家在国立青岛大学（今山东大学）的入学考试中数学也为 0 分。你的学习中出现过“短板”吗？你认为应该扬长避短还是尽力补短？

三、内容解析

归国。方鸿渐得到未来丈人的资助赴欧洲留学。懒散度日三年后，花40美元买了一张“克莱登大学”的博士文凭顺利归国。

留沪。方鸿渐寄居挂名丈人家，身陷与苏文纨、唐晓芙的情感纠葛中，因性格犹豫当断不断终致爱情破灭。

赴湘。为生计，方鸿渐跟着赵辛楣等人去湖南三闾大学教书，在旅途的劳顿、麻烦里，同行诸人本相毕现。

驻学。三闾大学的舞台上群“魔”乱舞，方鸿渐被排挤，带着已订婚的孙柔嘉一同离开，途经香港两人举行了婚礼。

回沪。方鸿渐、孙柔嘉新组建的小家庭受到了来自各方的冲击，夫妻二人矛盾激化导致新家解体，方鸿渐打算赴重庆谋取职业，而这，肯定也是一条前途未卜、坎坷不平的道路。

☆ 问题来了：

1. 假如学成归国的方鸿渐打算找工作，你能根据小说内容为他设计一份简历吗？

2. 苏文纨评价方鸿渐说：“你在大地方已经玩世不恭，倒向小节上认真，矛盾得太可笑了。”赵辛楣则评价方鸿渐“不讨厌，可是全无用处”，对方鸿渐其人，你是怎么认识的？

3. 旅行，最试验得出一个人的品性，在旅行的劳顿、麻烦里，人往往本相毕现。所以，经过长期苦旅而彼此不讨厌的人，才可以结交做朋友。看了文章之后，对于这个检验关系好坏、判断二人合不合适做朋友的小方法，你同意吗？或者你有过什么亲身经历？

4. 同样是学历造假，为什么韩学愈能当上三间大学的历史系主任，方鸿渐却被解聘了？两个水平半斤八两的人，结果却不同，对此你有什么看法？

5. 小说借“围城”这一比喻淋漓尽致地表现了人类的困境：不断的追求和随之而来的对所追求到的成功的不满足和厌烦，在两者的转换中，交织着希望与失望、欢乐与痛苦、执着与动摇。

综观全书，你觉得主人公方鸿渐的生活中有哪些“围城现象”？又是什么造成了这样的“围城现象”？

四、艺术鉴赏

《围城》最成功的地方就在于它的精言妙语。大量的引用展现了作者渊博的才学，文中引用的知识涉及古今中外、天文地理，包罗了名言名著、古诗新诗、历史典故、琴棋书画等；而精当的比喻则形成了作者独特的文风，其中很多比喻辛辣讽刺、一针见血。

☆ 问题来了：

1. 在《围城》里的“芸芸众生”中，几乎每个人物（唐晓芙例外）出场时作者都对其肖像进行了一番讽刺性描绘。常常采用既含蓄又挖苦的漫画式笔法，令其形神毕现。这其中，令你印象最深的是谁？作者是如何刻画的？透过相关描写你能看出人物的性格吗？阅读时，可以随时试试自己的眼力哦！

2. 钱先生在《读〈拉奥孔〉》中指出："不同处愈多愈大，则相同处愈有烘托，分得愈开，则合得愈出意外，比喻就愈新奇，效果愈高。"《围城》中的比喻往往别出心裁，在看似风马牛不相及的事物中找到别人想不到的相同点，将两者联在一起，产生一种意想不到的令人吃惊却乐于接受的效果。全书七百多个比喻，总有让你感到新奇的吧？摘录自己最欣赏的2～3个比喻，并谈谈你的理解。

示例：

"这一张文凭，仿佛有亚当、夏娃下身那片树叶的功用，可以遮羞包丑；小小一方纸能把一个人的空疏、寡陋、愚笨都掩盖起来。自己没有文凭，好像精神赤条条的，没有包裹。"文凭，代表着一个人受教育的程度，把文凭比成遮羞工具，严正的东西顿时变得猥琐起来，而一方纸片的光鲜就能掩尽一个人的浅薄无知，讽刺了不学无术、名实不副的投机学子以及只重包装不看实质的一众人等。

3. 小说的叙述并不完全贴紧人物性格与情节线索，作者常常谈古论今，旁征博引，使小说语言的知识容量大为增加。例如方鸿渐说服自己买文凭的心理活动：“撒谎欺骗有时并非不道德。柏拉图《理想国》里就说兵士对敌人、医生对病人、官吏对民众都应该哄骗。圣如孔子，还假装生病，哄走了儒悲，孟子甚至对齐宣王也撒谎装病。父亲和丈人希望自己是个博士，做儿子女婿的人好意思教他们失望吗？买张文凭去哄他们，好比前清时代花钱捐个官，或英国殖民地商人向帝国府库报效几万镑换个爵士头衔……”柏拉图、孔子、孟子，捐官、换爵位，从古到今，从国外到国内，从圣人到商人，各类“有力”的证据信手拈来。但也有人认为“枝蔓”过多，会有炫耀知识之嫌。对这样旁逸斜出的叙述方式，你怎么看？

4. 小说中，作者将讽刺的锋刃对准了几乎所有的人物以及社会生活的方方面面，而中外著名作家如吴敬梓、鲁迅、契诃夫、莫泊桑、马克·吐温等，无不运用讽刺手法，为世界文坛创造了一个个鲜活的艺术形象，反映了深刻的主题，在技法上达到了炉火纯青的地步。那么，你能试着将其中某位作家的某一作品和《围城》做个比较，体会一下它们各自的讽刺效果是如何达成的吗？

五、争鸣商榷

《围城》从1980年由作者重新修订之后，由人民文学出版社重新出版，激起了强烈反响。一时间，对小说中的人情世态以及作者辛辣而幽默的文笔好评如潮，但文学界也有不少声音批评作者耍嘴皮子，认为小说没有温情关怀，缺少文学性等。但争议有时恰恰是一部作品成功的最大体现，因为它代表的是能够触动灵魂的一种能力。现在，让我们来看看这部作品究竟引发了怎样的讨论。

观点一（作家柯灵）：社会、人生、心理、道德的病态，都逃不出他敏锐的观察力。他那支魔杖般的笔，又犀利，又机智，又俏皮，汩汩地流泻出无穷无尽的笑料和幽默，皮里阳秋，包藏着可悲可鄙的内核，冷中有热，热中有冷，喜剧性和可悲性难分难解，嬉笑怒骂，“道是无情却有情”。

观点二（作家王朔）：学问的深奥我不大懂。但我读《围城》的阅读经验与读余秋雨的东西十分相似。都是先听说如何如何好，拿来一读，文字迷人，给人的直觉这人有学问。但当你再向深读，视野开阔了一点儿，就会觉得这人是在玩花活儿，表面迷人的功夫如此深，其实里面没什么。他只是在炫耀他的趣味和学问，他并不想严肃地说点什么。

观点三（北大教授曹文轩）：不少人对钱钟书在《围城》中掉书袋子颇有微词，对此，我倒不大以为然。问题应当这样提出：掉了什么样的书袋子？又是如何掉书袋子的？如果书袋子中装的是一些智慧，而这些智慧又是那样恰到好处地自然而然地出现于故事中间，耀起一片片光辉，又为何不能呢？学人小说，是必然要掉书袋子的。掉书袋子反而是学人小说的一个特色。我倒很喜欢他的咬文嚼字，觉得这本身就是一种智慧。他把一个一个字、一个一个句子、一个一个典故拿来分析，使我们从中看出许多有趣的问题来。阅读《围城》，常使我想到米兰·昆德拉。他的小说中，就有许多词解。一个个词解，便是一个个智慧。钱钟书叫人不大受用的一点，大概是他让人觉得他感觉到自己太智慧了。那种高人一等的心理优越感，让人觉得有点过分。他对人和世界的指指点点，也使人觉得太尖刻——尖刻得近乎刻薄了。

观点四（当代诗人、随笔作家钟鸣）：纵观《围城》全书，一段实写（观钱先生一生的学术，虚构实在不是他的特长），故有些生动，再者如游历，市井、学问、趣味、民情点缀其间，也还合适，但整个结构虎头蛇尾，至少是谈不上什么经典之作的，许多微言大义一类，与《红楼梦》媲美一类，也不过是帮吃饱了饭没事干的迂腐之辈，穿凿附会而已。加之刻薄之气太盛，悲悯又无，凭了知识分子的优越感要贫嘴太多，便不知又要损失多少了。

观点五（《十作家批判书》作者之一孙珺）：《围城》中妙喻好喻的确俯拾皆是，但也并非十全十美。比喻的过多过密有时反成羁绊，影响了叙事的顺畅。而有些比喻更是不必要的啰唆，有过火强笑之感。另外，由于作者自己学识广博，他的比喻往往采用中西僻籍中的罕譬，如果没有一定文化素养，读者是很难理解其中含义的。作者费劲地搞了半天笑，而读者还是一副茫然无知、无动于衷的表情，这不免会使人很有些沮丧。

观点六（网名为“冬日暖阳”的网友）：钱老的比喻精准形象，尤让我印象深刻。语言幽默风趣，文中引经据典不胜枚举，不愧是学贯中西的大师。故事虽平淡，但寓意深刻，接地气。尤其文笔简直逆天，我逐字逐句读完，很享受。

观点七（网名为“文狼说红楼”的网友）：钱钟书有着洞察人心的智慧和深厚的哲学修养，但他的哲学思考力隐含着偏执的锋芒，不小心就被他的文字扎伤。

观点八（网名为“乌鱼足球”的网友）：《围城》里真的只有刻薄，没有温情和关怀？多看几遍就会发现有很多。钱钟书对方鸿渐的被动性格有很多批评，也不让自己最爱的女神唐晓芙和他结婚。但《围城》里面，最多的关怀笔墨都是写给方鸿渐的。他和唐晓芙吹了，失恋了，从唐晓芙楼下淋大雨开始，一直到前往三闾大学的路上，作者对他时不时要关怀几句，笔墨也柔情了很多，有心的读者应该都可以感受到的。小说结尾处，方鸿渐累了，只想找个地方睡觉的描写，不也是温情关怀的笔触？熟读《围城》而且领悟的读者，大概都不会觉得这是一部刻薄冰冷的小说，幽默之外，揭示人性之外，这还是一部抚慰人心的小说。

☆ **问题来了：**

摘录到这里，你会发现，引起争议的主要是两点：一为本书的语言风格，二为本书的刻薄之气。那么，你的观点呢？

六、学以致用

《围城》一书是钱钟书“锱铢积累”而写成的，个中的片段，幽默而有智慧，总能引发你对生活的联想，让你饶有兴味地品味好久。

☆ **问题来了：**

以下的句子中有你特别欣赏的吗？选择其中一句，联系阅读与生活谈谈你的看法。

①天下只有两种人。比如一串葡萄到手，一种人挑最好的先吃，另一种人把最好的留到最后吃。照例第一种人应该乐观，因为他每吃一颗都是吃剩的葡萄里最好的；第二种人应该悲观，因为他每吃一颗都是吃剩的葡萄里最坏的。不过事实却适得其反，缘故是第二种人还有希望，第一种人只有回忆。

②狗为着追求水里肉骨头的影子，丧失了到嘴的肉骨头！跟爱人如愿以偿结了婚，恐怕那时候肉骨头下肚，倒要对水怅惜这不可再见的影子了。

③天生人是教他们孤独的，一个个该各归各，老死不相往来。……聚在一起，动不动自己冒犯人，或者人开罪自己，好像一只只刺猬，只好保持彼此的距离，要亲密团结，不是你刺痛我的肉，就是我擦破你的皮。

④西洋赶驴的人，每逢驴子不肯走时，鞭子没有用，就把一串胡萝卜挂在驴子眼睛之前、唇吻之上。这笨驴子以为走前一步，萝卜就能到嘴，于是一步再一步继续向前，嘴愈要咬，脚愈往前赶。不知不觉中又走了一站。那时候它是否吃得到这串萝卜，得看驴夫的高兴。

七、阅读建议

1. 阅读的节奏。全书共九章，可分四个单元来读。第一章至第四章是第一个单元，写方鸿渐在上海和家乡（江南某县）的生活情景，以写上海为主。第五章可以算作第二个单元，是“过渡性”或“衔接性”的，写方鸿渐一行人前往三闾大学的旅途遭遇。第六、七章是第三个单元，主要描写三闾大学里的明争暗斗。第八、九章是第四个单元，写方鸿渐和孙柔嘉的婚后生活。

2. 阅读的关注点。《围城》中的语言独具特色，无处不闪烁着幽默、智慧的火花，阅读时可重点关注书中所用比喻，做好摘记，并深入体会其深刻的内涵。

3. 读书交流会。在班级中寻找同样阅读过这部作品的同学，以“我最喜欢的一句话/一个片段”为内容，分享各自的心得。

八、相关链接

1. 由黄蜀芹执导，陈道明、英达、吕丽萍、李媛媛、葛优等主演的十集电视连续剧《围城》，于 20 世纪 90 年代初播出。这部剧可以说是中国现当代名著改编中最好的一部，剧中每个人物的性格特点都演绎得非常饱满和生动。不仅使本质通俗的电视剧变得文化了起来，也使这部原本很文化的小说得到了很好的通俗注解。

2. 如果你想对《围城》有更全面的认识，可以阅读下列文章：

◆ 温儒敏.《围城》的三重意蕴.中国现代文学研究丛刊，1989（1）.

◆ 曹文轩.面对微妙——读《围城》.（2011-12-01）[2019-12-06]. http://www.aisixiang.com/data/47448.html.

◆ 孙珺.《围城》：中国现当代文学中的一部伪经.//朱大可.十作家批判书.西安：陕西师范大学出版社，1999.

3. 如果你想对钱钟书有更多的了解，可选择阅读：

◆ 钱钟书.人·兽·鬼.北京：生活·读书·新知三联书店，2002.

◆ 钱钟书.写在人生边上·人生边上的边上·石语.北京：生活·读书·新知三联书店，2002.

江湖未远

——走进金庸的《天龙八部》

设计者：马乐（宁波市鄞州蓝青学校）

QQ：475505132

一、导语

这不是一部普通的武侠小说，而是一部中国的《战争与和平》，也是一部中国的《罪与罚》。书中七个政治族群组成的宏大场面，表现了中国文学的雄伟气魄，特别是主人公萧峰为了天下和平而死，是对英雄的最大讴歌，也是对战争的最有力的批判。此书对于人在宇宙间生存的荒谬性的展示，达到了存在主义的思想深度，同时也具有佛教的悲悯精神。

——孔庆东评《天龙八部》

我希望在未来一百年、两百年，仍然有人在读我的书。

——金庸

☆ 问题来了：

1. “武侠”“江湖”“英雄”这样的词语，会让你产生怎样的联想？

---

2. 你可以根据自己的想象，借助“导语”预测这本书的主要内容。

二、关于作者

1924 年 3 月 10 日，他出生于浙江海宁的一个世家望族。1955 年 2 月 8 日，他应香港《新晚报》编辑之邀，开始创作武侠小说。从第一部蕴含他无限乡情的《书剑恩仇录》到 1972 年 9 月 23 日《鹿鼎记》收笔，十七年间“始于书剑飘零、指点江山，终于逐鹿问鼎、一争天下”，共创作十一部长篇武侠小说、四部中篇小说。他用书名首字做对联：“飞雪连天射白鹿，笑书神侠倚碧鸳”。他一生跨越两个世纪，往来海峡两岸，穿梭笔墨江湖；办报纸、写评论、拍电影、写小说、参与香港回归立法，晚年受聘于大学，传道授业。2018 年 10 月 30 日下午，他病逝于香港养和医院，享年九十四岁。

他是查良镛，笔名金庸。

☆ 问题来了：

1. 最初，外交官的生涯才是他梦寐以求的人生之旅。他二十五岁时撰写的《从国际法论中国人民在国外的产权》在香港《大公报》发表，得到了当时首屈一指的权威学者梅汝璈博士的赞赏，同时博得了乔冠华的赏识。新中国成立后，渴求人才，不拘一格。梅博士从北京连续发出三封电报，向年轻的查良镛发出诚意邀请。收到电报后，查良镛经过一番思量，向香港《大公报》辞了职，不顾部分亲友的犹豫和反对，简装动身北上。后来发生了什么，他没有在外交之路上走下去？又是什么机缘，他开始进行武侠小说创作？他封笔后历经多年对自己的武侠小说进行修改，修改的部分隐含着他怎样的人生阅历带来的认知变化？如果你对这些问题感兴趣，不妨在阅读《天龙八部》之前，读一读关于他的传记作品，如张建智的《儒侠金庸传》等，以了解他创作背后的各种缘由。

2.《天龙八部》入选人教版高中语文课本之初，引起各方激烈争论，批评者、赞同者各执己见。之后《雪山飞狐》再次入选北京高中语文泛读备选篇目，关注程度更升一级。有人认为，金庸的武侠小说成就足以进入文学史，也有人认为他的武侠小说再好也是通俗文学，只有娱乐作用，难登大雅之堂。对此，你有什么看法？

3. 你有自己的英雄梦想吗？你希望自己成为怎样的人？

三、内容解析

《天龙八部》于1963年9月3日开始起笔，在《明报》和新加坡《南洋商报》上连载，历时四年。《天龙八部》前后共有三版，2005年第三版修订，结局改动较大。修订过的《天龙八部》近190万字，是金庸作品里字数最多的一部。《天龙八部》故事背景涉及范围、层面之广为武侠小说之最：历史、地域遍及宋、大理、契丹、西夏、吐蕃等国；人物众多；情节变化万千，建构庞大而不松散，紧密又不失余裕；思想博大精深，如书名直接来源于佛经，书中处处流露着佛家悲天悯人的情怀，有的情节甚至是佛理的直接推衍。在民族矛盾及民族国家之间的冲突中，超越了狭隘的民族矛盾，更倾向于和平主义和民族的和睦团结，对战争与和平也有崭新的思考。

☆ 问题来了：

1. 这部小说人物众多，情节复杂，线索交错。为了便于阅读，你可以试着画两幅导图，一幅是小说情节是如何发展的，一幅是主要人物之间是什么关系。

2. 萧峰无疑是这部小说中最重要的主角，他顶天立地，光明磊落，武功高强，不屈不挠，是一位刚烈豪侠。两国兵祸，他以民为先，可称得上真英雄。一般的武侠小说中，这样的主角即便在不大可能的情况下也有好的收场，可是他却困于因果业报，终结于死亡与鲜血，是同类小说中很难再找到的“悲剧英雄”。你能试着概括并分析是什么导致了这样的结果吗？

3. 《天龙八部》中的很多人物以“四”字串联，比如“名动八表，家喻户晓”的“四大恶人”。每一组人物之间性格分明：同样是“恶”，但恶恶不同，不同的恶中所含的人物经历和性格的丰富性也不同。不同组人物之间同样具有可比性：同样痴恋武功，要强好斗，“南海鳄神”与“风波恶”各异。请你以“借比较手法探究《天龙八部》‘四大’人物性格”为主题，做一个迷你小课题，把你的研究成果报告提纲写下来。

4.《天龙八部》整部小说的情节在宋辽征战这一宏大历史背景下展开，地域遍及宋、大理、契丹、西夏、吐蕃等国。小说中“身份认定”对情节发展、人物命运都产生了决定性的影响。真实的历史情况是怎样的呢？同学们可以分组，试着借助史料，去了解那段历史，了解宋辽征战背景下，百姓生活的真实情状，了解抗击外辱的英雄史实等（建议和小说进行比较），然后在班级组织一次汇报会，选出代表介绍自己小组的探究成果。

5.《天龙八部》前后共有三版，并在 2005 年第三版中经历六稿修订，结局做了较大改动。请你把修改前后的内容对比着读一读，想一想：哪一版本更好？为什么？结合整部小说和作者的经历，探究作者为什么这样修改。你有哪些修改建议？

6. 武侠小说是一种讲述以武行侠故事的小说类型。用梁羽生的话来说，"'侠'是灵魂，'武'是躯壳。'侠'是目的，'武'是达成目的的手段"。也有专家提出："武侠小说中'侠'的观念，不是一个历史上客观存在的、可用三言两语描述的实体，而是一种历史记载与文学想象的融合，社会规定与心理需求的融合，以及当代视界与文类特征的融合。"请你结合《天龙八部》，探究以下几个问题：

（1）请写一段话，阐释你对"侠"的理解。

（2）中国的“侠”与西方的“骑士精神”有什么区别？（推荐阅读《堂吉诃德》《熙德之歌》。）

（3）有良史之才的司马迁所著的《史记》“其文直，其事核，不虚美，不隐恶，故谓之实录”。但他也以独特的视野以及阐释的眼光，选择为“不轨于正义”并被当时朝廷所诛的游侠作传。请你对比阅读《史记·游侠列传》与《天龙八部》，探究“侠客”形象是如何在历史与现实、客观与想象的相互撞击中不断演变发展的。

四、艺术鉴赏

《天龙八部》书名取自佛经，据金庸自己解释：“八部者，一天，二龙，三夜查，四乾达婆，五阿修罗，六迦楼罗，七紧那罗，八摩罗迦。”金庸以一部《天龙八部》来解释人性中的“贪、嗔、痴”，佛家称“贪、嗔、痴”为三毒，是三种普通的人性因素，这三者编织成巨网，网住书中所有人物，每个人一生中都在网中无可逃避。

☆ 问题来了：

1. “贪、嗔、痴”这张网正是作为“神界”原型的“人界”一种深刻的象征，“朗朗世界到处藏着魍魉和鬼蜮”，这样的世界里，人人都是网中人，人人又都是织网者，所有行为都造成了一份这样或那样的罪孽。阅读时请你关注作者金庸是如何让隐身于小说深处的真正主角——命运——进行运筹，使所有人沿着“因”“缘”轨迹，自然通往结局的。

2. 萧峰是英雄，而且是英雄中的英雄。他顶天立地，不为美色、名利、权势所动，光明磊落，行事但求仁义，武功天下无敌。金庸曾说，他最偏爱的人物之一便是《天龙八部》中的萧峰。萧峰在命运执掌下的起伏悲壮，让我们不禁想到古希腊著名悲剧《俄狄浦斯王》。萧峰和俄狄浦斯一样，是最具命定色彩的悲剧人物，他们都在与不幸的命运做抗争，但他们都无法战胜命运，最后萧峰和俄狄浦斯一样被一种不可知的神秘力量以玄妙不可解又不可避免的方式操纵着，走向更深的不幸。

请你思考：当《天龙八部》表现出俄狄浦斯悲剧的原型，并以无法摆脱的偶然和近乎命定的绝对向现代人昭示生命的悲哀和无望时，已经远远超出作者所讲的故事，他的目的是什么？

3.《天龙八部》并没有将目光局限于个人命运的浮沉，而是投向广阔的社会。作者借北宋时期民族并立的特殊历史时代，探询民族文化冲突下的悲剧及其形成原因。请问《天龙八部》对民族纷争秉持的态度是什么？这种态度对这部作品有哪些影响？

4. 作者保持了小说艺术的完美性，让读者读后觉得仿佛人间世事命运中早有注定，强求只是徒劳，无欲偏又偶得，悲喜恩怨不过云烟一片，最终都将归于沉寂与宽恕。作者投向这一切的目光是充满悲悯的，他用“大悲大悯”来呈现与解释这些，流露出他研究佛经后人生观、价值观的变化。请你思考，这些对武侠小说创作会产生哪些积极的影响？

五、争鸣商榷

在文学层次上，金庸的作品可能以《天龙八部》为最高，其中不可胜数的情义，都很值得细论。但若从细节处推敲，还是能发现一些问题。

这里列举数例：

（1）北宋时期还未有“碧螺春”之名，而且烹茶的习惯也跟后世完全不同。

（2）北宋时期，“花绣”盛行，如《水浒传》中，鲁智深便是因一身花绣被称为“花和尚”，“九纹龙”的绰号也是因一身花绣而来，很难以胸前绣狼头便确定异族身份。

（3）北宋期间，从契丹来北宋的被称为“归明人”，陶玉坤的《北宋对契丹归明人的安置》和《北宋对契丹归明人的政策》分别对北宋安置归明人的政策进行了专门研究。北宋接收契丹归明人，安置在并州或代州，耕种婚配并不受限，允许有能力的辽人担任级别较低的官职，汉人对归明人是接纳的，并不似小说中所写的宋辽势不两立，更不大可能仅凭得知萧峰出身契丹，便几乎让整个武林集体失去了判断，转瞬就将一位经过反复验证的英雄推倒，变成狼子野心的契丹狗。

☆ 问题来了：

请你从以上三点可商榷处任选一处，进行研究性学习，得出自己的研究结论，并撰写研究报告。同时，鼓励同学们细心阅读，大胆质疑，有自己的发现，并积极探究。

六、学以致用

倪匡对《天龙八部》评价甚高，他认为在金庸所有的小说中，《天龙八部》排名第二，是新派武侠小说的巅峰之作。倪匡说："《天龙八部》是千百个掀天巨浪，而读者就如浮在汪洋大海上的一叶扁舟上。一个巨浪打过来可以令读者沉下数十百丈，再一个巨浪掀起，又可以将读者抬高数十百丈。在看《天龙八部》的时候，全然身不由己，随着书中的人物、情节而起伏。”

☆ 问题来了：

《天龙八部》是一部伟大的著作，人物语言的传神、方言的妙用、结构的巧布、技巧的玲珑，细到博弈医术、大至恻隐佛理等，都有无穷韵致。这部小说精彩的要诀，就是“深”与“浅”。“深”在小说蕴伏的题旨、人性的刻画、艺术的效果和文字的功力，而“浅”则在表现形式的明朗。因其“深”，相较于肤浅浮泛的流行小说，《天龙八部》“技巧之玲珑，及境界之深，胸怀之大，而不可轻易看过”，需细阅精读；因其“浅”，相较于现代主义影响下，强调晦涩艰深以表达深沉主题的文学作品，《天龙八部》平易近人、生动有趣，一般只为消闲而阅读的读者，也会感到满足。请你写一篇读后感，谈谈阅读这部小说对你的小说阅读或写作带来的启示或帮助。

七、阅读建议

陈世骧曾对青年朋友说：“《天龙八部》不能随买随看随忘，

要从头全部再看才行。”阅读《天龙八部》不妨三看。

一看“全局”，整体把握。看“全局”是要了解故事背景，弄清故事的前因后果，厘清人物关系，梳理小说脉络，让这个动人心魄的故事完整地呈现出来。《天龙八部》背景宏大，前因后果交错，人物众多，线索复杂，阅读时难免出现“顾此失彼”的情况，可以试着在阅读时完成这些事情：概括章节讲述的主要情节；了解主要的冲突；明确它构成了一条还是多条情节线索，其中是否包含意外、巧合和悬念；考察故事的背景，这一章节一系列事件和背景之间是否形成了一个有机的整体。

二看“细部”，重新建构。《天龙八部》长篇累牍，既可以连续按顺序阅读，也可一个片段一个片段地分开来读。还可以借助目录，运用跳读的方法，将主要人物和部分次要人物，一个个独立组合地读。还可以将一个主题下的片段对比着读，比如人物登场。金庸写重要人物登场，常用三种方式：先声夺人，比如王语嫣、“南海鳄神”的出场；武功绝技夺人，比如钟灵、慕容博、萧远山都是如此登场；声势风格夺人，比如丁春秋、天山童姥、慕容复属于这一类。而不同的登场方式与人物性格紧密相连，比如慕容复，在他出场之前，“南慕容”“北乔峰”的名号早已在江湖上叫得响当当，慕容复“以彼之道还施彼身”更令江湖中人忌惮三分，但这样一个未出场已名号在外的人物第一次出场，居然是假扮西夏武士李延宗，在碾坊中对付段誉。首次露出真容，是在苏星河所布的玲珑棋局，却一度失控，差点拔剑自刎。从这个人物的出场显露他的性格，他多疑善妒、气量狭小，偏又野心过大，为达目的，好权造作，加之他身系家族光复大燕的艰任，最终疯癫也就是自然而然的了。

三看“异同”，联结比较。“异同”是从比较中得来的，比如书中的人物之间的比较，如前文已经言及的“四大恶人”的不同，也可以与其他文学作品比较，比如对比着《俄狄浦斯王》看，既看人物被命运掌控、自己无法做主的相同之处，也可以看人物间性格的差异，东西方文学表达技法与文化观念上的不同。

八、相关链接

1. 链接一：历史知识

《天龙八部》故事的展开以历史背景为依托，可以对阅读中感兴趣的知识点展开探究。比如，小说中有慕容家族心心念念想要恢复的大燕；虚竹“梦幻之旅”的西夏；皇帝崇信佛教，往往放弃皇位，出家为僧的大理。这些异族他邦有着怎样的历史文化？感兴趣的同学可以进一步探究，在中国历史上，少数民族与汉民族之间的对立与融合。

2. 链接二：插图艺术

《天龙八部》作品插图为《明报》专职的漫画家王司马所绘。这些插图与其他小说插图的线描手法大不相同，用水墨画笔法，带有写意色彩，具有“文人气息”，深得金庸赞赏。著名作家倪匡说：“香港有许多在全世界都值得骄傲的事，王司马漫画便是其中之一……”感兴趣的同学们可以对同一时期、不同的小说插画手法做专题研究，从而感受《天龙八部》小说插画的艺术魅力。

3. 链接三：评论著述

《天龙八部》一经问世便引起轰动，多年来，研究这部作品的著述颇多，比较有代表性的有：

◆ 温瑞安.《天龙八部》欣赏举隅．重庆：重庆大学出版社，2009.

◆ 吴钩．原来你是这样的大侠．北京：东方出版社，2018.

◆ 张建智．儒侠金庸传．北京：华文出版社，2018.

4. 链接四：影视作品

我国内地和港台地区多次将这部作品进行艺术处理，拍摄成影视作品。如电视剧的拍摄方面，就有香港无线 1982 版和 1997 版，台湾 1991 版，内地 2003 版和内地根据作品修订版拍摄的 2013 版。其中，香港无线 1997 版和内地 2003 版得到观众认可度较高，堪称精品，同学们可以比较着收看，看看在剧本改编、人物造型、主题歌曲等方面两个版本的异同。甚至可以深入研究，相较于内地优质的拍摄外景资源，1997 版《天龙八部》得到较高观众认可度的原因是什么。

字外听音品情恨

——走进曹禺的《雷雨》

设计者：许和琴（天略外国语学校）

QQ：1004222900

一、导语

它曾以精巧的艺术构思、鲜明的人物形象以及个性化的戏剧语言，打动了无数国人的心。文学是语言的艺术，戏剧是台词的艺术。打开《雷雨》，静听周朴园、鲁侍萍、蘩漪、周萍、四凤、周冲等人物之间的对话，品味其言有尽而意无穷，感受其话语背后的真情或假意，你是否也与我一样慨叹不已，欲罢不能？

☆ 问题来了：

1. 你以前接触过哪些戏剧文学（剧本）？请写下它们的名字吧。

____

2. 剧本是供戏剧舞台演出使用的蓝本。你认为它与小说的样式有哪些区别？

____

____

____

二、关于作者

曹禺（1910—1996年），原名万家宝，现代话剧剧作家，中国新文化运动的开拓者之一，与巴金、老舍齐名。出生于天津一个没落的封建官僚家庭。自小喜欢看戏，京剧、昆腔、河北梆子、唐山落子，各种曲艺和文明戏都使他入迷。1922年，入读南开中学，并参加了“南开新剧团”。1934年曹禺的话剧处女作《雷雨》问世，他的代表作品有《雷雨》《日出》《原野》《北京人》。

☆ 问题来了：

1. 曹禺作为中国新文化运动的开拓者之一，与鲁迅、郭沫若、茅盾、巴金、老舍齐名。他是中国现代戏剧的泰斗，曾任中国文联执行主席；他所创造的每一个角色，都给人留下了难忘的印象。《雷雨》的问世，在中国现代话剧史上具有极其重大的意义，它被公认为是中国现代话剧成熟的标志，曹禺先生也因此被誉为“东方的莎士比亚”。如果你对作者取得的巨大成就感兴趣，不妨收集一下他的故事，解读他成功的内在原因。请将有价值的发现呈现在下面。

____

____

____

2. 曹禺还创作了哪些作品？你看了哪几部？最喜欢的是哪

一部？

三、内容解析

《雷雨》为四幕悲剧，有序幕与尾声。它以 1925 年前后的中国社会为背景，以鲁侍萍的命运悲剧为主线，在二十四小时内，在周、鲁两个家庭场景中，集中展开了周、鲁两家三十年的恩怨情仇。最后，四凤、周冲触电而亡；周萍开枪自杀，成了资产阶级与封建专制制度的牺牲品；鲁大海出走；侍萍和蘩漪经受不住打击而疯。在雷电交加的雷雨之夜，黑暗、腐朽的周公馆，最终走向了崩溃。

☆ 问题来了：

1. 周朴园对鲁侍萍的情感是一片真情还是欺人的假意，历来是读者争论的热门话题。阅读之后，你的看法是怎样的？说说你的理由。

2. 周朴园对鲁侍萍在金钱上的弥补行为，你怎么看？若你是侍萍，你会撕掉这张支票吗？

3. 潜台词是指在某一话语的背后所隐藏着的那些没有直接、明白表达出来的，但读者通过思考都能领悟得出来的言语。《雷雨》中很多对话都有潜台词，请你找一找，并选择其中一处与大家分享一下。

4. 鲁侍萍、蘩漪、四凤，三个女人的结局都令人叹惋。作为处在青春期的时代青年，你从她们身上看到了哪些闪光点与不足之处？如果给其中一人写封300字左右的短信，你想对她说些什么？

5.《雷雨》是我国现代戏剧史上一部难得的力作，它像一座蕴量丰富的宝矿，只要运用“思考”这一工具，就不断会有新的发现。读完这部作品，你有怎样的收获呢？分条陈述一下吧。

四、艺术鉴赏

《雷雨》是我国现代戏剧史上一部划时代的杰作，它经受了时间的考验，显示出强大的生命力。曹禺这位戏剧大师，在设计戏剧冲突、寻找中心事件、塑造人物形象、驾驭人物语言动作等方面，都别具匠心，令人叫绝。当然，阅读是一种个性化行为，你的理解和体验、感悟和思考，应该带有你的色彩。

☆ 问题来了：

1. 戏剧冲突。《雷雨》的戏剧冲突，不是单一的矛盾，而是由多条线索、多种矛盾纽结而成的一个复杂的集合体。拿周朴园来看，我们会发现他与侍萍之间有始乱终弃的爱情冲突，与蘩漪有追求自由与封建禁锢的思想冲突，与鲁大海有资产阶级与工人阶级的阶级冲突，与周萍、周冲有封建家长制的时代冲突，甚至与相处融洽的下人鲁贵也有主仆冲突。拿蘩漪来看，我们会发现她除了与周朴园有感情冲突外，还与四凤、鲁贵、周萍有各种矛盾冲突。周萍与周冲之间、周冲与鲁大海之间、鲁大海与鲁贵之间……剧中八个人，几乎每个人的周围都集结着一串串矛盾。这些矛盾盘根错节，互相交织，复杂至极。那么，主要的矛盾冲突是什么呢？谈谈你的看法。

2. 戏剧艺术。戏剧是一种舞台艺术，空间有限，时间也有限，因此它不可能像长篇小说那样多方面表现。古典主义戏剧的艺术法则是“三一律”，即一部剧本只允许写单一的故事情节，戏剧行动必须在一天之内和一个地点进行。“三一律”是戏剧创作家遵循的法典。有人认为，曹禺在创作《雷雨》时，不仅将“三一律”演绎得淋漓尽致，而且发挥了自己的创造性。你同意这种说法吗？曹禺运用什么方式，将三十年漫长的时间跨度，集中在雷雨前后的时间段里，从而使戏剧更紧凑、更富有戏剧性的？

3. 人物台词。《雷雨》扎根于20世纪20年代的社会土壤中，人物的每一句台词，都富有鲜明的时代气息、生活气息、人物气息。朴实简练的口语化对白，无不发自人物内心深处，表现一种深刻的思想、强烈的情感与饱满的情绪所凝成的诗意。它潜藏着诗般丰富的内涵，推动着剧情的发展，释放着鲜活的生命。请找出几处你认为精彩的台词，以一个文学评论家的眼光，说说其魅力所在，并形成文字。说不定你的眼光独到，能看到别人不曾看到的美丽。

4. 人物塑造。曹禺在谈到自己的创作经验时说："作为一个戏剧创作人员，多年来，我倾心于人物。"作者认为写戏主要是写人，所以在刻画人物方面用了很多心思。文学作品中很多人物形象，因作者赋予其灵魂而不朽，如曹雪芹笔下的凤辣子、鲁迅笔下的阿Q。你认为曹禺创作的《雷雨》中，谁是不朽的艺术典型？为什么可以称之为"不朽"？

五、争鸣商榷

阅读同一本书，不同的读者有不同的看法，“横看成岭侧成峰”。相信同学们与他人分享阅读感受时，一定有所体会。那么，《雷雨》作为一部经典也不例外，比较有代表性的评价罗列如下，你倾向于哪个观点？

观点一（辛宪锡）：关于《雷雨》的艺术技巧，曹禺先生曾说“我用的过分”，我认为确有过分之处。这主要表现在两个方面：一是人为地强化冲突，结果因不合情理，削弱了戏剧性；二是伏笔、照应、渲染过多，致使剧情的推进不够明快。

观点二（刘厚生）：曹禺的戏写出了只能在中国才有的社会环境和家庭环境……因为写出了中国的环境和人物，写得生动而深刻，也就写出了中国美。这种美包括两个方面，即美的人物形象，美的人物心灵。

观点三（李超）：在艺术历史长河中，在现实的生活里，（曹禺）发现了，并体现了人类社会中女性的命运是可歌可泣的……发现了女性品格的美丑……不论是塑造女性人物形象的艺术质量，还是在心灵揭示的复杂和深度上，都刻画得最细腻、最生动、最富戏剧性……可以说，曹禺对他所刻画的女性是做到了“真知道”。

观点四（潘克明）：曹禺在创作上是一个非常善于广收博纳的作家。在现代剧作家中，可以说他是接受、融化外国戏剧影响最多的一位……曹禺说他是抽取了别人的“金线”织成了自己的衣服。这些“金线”显然是由外国戏剧和民族戏剧这两种影响“混纺”而成的。

观点五（严正）：《雷雨》一剧对我是有启蒙作用的。在1934年我刚上初中时，从《文学季刊》上第一次看到《雷雨》剧本……我还从来没有一口气读完那么厚的一本书。……年纪轻，体会不到深刻的内容。但《雷雨》给我幼稚的心灵打开了一扇窗户，看到和感到社会的无情、冷酷、野蛮、庸俗、黑暗。真实的社会生活画面，放射出一股强烈的社会意识，激发人们去思考：该怎么办？

☆ 问题来了：

摘录到这里，你可能看得出很多读者对《雷雨》进行了深刻的研读，并以负责任的态度发表了对作品的看法。毛泽东主席认为《红楼梦》至少看5遍才有发言权，那么，你读了几遍《雷雨》？该你上场了，亮出你的观点吧。

我对《雷雨》的评价是：

____

____

____

____

____

____

六、学以致用

读完一本书或一篇文章，甚至是片言只语，我们或多或少，都会有所收获。或收获于哲思，或收获于艺术形式，或收获于处世方式……认真地用笔把阅读之后内心泛起的波澜描绘下来，也许，那就是你成长的一部分。先看看别人阅读《雷雨》后的感受吧。

花开艳阳天（节选）

轻轻合上《雷雨》，心却久久不能平静，为三朵花的命运。

看着鲁侍萍这朵朴实的花，我内心五味杂陈。她曾经在一个男人的雨衣上绣着“萍”字，一针一线，绣着子虚乌有的美好未来。门第之劲风袭来，带来泼灭希望的无情雨，嫌贫爱富的雨水将她冲出了周家高高的大门，从此颠沛流离。

我很同情她，当她心中的爱情遭受周朴园的玷辱；我也很鄙弃她，当她沉迷于“多情少爷美丫鬟”的浅薄爱情。爱情的永固，也许有赏心悦目的姿色的成分，但这不是主要的，更多的是志同道合、声应气求。鲁迅在杂文《“硬译”与“文学的阶级性”》中说：“贾府上的焦大，也不爱林妹妹的。”除了年龄上的巨大差距外，更多的是因为利益不同、志趣不同、世界观和人生观也不同。在金钱至上的周朴园面前，侍萍与有钱、有门第的小姐过招，当然是输得一无所有。“在天愿作比翼鸟，在地愿为连理枝”，这前提必须是有“翼”可“比”、有“理”可“连”。

令我遗憾和痛心的，是侍萍她将女儿嘱托给鲁贵，遗憾她没有及时将自己的遭遇告诉四凤，而让四凤这朵可爱纯洁的花，重蹈了其悲剧的覆辙。四凤乖巧，她懂得打工补贴家用；四凤爱家，她协调着鲁贵与大海之间的龃龉；四凤善良，她打算用自己挣来的钱为母亲侍萍买身衣服，她不忍心欺骗、伤害爱着自己的周冲而明白地告知自己已有心上人，并处处躲着他。天真的四凤，迷惑于周萍的引诱，不知道自己不过是其摆脱蘩漪的一个借口；不知道周萍爱她是“有一个女人逼着我，激着我这样的”；不知道与周萍生活在一起简直就是天方夜谭，他这样的家庭不允许有这样的事发生；不知道周萍不会真正爱上“一个工人的妹妹，一个当老妈子的穷女儿”。四凤以她的纯洁与真诚，编织着一个不可能实现的爱情美梦，而这个梦，只是在重蹈三十年前她母亲侍萍的覆辙。织梦的甜美与梦醒后的痛苦，巨大的落差让这朵花瞬间枝残叶碎，香消玉殒。

也许有人质疑：蘩漪与周朴园不是“门当户对”吗？为什么她也不幸福？蘩漪视周公馆为“监狱”，认为自己的婚姻“只叫”生了周冲，“然而我的心，我这个人还是我的”。可见，幸福的婚姻也不仅仅是门第相当。“她（蘩漪）的胆量，她的狂热的思想，在她莫名其妙的决断时忽然来的力量”，在“什么都不肯将就”的周朴园看来，蘩漪“精神有点失常，病像是不轻”，必须“看医生”。她的桀骜不驯，她的自由个性，她的“更原始的一点野性”，封建家长制思想根深蒂固的周朴园是绝对不允许的。尽管周朴园天天逼蘩漪喝“药”，但依然无法除掉她“是要一个男人真爱她，要真真活着的女人”这追求个性自由的病根。我们说，蘩漪追求自己的个人幸福，当然是无可非议的。她为了维护自己的“爱情”而辞退四凤，我们可以理解；她雨夜跟踪周萍，反锁上周萍幽会的窗户，我们也可以包容。但她将周萍看成自己的全部幸福，是不够理智的，何况是所托非人。幸福的道路千万条，不必在一条死胡同里斗个鸡飞狗跳、鱼死网破。蘩漪是一朵开在绝壁上的花，她要向天空伸展，拥抱自由，却将根系扎根于岩石上一块薄薄的浮土中，这就注定了雷雨袭来时她跌落悬崖的可悲结局。

鲁侍萍爱情梦的破灭，在于她看不清门第落差的悬殊、人生观和价值观的不同；四凤爱情梦的破灭，在于她看不透对方美丽的空形与对自己的利用；蘩漪爱情梦的破灭，在于她认识不到自己的偏执与思想的狭隘。三朵花于“雷雨”之夜凋零，有自己本身的内因，更有时代的外因。在地主与奴隶、资本家与工人之间，阶级的鸿沟如银河难以跨越。没有了“平等”的地基，侍萍、四凤的爱情高楼从一开始就注定是个烂尾工程。封建土壤中产生的独裁的封建家长制，扼杀了蘩漪的自由个性。无论她如何挣扎，也无法挣脱“周公馆”的束缚，只能在其中死于精神窒息。

《雷雨》这部戏，周恩来曾给予很高的评价。辛宪锡在《曹禺的戏剧艺术》中也曾说：《雷雨》是我国现代戏剧史上一篇难得的力作，而大凡杰出的作品总像一座蕴量丰富的矿，只要人们认真勘探，不懈挖掘，就会得到新的收获。那么，聪明的你读到了什么？

☆ 问题来了：

《雷雨》这部杰出的现实主义悲剧，是 20 世纪 30 年代的优秀话剧之一，在中国文坛上有深远的影响。读完这本书后，你是否对某个人物形象特别感兴趣？或者对戏剧的语言、戏剧冲突的组织有自己的开悟？挑选一个角度，把你读后的感悟以文字的方式记录下来，与同学交流吧。

七、阅读建议

剧本以人物语言塑造艺术形象，所以同学们研读《雷雨》，可以从研究人物入手。先读“人物”栏，弄清人物身份、地位及相互之间的关系。接着，浏览剧本，梳理情节，把握事件的来龙去脉，这是粗读。此时最好画一画人物关系图，粗线条厘清人物之间的矛盾冲突。接下去，可以放慢阅读速度，细细咀嚼每个人物的台词，品读语言，感受语言背后的人物心理，探究人物性格；细致分析人物与人物之间、人物与环境之间、人物自身性格与自我意识之间的矛盾冲突，判断冲突的性质，进而研究作者设置这些矛盾冲突的意图，理解作品的写作意图。

同学们若喜爱表演，《雷雨》是一个很好的素材。它的语言适合分角色朗读。大家在朗读之前一定要把握人物的身份与性格，了解其与说话人的关系，了解剧情的发展。譬如朗读周朴园要蘩漪喝药的台词，语气里要隐含一种看不见的威逼之力；朗读周朴园与鲁侍萍相认这段台词，语速要随着周朴园内心的情感变化时慢时快，语调也要时降时升。同学之间也可以相互听一听对方的朗读是否到位，评一评优缺点，不断修正对人物台词把握不到位的地方，相信大家会有很多收获。

八、相关链接

1. 如果你对《雷雨》中的人物研究有兴趣，或者想研究曹禺先生是如何进行戏剧创作的，下面一些资料可以作为参考。

- 辛宪锡．曹禺的戏剧艺术．上海：上海文艺出版社，1984.
- 中国话剧艺术研究会．曹禺戏剧研究论文集．北京：中国戏剧出版社，1997.
- 钱谷融．《雷雨》人物谈．上海：上海文艺出版社，1980.
- 朱栋霖．论曹禺的戏剧创作．北京：人民文学出版社，1986.

2. 如果你想将《雷雨》搬上舞台，或者想饰演其中的某个角色，先参看前辈们留下的足迹吧：

《雷雨》第一版本：1953 年 11 月，北京人艺排演一代《雷雨》。由夏淳担任导演，主要演员有郑榕、朱琳、于是之、苏民、沈默、狄辛、吕恩、胡宗温等。

《雷雨》第二版本：1989 年 10 月，北京人艺二代《雷雨》公演。由夏淳担任导演，主要演员有郑榕、顾威、朱琳、周铁贞、韩善续、濮存昕、郑天玮、龚丽君。

《雷雨》第三版本：2004 年 2 月，北京人艺三代《雷雨》建组，由顾威担任导演，主要演员有杨立新、龚丽君、夏立言、王大年、王斑、白荟、徐白晓、孙大川等。

政治体制与权力制衡

——走近钱穆的《中国历代政治得失》

设计者：张丽萍（宁波市鄞州中学）

微信：DD20130613

一、导语

读史使人明智。高中的历史教材让我们了解了中国和西方在政治、经济和思想文化方面的历史演变历程，你是否觉得平面而琐碎？感觉中国历史的辉煌属于过去，世界格局的演变以西方文明的发展为趋势？那我们是否需要改弦更张选取一种西方文明的政治体制？灿烂的中华文明除了在某些经济、科技领域的领先外，传统的政治体制是否就是专制独裁？此书将为你打开一扇思考之窗！

☆ 问题来了：

1. 所谓的政治体制主要包含从中央到地方的行政组织体系、人才的培养和选拔、经济体制、兵役制度等方面的国家政治制度。先请你根据历史学科的学习，从这几个方面写下你对传统政治体制的印象吧。

2. 以明代政治体制为参照系，结合汉代的政治体制，你认为我们现有的政治体制与传统的政治体制有哪些异同呢？

二、关于作者

钱穆（1895—1990年），字宾四，江苏无锡人，学生敬称他“钱师宾四”“钱穆宾四先生”。北大外文楼有“穆楼”“适楼”，便是经他提议改名的，北大未名湖的名字，也是他拟定的。他以博学灵动的演讲风格成为北大最受欢迎的教授之一，当时学生中就有“北胡南钱”之说。1949年南赴香港，赤手空拳创办新亚书院，这也是香港中文大学的前身。1967年起定居台湾。1990年在台北逝世，享年95岁，1992年归葬苏州太湖之滨。他一生致力于中国古代学术思想研究，努力探求民族文化的内在精华，认为民族、国家的前途，“将于我先民文化所贻自身内部获其生机”。美国耶鲁大学授予钱穆名誉博士学位时的颂词：你是一个古老文化的代表者和监护人，你把东方的智慧带出了樊笼，来充实自由世界。可以说，他是一个承前启后的传统文化守夜人。

☆ 问题来了：

1. 为了让小学生更好地理解汉字的构成和意义，钱穆先生讲了下面的故事："昨夜我在睡觉时，脚不小心踢了一下墙壁，痛得很。""但是呢，我由此领悟到了一个汉字结构的道理。你们看，手臂的'臂'和墙壁的'壁'，偏旁都是开辟的'辟'字，而且，臂在身旁，壁在屋旁，都带有'旁边'的意思。你们再看避，乃避开一旁，璧乃玉悬身旁，于是我总结出，所有带'辟'字的，都有一旁、旁边的意思在里面。"这个故事，让你对钱穆先生留下了什么印象？

____

____。

2. 请大家再搜索几则钱穆先生的小趣事，以及钱穆与同时代的优秀知识分子胡适、顾颉刚、吕思勉、傅斯年等人的关系，了解那一代知识分子的品格。

____

____

____。

3. 太湖之畔有"无锡七房桥钱穆先生之墓"，"中国力学之父"钱伟长先生是钱穆的亲侄子，他的名字即是钱穆先生所赐，并深受其教诲。钱伟长和钱学森、钱三强并称"三钱"，都荣获"两弹一星"功勋奖章。文学史上还有钱玄同（钱三强之父，五四运动时期文化健将）和钱钟书等人，他们都是吴越王钱镠的后代。你可以探讨一下"姓氏文化"背后到底是什么在影响家族成员的成长吗？

____

____

____。

4. 钱穆的最高文凭是高中（尚未毕业），却终成国学大师，结合他创办新亚书院时的经历，分析坚忍执着的品性在治学处事上的重要性。

____

____

_______________________________________。

三、内容解析

这是一位大家写的一本小书。既高屋建瓴地总括了中国历史与政治的精要大义，又点明了近现代国人对传统文化和精神的种种误解，不失为一部简明的“中国政治制度史”。此书分为五讲，依托他在1952年时为战略顾问委员会的讲演增补而成，读起来较为轻松。每一讲选取一个朝代，讲了汉、唐、宋、明、清五个最重要的朝代，大体可代表中国历史的全进程。每个朝代又从政府职权的分配、考试和选举、赋税制度、国防和兵役制度几个方面详细阐述，有时会在章节后做简单的得失指正。

☆ 问题来了：

1. 钱穆先生开篇即强调不能“离开人事单来看制度”，制度之确立和变化都与人事之需要密切相关，请你重点关注一下在政治体制的变迁中，哪些朝代在哪些方面的变动受人事影响较大？受人事的哪些方面的影响？这样有助于你日后思考问题更务实哦。

2. 在书中，每一章节几乎都涉及与国外的政治体制的比较。比如在讲解秦汉时期这种政治体制确立之初，就对比古希腊、古罗马的立国规模，让我们清楚中国政体选择皇位世袭的必然性。请结合本书想一想：中国传统的封建体制和西方的封建体制有什么不同？中国的贵族与西方的贵族有什么异同？

3. 从秦汉到明清，中国的赋税和兵役制度经历了哪些演变？演变过程中越来越重视哪一些参照标准？你觉得这种演变的优点和缺点分别有哪些呢？

4. 钱穆先生认为：任何一项政治制度，要站在历史的角度去观察，若仅以当前的标准来评价和看待历史，必然有失公允。从两汉的察举制到隋唐的科举制再到明清的八股取士，统治者总是尽力选拔优秀的人才进入政府工作。请站在历史的角度审查这些选拔体制的优越性，并思考这些选拔体制与如今的高考选拔制度有什么异同（可以从内容、方式、目的等角度进行比较）。

5. 传统的政治体制从确立之初就存有中央对地方的监管和中央内部对皇权的约束。在对皇权的约束方面，早期是相权对皇权的约束，宋代除相权外还有台谏，明代废丞相后设言官。结合《明朝那些事儿》中言官对名臣的掣肘，你觉得社会舆论监管政府职能最好设立哪些规范？

6. 先生所处的年代，儒家被认为是“弱国愚民”的根源，国人包括相当一部分知识分子对中国历史文化缺乏信心，仿佛全盘否定就能迎接新生。他终其一生都在努力宣传和保存中国文化的气韵，对中国的光辉的过去怀有极大的敬意，同时对中国光辉的未来抱有极大的信心。这份独立与自尊，你从书中的哪些方面感受到了呢？

四、艺术鉴赏

与文学作品欣赏人物、情节、情感等不同，学术著作的鉴赏侧重于引发读者更全面深入地思考和反观现实。作为一部严谨的学术著作，本书结构清晰，史料确凿，立意高远，俯瞰中国历史，以精巧之架构，将令人头疼的古代中国的制度沿革，讲得清楚、透彻。作者学识渊博，见解精深，最重要的是能把学术著作写得让人读来饶有兴味，你有没有分析其中的原因呢？

☆ 问题来了：

书中哪些文段的表述尤其让你感到趣味盎然？作者是怎样达成这种效果的呢？结合《明朝那些事儿》的阅读，同样趣味横生，你有没有感觉到近似文学作品的历史著作和严谨的学术著作之间在语言表述上的差异？这里试举两例，你可以选择一例略做分析。

例 1：中国的立国规模，并不是向外征服，而是向内凝结。汉代的国家体制，显然与罗马帝国不同。何况中国又是一个农业国，几千万个农村，散布全国，我们要责望当时的中国人，早就来推行近代的所谓的民选制度，这是不是不可能呢？

例 2：在《中国历代政治得失》中，作者介绍“太仆”这个职位时说到“皇帝出去，太仆就替他赶车。那是皇帝的汽车司机”。在《明朝那些事儿》中，其作者介绍连中三元时说到“这就要求考生光是学问好还不够，必须反应快，长得比较帅，才有可能获得这一称号。所以要得到这一称号是要有一定运气的，祖坟上岂止是冒青烟，简直就是喷火”。

五、争鸣商榷

本书致力于反对把传统政治界定为“专制黑暗”，努力陈述权力的监管和开放。因此我们看到了这样的语句：“皇帝是国家的唯一领袖，而实际政权则不在皇室而在政府”，“如是则皇室一切事仍得由宰相管”。这些话语极易让我们联想到现在英国的君主立宪制。而事实上，皇室和宰相的分权只是对皇权起到一定的制约作用罢了。因此，遇上强势的皇帝，如汉武帝时期，“外朝九卿，直接向内廷听受指令”。钱穆先生把个中原因归结为中国政府的很多法都是不成文法。我们认为这并不是法的问题。英国的国君任命首相只是一种形式，是皇室向政府妥协的结果。而中国的丞相本来就是应该听命于皇帝的一个家臣，只是掌管政府各项事务后，看起来有了更大权力，或者他可以“为了更好地保住江山”的名义让皇帝更理性地处理问题。但是江山是皇帝的江山，宰相只是一个管家，并不是民众选举出来代表民众处理政务的人。遇到“最大关节”，宰相必须服从国君，不然则被免职，即使皇帝取消相权，别人也无话可说。

书中钱穆先生一直强调，在汉唐时期皇室和相权是分离的，明清时期废丞相算是“法术”而称不上制度。笔者认为这样说有些牵强，至少钱先生的分析还不够透彻。因为正如中国的立国体制并不是西方那样的领土分散的地主式的政治联盟，地方最高权力机关多是中央力量在地方的延伸，是中央为巩固政权自上而下推行的一种制度。丞相是皇帝的家臣，从来不是下层民众或者被征服者推选出来的。皇帝和丞相的关系可能更接近董事长和总经理的关系。那么，怎样理解传统的政治体制的优越性呢？

☆ 问题来了：

1. 如同钱穆先生所说，我们要把历史放到当时的情境中评判。书中分析了中国形成中央集权管理体制的必然性，而传统的西方历史中城邦遍布，政权更迭频繁，但凡领土扩大，中央对地方的控制能力就减弱，英、法、德、意等国的版图都是近代才确立起来的。想想我们直到清代康乾年间，经济文化发展都居于世界领先地位。结合中国历史上国土分裂的春秋战国和南北朝等时期，你觉得传统的政治体制对中华文明的发展做出了哪些贡献？

2. 在历代的主权争夺中，我们并没有在中央集权内部生成一个能与帝王抗衡的反对派（有则战争不会停止），不过在废除丞相加强专制的明代，言官却形成一种非常强大的与皇权抗衡的力量。为什么会出现这种现象？建议大家结合儒家学说的人生价值观来思考。

六、学以致用

一切历史都是当代史。历史最重要的是为我们提供生活中的参照系。皇权专制的中央集权制度还在中华民族的精神史上留下这样的痕迹：我们不喜欢向外征服别的国家，我们有点儿习惯了少抗争多服从，我们习惯了一个君王配合一套官僚体制的管理，我们不太习惯分成多个党派势均力敌地抗衡对方。英国的君主立宪，并不是表面上的君主选择宰相，其本质是多个党派间的制衡，法国的民主共和制依然如此，美国的联邦制同样不适合我们，我们从来都不是联邦的国家。

当我们了解了中国历代政治得失，思考对皇权的制衡，学会了用开阔务实的思维分析问题，我们需要思考：怎样理解我们国家现有的政治体制选择？

☆ 问题来了：

1. 在英国“脱欧”公投中，当时民众以52%的微弱优势同意“脱欧”，后来下议院又以一票之差将“脱欧”演变为“拖欧”，2020年1月31日，英国正式脱欧。这对英国真的是最佳选择吗？民众真的都能深入思考“脱欧”对国家的影响吗？钱穆先生在书中指出：“中国政治上的传统观念，对一意见之从违抉择，往往并不取决于多数，如西方所谓之民主精神。而中国人传统，则常求取决于贤人。春秋时期即有‘贤均从众’之说。”你可以结合刘瑜《民主的细节》一书，写一写你对“从贤”和“从众”优劣之处的思考。

2. 让我们再进一步思考政治的本源：人作为一种群居性动物，在组成群体生活的过程中有众多利益冲突，也有众多高于个人眼前利益又对群体利益极重要的事情去做，需要一个政府去协调、去组织，而最好的政府归根结底就是实现更多民众利益的最大化。正如刘瑜在《民主的细节》中指出：“在一个合理的制度中，‘自私’不应该是问题，‘损人利己’才是问题。如果政治家的职位必须通过适当保护老百姓的利益来维持，这二者不是‘辩证地统一’了吗？”你认为一个“好的政府”如何实现更多民众利益的最大化，如何解决众多利益冲突？什么样的政府才是好的？

3. 正如钱穆先生在另一本著作《文化与教育》中指出：凡是大政事大议论，中国人的传统习惯，常以文字发表。而古希腊、古罗马文明，特别重视演说，西方各国的选举中，演说的成分至今仍然很重，但实际上说和做并没有完全的一致性。大庭广众，感情激发，煽动群众，鼓掌成事，中国人不以为美。于盘根错节处，或大题目、大辩论，往往独居一室，条理铺陈，重理智，不重感情，诉之于人人别居之退思，不胁之于大众群集之激昂。我们不需要雄心勃勃的煽动家和独裁者。在你看来，中国传统的士人选拔机制对当今社会的国家和地区领导人的选拔有哪些可资借鉴的经验呢？

4.《乌合之众》一书指出，群体最主要的特点表现为冲动、急躁、缺乏理性，没有判断力和批判精神，以及夸大情感等。政治学博士刘瑜在《民主的细节》中也指出："当美国不再自信，人民失去了远见、胆识、勤奋和对彼此的理解。每一个政治议题带来的都是社会的进一步撕裂。"这个世界充满了悖论，当拥有言论权的人不能恰当地使用权力或者只是运用此等权力牟私利，言论自由的结果可能与我们的期望背道而驰。请结合宋明时期言官体制对政治的影响，说一说你认为中国政府该怎样一步步放开言论自由。

5. 正如钱穆先生一再强调的，政治制度必然得自根自生，而制度也必须与人事配合。请结合政治学科所学，梳理在70年的发展历程中，我国的政治经济体制做了哪些调整？我们现存的监管力度不足等问题，哪些方面可能只是基于文化发展的惯性而不是体制本身的原因呢？我们该怎样真正实现民众利益的最大化并从制度上给予保障？曹文轩在《前方》中说，对故乡的失望能滴血，血沃之地能生出金麦穗和赶车谣。

七、阅读建议

亲爱的同学们，《如何阅读一本书》指出："历史学家一定要编纂一些事情，他不是在许多事件中找出一个共通的模式，就是要套上一个模式。他一定会假定他知道为什么这些历史上的人物会做出这些事情，哪怕他强调这只是在描述事实，但是所有他指出的事件发生的原因以及行为动机，都应该引起警惕。”结合你的阅读，在这本书中，钱穆先生解释历史事件时都隐藏了哪些属于自己的分析模式？你可以梳理归纳并进行评析。

另外，钱穆先生教我们思考历史问题要设身处地，你可以结合钱穆先生的《中国经济史》，分析思考：为什么中国要“重农抑商”？当然了，为了自己的思考不陷入某一作家思维模式中，阅读学术著作一定要阅读几本与之相关的书，形成主题阅读。大家可以参照接下来的书目哦！

八、相关链接

1. 如果你想了解古代西方社会的政治体制状况和世界文明的演进历程，可以阅读下面几部著作：

◆ 斯塔夫里阿诺斯．全球通史：从史前史到 21 世纪．吴象婴等，译．北京：北京大学出版社，2006.

◆ 希利尔．写给儿童的世界历史．杨立新，龙江，译．北京：东方出版社，2015.

◆ 尤瓦尔·赫拉利．人类简史．林俊宏，译．北京：中信出版社，2018.

◆ 尤瓦尔·赫拉利．未来简史．林俊宏，译．北京：中信出版社，2018.

2. 如果你想了解西方民主制的优劣，可以阅读下面几部著作：

◆ 刘瑜．民主的细节．上海：上海三联书店，2013.

◆ 刘瑜．送你一颗子弹．上海：上海三联书店，2013.

◆ 申林．柏拉图与《理想国》. 北京：人民出版社，2010.

◆ 卢梭．社会契约论．北京：商务印书馆，2011.

3. 如果你想了解中国的传统文化和钱穆先生对传统文化的思考，可以阅读下面几部著作：

◆ 钱穆．国史大纲．北京：商务印书馆，1996.

◆ 钱穆．中国文化精神．北京：九州出版社，2012.

◆ 费孝通．乡土中国．北京：人民出版社，2008.

4. 如果你想了解舆论对政治体制的影响，可以阅读下面几部著作：

◆ 当年明月．明朝那些事儿全集．北京：北京联合出版公司，2017.

◆ 李普曼．舆论．常江，肖寒，译．北京：北京大学出版社，2018.

5. 如果你想理解阅读文学作品和科学著作的不同方法，可以阅读下面的著作：

◆ 艾德勒，范多伦．如何阅读一本书．郝明义等，译．北京：商务印书馆，2001.

文化经典的情趣

——走进南怀瑾的《论语别裁》

设计者：蒋红卫（安吉高级中学）

QQ：1825628213

一、导语

《论语》问世之后，获得一些能帮助我们准确理解原著、对《论语》进行阐释的学术著作，就成了大众的期待。从古到今阐释《论语》的学者大儒不计其数，注疏《论语》的著作可谓汗牛充栋，但这些就像象牙塔内的奇珍异宝，其高雅的光彩难以照及普罗大众。如何让《论语》这部文化经典打破学术的高墙，走进百姓?《论语别裁》正是这样的一部满足人们期待的作品。它让《论语》走进了大众的视野，走进了大众的生活，也走进了大众的心灵。

书名定为“别裁”，正是因为所有的讲解，“自别裁于正宗儒者经学之外，只是个人一得所见，不入学术预流，未足以论下学上达之事也”。由此可见，它开辟了一条学术著作的生活化解读之路。

☆ **问题来了：**

1. 在阅读本书之前，先说一说你对《论语》的印象吧。

2. 书名为什么叫“别裁”？

二、关于作者

南怀瑾（1918—2012 年），出生于浙江温州，中国当代诗文学家、佛学家、教育家、中国传统文化卓越的传播者。1949 年中华人民共和国成立后，南怀瑾随国民党迁至台湾，历任台湾政治大学、辅仁大学及中国文化大学教授，并受邀到台湾地区的多所大学、机关、社会团体讲学，后曾旅居美国、中国香港等地。2012 年 9 月 29 日在苏州逝世。南怀瑾精通儒、释、道等多种典籍，一生致力于中国传统文化的建设与传播，代表作有《论语别裁》《孟子旁通》《原本大学微言》《易经杂说》等，他的经典著作被翻译成多种语言传播至世界各地。

☆ **问题来了：**

1. 南怀瑾是一位独特的学者，在治学之外，还习武。在治学方面，以博杂见长。如果你对作者具有传奇色彩的人生感兴趣，上网收集他的故事，了解他思想和学术形成的内在原因。

2. 你对“博杂”与“专精”这两种不同的治学方式有怎样的评价？

三、内容解析

在这里先引述一段历史学家李伟国的评论：“南怀瑾在讲解中调动其平生读书、实践、阅世、思考、教人所得之深厚学养和独到观点，游乎经史子集之中，博征佛、道乃至西方宗教学术观点，不论出世入世，评比精义，正说反说，更提示出入禅道的旨意，且以通俗话语，深入浅出，为读者开启智慧之门。”《论语别裁》将《论语》章句与历史、政治、经济、文化等人们周边的生活环境联系起来，深入浅出地讲解章句的精义，这就给《论语》的经典语录注入了新的活力，使其展现出崭新的生命力，的确给人耳目一新的感受，《论语》变得可亲、可爱、可敬了。这种生活化的阐释方式，终于让《论语》有机会轻松地走入普通读者的视野。

☆ 问题来了：

1.《论语别裁》中谈到了许多的历史掌故，比如“吕端大事不糊涂”“刘备上了曹操的当”“李斯的老鼠哲学”“冯道的故事”“赞元禅师与王安石”。你读到这些历史故事的时候，分别获得了怎样的启示？请你仿照示例，简单扼要地说一说。

示例：“吕端大事不糊涂”。感悟：做事要抓大放小，不可耽于细枝末节。一个人的时间和精力都是有限的，细大不捐，必然造成生活的碎片化；用人时要发现这个人性格和才能上的特点和优势，不可以求全责备。

2.《论语别裁》中有许多俚语俗语，是老百姓的口头语，读来饶有趣味又充满生活哲理。请摘录一些，仔细学习体会。

3. 书中还有许多作者的奇思妙语，出人意表，却启人心智，闪烁着独特的思想光芒。请找出来，仿照示例，写下你对这些语句的体会和理解。

示例：妙语：“英雄是征服了世界而没有征服自己，圣人是征服了自己而不去征服世界。”我的理解：所谓“征服自己”，就是实现了道德的自我完善，克服了人性中的狭隘与自私，圣人做到了；而英雄未必做到，他们只是征服了世界。由此看来，儒家思想可以称为“关于道德伦理”的思想。

四、艺术鉴赏

《论语别裁》最突出的特点就是通俗易懂、深入浅出、旁征博引、引经据典。

南怀瑾先生讲课时用的是口语，故而表达很随性、很率真，即使被录音整理成文，其风格不变。举例繁多，古今中外，想到哪里说到哪里，犹如聊天。虽然在某种程度上说，这样可能会缺乏严谨的学术秩序，但这是就书的风格结构、体例形式和个别细节而言的，无关乎语义内涵。或许正是因为课堂讲述时的随性、率性，反倒使得原本属于生活体验的东西得以真实地表达出来，不再囿于书斋束之高阁。

南怀瑾先生不是一个专治儒学的人，他还谈论佛学和道学，与其他的学者相比，他更像一个杂家。所以，在他讲《论语》时，我们不时地可以看到佛学、道学和儒学的互相参照。这种解读《论语》的形式，可谓别开生面、异趣横生。

南怀瑾的讲解风格是不离文字，但又不拘泥于就字说字、就文解文，而是从义理的角度，再现其精髓实质，将整个章句的语义直接结合事例引申了。南怀瑾既不困于原文章句，又能根据该章句的内容需要，有针对性地为读者插入原文中直接或间接涉及的历史事件和人物，增加了读者对全面而准确理解该章句所必须知道的历史文化背景和社会俚俗。这是南怀瑾的一个特别之处。

☆ 问题来了：

1. 书的风格不同，给人的阅读感受也迥异。有的书风格严谨庄持，读来如瞻仰寺院佛像，宝相庄严，令人肃然起敬；而有的书风格轻松平易，读来如逛庙会，生活气息扑面而来。对这样两种不同的风格，结合实例，你有怎样的评价？

2. 本书是南怀瑾的讲课实录，因此语言上有很浓重的口语色彩。请找出一些这样的段落，细读体会。

3. 在书中，南怀瑾常常会拿佛家等其他学说思想来阐释《论语》精义，你可以找出两例，并对这种“借他山之石以攻玉”的治学方式做出评价。

4. 南怀瑾的讲解风格是不离文字，但又不拘泥于就字说字、就文解文，而是从义理的角度，再现其精髓实质，他既不囿于原文章句，又能根据该章句的内容需要，有针对性地为读者插入原文中直接或间接涉及的历史事件和人物，增加了读者对全面准确理解该章句所必须知道的历史文化背景和社会俚俗。请结合南怀瑾讲“子曰：君子疾没世而名不称焉”一章时的一段讲解，用心体会古今中外人文荟萃、历史掌故如数家珍给人带来的妙趣横生、会心一笑的感觉。

____

____

____

____

五、争鸣商榷

当然《论语别裁》中值得商榷的地方也是有的。毋庸讳言，与在书斋经过充分构思酝酿的笔耕之作相比，细节上的谬误和字词上的差池在所难免，这是事实。这些微瑕，为我们读书做学问提供了一些教训，当引以为戒。

首先，我们在研习《论语》章句时，一定不可以离开孔子及儒家的整体思想和基本观点以及文化背景，就好比要准确地解释一片叶子，必须联系到生长这片叶子的那棵树以及生长那棵树的土壤。

比如“季氏旅于泰山，子谓冉有曰：‘女弗能救与?’对曰：‘不能。’子曰：‘呜呼！曾谓泰山不如林放乎?’”一章。

“旅”字观甲骨文字形，上为军旗，下为人，意为一群人聚集于军旗之下，故“旅”字本义指军队编制单位，古时五人为伍，五伍为两，四两为卒，五卒为旅，五旅为师。而在“周礼”中，则以“旅”用作祭祀名称，凡国有凶事，则以“旅”祭上帝或四方山川，意为求救于天地神灵。在鲁国，“旅”祭泰山本来是国君的事，现在季氏“旅”祭泰山，明显是一件违礼的事，是僭越之行。因此，孔子对他的弟子也是季氏的家臣冉有说：“你不能补救了吗?”答曰“不能”，孔子于是做了这样一番感慨。但南怀瑾先生把“旅”字解释成“旅行”，又把“女弗能救与”解释成“你不能救季氏一家了吗”，这种解释，恐怕失之偏颇，未能契合儒家思想之经义。

再比如：“勇而无礼则乱。”南怀瑾把“乱”解释成了混乱：“有些人有勇气，有冲劲，容易下决心，有事情就干了，这就是勇。如果内在没有好的修养，就容易出乱子，把事情搞坏。”这是因为不了解“乱”在那个时代的意思。乱，谈的是叛乱、作乱，以下犯上。礼是规范，一个勇敢却不遵守礼的人，容易叛乱。孔子和儒家的整个主题就是不要犯上，遵循礼制。而这正是儒家思想不被当时的诸侯以及诸侯底下的权臣们欢迎的原因，因为遵循礼制就意味着不能僭越等级；同时是儒家思想被西汉以后的最高统治者尊崇的原因，因为遵循礼制意味着可以维护等级。

其次，我们在阅读传统文化经典时，由于文字上的古今差异以及其他方方面面的文化差异，有时候难免会犯望文生义的错误，博学如南怀瑾者尚不能免，况我辈之初学者乎？当慎之戒之。

比如南怀瑾对“暴虎冯河”的解释。深圳大学文学院副教授兼深圳国学院教务长徐晋如曾经这样很尖锐地批评说：“‘暴’字通搏，暴虎是赤手空拳对付老虎的意思，冯河是不凭借工具、徒涉过河之意，南怀瑾先生竟然能解释成‘像一只发了疯的暴虎一样，站在河边就想跳过去，跳不过也想跳’，想象力之奇卓如此，不知何以不去写玄幻小说，偏要来作践经典？”“暴虎冯河”的典故出自《诗经·小雅·小旻》：“不敢暴虎，不敢冯河。”意为：“不敢空手去打虎，不敢徒步去过河。”比喻做事情不能有勇无谋冒险蛮干而应该小心谨慎。孔子的第十四世孙、汉初孔安国在《论语孔氏训解》里这样注释：“暴虎，徒搏；冯河，徒涉。”清朝陈奂《毛诗传疏》注释：“暴，搏，捕。”而“冯”为“淜”之借字，《说文解字·水部》中为“淜，无舟渡河也”。

当然，由于南怀瑾《论语别裁》一书，根据的是 1974 年听讲者的笔录，这个解释，是不是南怀瑾当时讲课时即兴发挥，拿这句“暴虎冯河”开个小玩笑，而记录者领会错了，以至于记成了这个样子，也未可知。这并不是刻意地为尊者讳，而是以南怀瑾的学识，想必不至于会出现这样的错误。

再比如，“子谓子贡曰：‘女与回也孰愈？’对曰：‘赐也何敢望回，回也闻一以知十，赐也闻一以知二。’子曰：‘弗如也，吾与女弗如也。’”最后一句，南怀瑾将其解释成“我和你一样不如颜回”。有人认为这是拿现代汉语去理解孔子，正确的意思是：“是不如，我赞成你，你的确不如颜回。”“女”后面有个逗点。

南怀瑾先生这样解读，差异源于句读，不同的句读，产生不同的理解。倘若南怀瑾先生能兼顾两种句读，就会更加完美。

总之，现代人要读懂《论语》，必须要有历史的眼光，力求准确把握文字在孔子那个时代的意思，不能用其现代意义乱猜。当然，写一部鸿篇巨制难免百密一疏，这毛病南怀瑾先生也很难避免，我们也大可不必以一眚掩大德。

☆ 问题来了：

世界无边，学识无界。博学如孔子者，尚且说："吾有知乎哉？无知也。有鄙夫问于我，空空如也，我叩其两端而竭焉。"意思说："我有知识吗？我也会有没有知识的时候啊。曾经有个乡下人向我提问，我对他的问题无以应答，只有尽可能拉近与他的距离，站在两个人共同对于事件问题的立场上而做到能够完全理解认识问题和知识为止。"对于他人对《论语别裁》中出现的一些谬误的批评以及批评时的语气和态度，你有怎样的评价？

六、学以致用

南怀瑾在《论语别裁·卫灵公第十五》中有如下解读："所以我说《论语》是连贯的，这一篇由第一段，孔子不肯答复军事问题，一直讲到为人处世，结论是要帮助残废孤苦的人。而且又以孔子接待大乐师的事，烘托出国家的根本在礼乐。我们读完全篇以后，再一想，余味无穷，也代表了孔子的思想，孔子的精神——教人学问的道理究竟在什么地方。”南怀瑾先生在讲《论语》的时候，经常会和社会生活联系起来。这种生活化的阅读和感悟，会启发读者获得别样的精神感悟。的确，我们读《论语》，有时候会从心底升起一股暖暖的感动。

☆ 问题来了：

1. 读完这本书之后，你感觉在哪些方面有所感悟？请抽出一段独立思考的时间，写下一篇完整的读后感。

2. 当你写完自己的感受之后，如果你有兴趣，可以看看笔者对《论语》的读后感，欢迎提出批评；对照自己的读后感，看看受到什么启发。

孔子从未走远

蒋红卫

“师冕见，及阶，子曰：‘阶也。’及席，子曰：‘席也。’皆坐，子告之曰：‘某在斯，某在斯。’”一位盲人乐师来见孔子，孔子赶忙迎出门去，扶住他，说：“您当心脚下，前面是台阶，您慢慢抬脚。”“现在您可以转身，坐下来了，这里是您的座位。”

落座后，孔子向盲人乐师一一介绍屋子里的人："您左手边的是某某，您右手边的是某某。"

身有残疾的人生活不易，孔子感受到了他们的困难，真诚地去帮助他们。这就是一位长者的仁爱之心。

回想起读小学的时候，小伙伴们经常结伴去捉弄村里的一位智障儿。一群孩子追着那个智障儿，齐声喊着他的外号："阿章木砣！阿章木砣！"直喊得那个智障儿以怪异的姿势落荒而逃，大家便齐声哄笑起来，无比快乐！

后来读雨果的小说《巴黎圣母院》，看到人们也这样围观戏弄那个驼背耳聋的敲钟人卡西莫多，我恍惚之间有似曾相识之感。

邻村还有一个心智不全的人，歪着脖子、瞪着眼珠子、流着口涎，面相和卡西莫多有几分相似。但小伙伴们却不敢去调笑他，还纷纷躲着他。因为他总是手里捏一块石头，做出一副要攻击人的样子，很吓人。

回想起那时候，班里那些长得矮小的或者家境贫寒的同学，几乎每人都有一个绰号：

"阿兴蚂蚁"，因为阿兴同学营养不良个子小。

"阿强癞子"，因为那时候卫生条件差，阿强头上总有一些疤痕，此伏彼起。

不仅同学们喜欢拿别人的缺陷起外号，大人们也这样。有些外号还父子相传，世袭罔替。

"阿平天花"，因为其人能说会道，如天花乱坠。

"喜明妖怪"，其人做事不爽气，总是出尔反尔、变化多端。

“阿毛咚咚咣”，其人嗓门大但音色欠佳，说话有如敲破铜锣。

“阿根麻子”，其人小时候出天花时见了风，脸上留下了几颗小小的点子。

“松德炮仗”“阿五烂脚”“松林拐子”“兴根矮子”“阿根大腿”“仁喜大炮”……

叫得习惯了，听得习惯了，大家都不介意，大方呼之，坦然应之，倒也一团和气，全然忘了自己时时在嘲弄着别人的缺陷，同时也被别人嘲弄着。

从比自己更弱的人身上获得乐趣，我们都是在这样的文化语境里长大的。

所以，我们都特别喜欢看赵本山的小品。《卖拐》《卖车》《卖担架》——年复一年，无赵不欢。当老实的范伟被捉弄、被蒙骗的时候，观众的脸上洋溢着快乐感，除夕之夜，春意盎然，普天同乐。

“谢谢嗷！大哥，缘分呐!”憨憨的范伟总是这样真诚地说。越真诚，我们越觉得他好笑。

这些让人喜闻乐见的小品，让我们深深品尝到了精明的好处。所谓“精明”，就是对强者保持敬意——那样可以分享到好处，对弱者抱以轻视——这样可以获得补偿。

没有赵本山，春晚我们看什么？还有什么能令我们如此愉快？

然而谁也不会想到，本山大叔在中国如日中天，却会在美国铩羽而归。有报道称，赵本山在表演过程中，被美国观众轰下了台，狼狈不堪。

为什么会这样子？据说他们这样评价："赵本山在纽约的演出无聊、下流、低俗。讽刺残疾人，讽刺肥胖者，讽刺精神病患者，把自己的欢乐建立在弱者的痛苦之上。美国脱口秀主持人个个伶牙俐齿，但是借一百个胆子，他们也不敢嘲笑残疾人和肥胖者。他们嘲笑的主要对象是总统和明星。"

原来如此！难怪我们时不时地看到，美国人竟敢拿自己的总统来恶搞。他们会把特朗普做成穿着比基尼的人体模型摆在大街上任人戏弄。还有各种画总统的漫画，丑态百出，让人忍俊不禁。

他们喜欢通过解构那些强大的东西来解释什么叫勇敢。

但我们从来不敢调侃强者。只敢戏弄那些残障或弱小者，借此弥补强者施压给我们造成的心理损失。

2018 年 6 月 28 日上海警方通报："1 名男子持刀砍伤 3 名男童及 1 名女性家长。经初步调查，犯罪嫌疑人黄某，因生活无着产生报复社会念头，进而行凶。"

在中国，这样的事情几乎每年都会发生。

就像鲁迅在《阿 Q 正传》里写的，阿 Q 被赵老太爷暴打，转身去欺负比自己更弱小的小尼姑，以此获取心理平衡。

鲁迅早就这样批判过："强者愤怒，抽刃向更强者；怯者愤怒，却抽刃向更弱者。""中国人总是喜欢鉴赏别人的痛苦来达到一种自我满足。"

虽说鲁迅的作品离我们越来越远了，在中学教材里的篇目也越来越少了，不过先生批判过的中国人的那些劣根性，似乎没有多大的改变。

看一个社会是不是文明，不仅仅要看我们对待强者的态度，更要看我们对待弱者的态度。

有时候我们也不乏善良。但遗憾的是，人们的善心却常常无端地被利用、被消费。

不久前，温州乐清儿童走失案在微信圈炸开了锅，让多少人忧心忡忡，纷纷转发寻人启事。但第二天警方公布了真相之后，大家伙儿发现自己竟被一个“脑残”的女人狠狠耍了一把：男孩母亲因与在外经商的丈夫有家庭纠纷，为了测试其丈夫对家人是否关心而蓄意策划并制造了虚假警情。

自己的善心原来这么容易被利用啊！是不是很蠢？以后不玩了。

回想起几年前，当郭美美在网上晒出自己的豪车、奢侈品的时候，人们蓦然发现，自己捐给红十字会的善心，原来被领导们拿去逗“美美们”开心去了。

蠢！真的够蠢！以后不玩了！

更何况弱势者一旦成为强势者，马上会变脸的。

旭日阳刚这对农民工，因在网上吼了一曲《春天里》而迅速蹿红。

> 如果有一天，我老无所依，
> 请把我留在，留在春天里。
> 如果有一天，我悄然离去，
> 请把我埋在，在这春天里。
> ……

煽情的歌词，悲情的表演，瞬间点燃了人们的同情。人们不分青红皂白，将自己对农民工的温情，一股脑儿地倾泻在这两个光膀子的汉子身上。当然，我们也需要制造这么一个好看的神话来装点一下：看！我们的社会并不缺乏平等和爱心。于是，这两个男人就像中了头彩似的，幸运地抱走了农民工群体全部的社会福利。

一个月后，哥俩粉墨登场上了春晚，沐猴而冠成了大腕，成功地完成了由草根到明星的华丽转身。

但以后呢？

年轻一点的刘刚，开豪车，闯红灯，酒驾；嫌老人走得慢，狂按喇叭，下车打老人。斑斑劣迹，各路媒体言之凿凿，都有图有真相。

会唱歌的苍蝇，终究只是只苍蝇。就算换个马甲，也还是只苍蝇。

* * *

孔子是怎样对待那些弱者和不幸者的呢？

孔子和那些居丧的人一起吃饭的时候，他从来没有吃饱过。是的，人家情绪低落茶饭不思，你却在一边大快朵颐谈笑风生，叫人家情何以堪？对于一个身处不幸之中的人来说，周围的欢声笑语都会让他觉得刺耳，仿佛是在反衬自己有多么孤单。

孔子看见了那些身上穿着丧服的人，就算对方年纪比自己轻，也一定会恭恭敬敬地起立；经过对方身旁的时候，一定会快步走过去，古人称之为“趋”。这是一种礼仪，表达的是恻隐之心，感同身受，替不幸者难过。

所谓长者之风，就是在乎别人的心情，注意自己的言行所引起的心理反应：这就是修养和风度。这样的人，比较容易得到他人的信赖，成为某个人群的核心。

一个人在人群中的位置，有时候是职务给的，有时候是自己的人格魅力给的。而后者一定比前者更为稳固。

儒家说："仁者爱人。"

仁，就是一个人与另一个人的相处之道。两个人在一起，就要学会以爱相处，这样才能兼容，获得交集。否则，就像两个皮球，碰到一起就弹开，矛盾重重，永远无法和谐共处：这样的社会，一定不是良性的社会。

合则两利，斗则两伤。要"合"，必须先有"和"。

和，是中国传统文化中的思想精髓。

故宫三大殿，分别叫作"太和殿""中和殿""保和殿"，皇帝就在太和殿举行国家盛典，与文武大臣共商国是。

民间传说有"和合二仙"，百姓将他们画成年画，贴在家中，寓意着和谐共处，家业兴旺，美满幸福。

2008年北京奥运会，张艺谋导演了开幕式文艺表演。其中有一个节目令人印象深刻：他用舞蹈的方式展现中国的活字印刷术，最后那个镜头是舞台上出现了一个字：和。

要"和"，必须先有"仁"。

台湾学者曾仕强的解释是这样的：仁，就是植物的核，有一颗善的核，才能发出善的芽，长出善的叶，开出善的花，结出善的果。以此为喻，仁，就是一个人内心的善念，有了善的灵魂，才能有善行、成善人。内心的这一点善念，是一个人成长的根基。

国学大师钱穆解释这个"仁"字："一切人事可久可大者，皆从此心生长，故此心亦称'仁'；若失此心，将如失去生命的核。"

所以，儒家所宣扬的"仁"，既是一种待人之德，也是一种自守之德，是以善良之本心去待人处事。正如北大教授李零说的：所谓“仁”，就是把人当人看，既把自己当人看，也把别人当人看。

孔子痛恨那些不把人当人看的行为。他说过这样的话：“始作俑者，其无后乎？为其像人而用之也。”第一个用陶俑来殉葬的人，应该遭到断子绝孙的报应？大家是不是觉得一贯讲仁爱的孔子说出这样刻薄的话很不可思议？

陶俑代替活人殉葬，算不算是一种进步？孔子认为不是。他觉得用活人也好用陶俑也罢，有一点是不变的：不把人当人看，没有对人的关怀和尊重。

你看，在儒家的道德伦理中，是不是有可贵的人道主义精神？须知在两千五百多年前，中国尚处在奴隶社会，人和牲口是没有差别的，奴隶就是贵族手中掌握的财产，一个奴隶的价格甚至可能还不如一匹马。

孔子有一天上朝回来，家人告诉他说马棚着火了。孔子急忙问：“伤着人了吗?”他可没有问：“伤着马了吗?”他所问的人，当然是马夫——一个奴隶。

许多人一直以为，人道主义源于西方文明，来自五百年前的文艺复兴，殊不知在儒家的伦理中早就有了这种思想的闪光，可惜在漫长的专制体制下熄灭了。统治者怎肯让这些文明的火光照亮天地的黑暗？鲁迅说过，人不就是争一把交椅吗？因为那上面写作两个字——权力。鲁迅的话把千百年来各式各样轰轰烈烈的所谓革命的真相说透了。“今某之业所就孰与仲多?”普天之下莫非帝王家产和家奴。假如天底下的百姓都活成了明白人，活成了挺直腰杆的人，怎么肯俯首帖耳屈身为奴?

文明，是要把人教化为“人”；权力，是要把人训练为“奴”。

所以，真正的孔子怎么可能为当权者所用？有哪个当权者愿意叫醒皮鞭下的劳苦大众，来做自己的掘墓人？遍观孔子之后那些活得滋润的所谓大儒，有几个不是帝王的帮凶？三纲五常、三从四德，就是他们精心编织起来呈给帝王的鞭子和绳子；而像李卓吾这种想要还儒学以本来面目的真儒，结果怎么样？丢了性命！

像这样被压抑着的思想之火还有很多很多，在君王的穹顶之下微若磷光，所以中国的历史总是显得黑暗，难得见到光明。为此，我常常深感惋惜。

蔚为壮观的秦始皇兵马俑，从文物的角度来说，固然是了不起的国宝；但从文明的角度来说，不是灭绝人性的野蛮历史的罪证吗？在中国，这黑暗的历史是多么漫长啊！一个人只要拥有了权力，就可以命令千千万万个人陪他去死，千秋万代地守护自己罪恶的亡灵！

看着这些栩栩如生的兵马俑，我们在赞叹之余，是不是还应该感到厌恶与恐怖：这两千多年的中国历史中还深藏着一些可怕的东西？

历史和文化就像阳光，照耀在我们的身上，渗入了我们的肌肤和血液，给了我们黄色的皮肤、黑色的眼珠。一直活在这样的环境里，我们是否想过：自己有没有残留着一些与现代文明格格不入的东西？

七、阅读建议

《论语别裁》用文化漫谈的方式解读《论语》，既牵引到文化与历史，也牵引到现实与生活。我们读这本书，可以发现众多人物和故事与经典文化千丝万缕的联系。读者在这反复观照中，能更好地理解经典以提升自己做人做事的水平。读《论语别裁》，作者给我们指出了读《论语》的“成就法”，就是完成人格，就是叙事者常常提出的做最好的自己，遇到最好的自己。

整本《论语别裁》，按照《论语》二十个部分，同样分成二十个篇章。在阅读的时候，既可以对照《论语》按顺序一直读下去，也可以选取其中的一部分，来个中间开花。根据先生的解读和我个人的看法，整部《论语》是个有机整体。这二十个部分是相互补充完善、相互解释说明的，有些人提倡熟读以后，能够用《论语》中前面和后面的话语相互阐释。要做到这一点，仅仅熟读《论语》显然是不够的，还需要通读《道德经》《孔子世家》《仲尼弟子列传》等相关书籍。针对感兴趣的内容，除了看《论语别裁》中的内容外，还可以到网络上搜一下相关的视频讲座和文字解读，这样可以相得益彰，这是现在学习经典轻松愉悦的地方。用一两个小时或者稍多些的业余时间，你就可以对其中的某句经典有着一种有趣且有意义的解读，并做到学以致用。

八、相关链接

1. 观看央视《人物》纪录片《先生·南怀瑾》。

2. 观看讲座视频“傅佩荣《论语三百讲》”。

3. 推荐以下书目，与《论语别裁》参照阅读：

◆ 李泽厚．论语今读．北京：世界图书出版公司，2018.

◆ 钱穆．论语新解．北京：九州出版社，2011.

◆ 李零．丧家狗——我读《论语》．太原：山西人民出版社，2007.

◆ 傅佩荣．《论语》心得．北京：国际文化出版公司，2007.

第二部分

(1978—2018年)

从今天起，做一个幸福的人

——走进《海子诗全集》

设计者：王召强（上海复旦大学附属中学）

微信：guhan 2009

一、导语

海子带着对诗歌精神的信念走入诗歌，走入永恒。他直接成为这种精神的象征。海子的诗歌精神即浪漫精神。它要求通过一次性行动突出原始生命的内核和本质。海子的诗歌就是这种行动，它向我们展现了一个广阔的前景，我们开始从当下的现实抬起头来，眺望远方。天空和大海的巨大背景逐渐在我们身后展开。

☆ 问题来了：

1. 你之前都读过哪些现代诗人的诗歌作品呢？关于海子你的了解有哪些呢？

____

____

____

2. 你之前都是通过哪些渠道了解海子的呢？

二、关于作者

海子（1964—1989 年），原名查海生，出生于安徽省怀宁县高河镇查湾村，当代诗人。海子在安徽农村长大，1979 年考入北京大学法律系，1982 年开始诗歌创作，1983 年自北大毕业后分配至北京中国政法大学哲学教研室工作，1989 年 3 月 26 日在山海关附近卧轨自杀，年仅 25 岁。海子 1984 年创作成名作《亚洲铜》和《阿尔的太阳》，第一次使用“海子”作为笔名。1982—1989 年不到 7 年的时间里，海子创作了近 200 万字的作品，出版了《土地》《海子、骆一禾作品集》《海子的诗》和《海子诗全编》等。

☆ 问题来了：

1. 查阅资料，将海子的生平资料补充得更完整些。

2. 你知道海子是怎样从一个农村大学生成为诗人的吗？查阅资料，看看其中比较关键的因素是什么。

3. 海子是 20 世纪 80 年代“北大三大诗人”之一，对于另外两位诗人——骆一禾和西川，你又了解多少呢？

三、内容解析

诗人西川编写的《海子诗全集》收录了迄今为止发现的所有海子的文学作品，是理解海子创作的必读之书。全书以上海三联书店 1997 年出版的《海子诗全编》为底本，依照时间与类别结合的方式，收入海子的抒情短诗、长诗诗剧、诗学提纲、日记、小说等各种体裁作品。以“补遗”的方式增加了当时没有收入的海子早期油印诗集《小站》《麦地之瓮》里的作品，以及近年陆续发现的散佚作品。其中最大的发现，在于颂体诗《生日颂》与小说《村庄》。《海子诗全集》还首次披露了一些海子文字以外的作品，这就是海子为“太阳”系列诗作所作的插图。海子几乎没有画过画，但这些插图是个例外。目前发现的海子画作一共 22

幅，全部收入书中。对于这些极具海子个性与风格的画作，西川说："这些插图的画面非常简洁，一条墨线、两条墨线、一个墨点。绝对的墨点，应该就是海子心中的大太阳；这太阳太绝对了，以致只有纯然的黑色才能表现。读者当能从这些插图更深入地认识海子和他的诗歌，甚至体验出海子与他的大太阳的那种搭上性命的关系。"

海子是一个抒情诗人。他所有的诗歌都表现出他一生的热爱和痛苦，对于一切美好事物的眷恋之情，对于生命的世俗和崇高的激动和关怀。海子的抒情诗写得很美，充满了神启式的灵悟意味，笔下的事物放射着不同凡响的灵性之光。呈现在海子诗中的世界无疑是一个理想化的世界。它是原始生命通过人类的语言创造的另一个世界，它顽强地降临于这个世界之上，它的光芒照见了这个世界的荒谬和黑暗。这种创造正是浪漫主义的精神。

☆ 问题来了：

1. 近年出版的西川主编的《海子诗全集》，收录了海子早年的诗歌作品《生日颂》，阅读这首诗，并写下你的读后感。

2. 一般认为，《亚洲铜》这首诗是海子的不朽之作，是海子初登诗坛就展现出其诗歌才华的杰出作品，仔细阅读这首诗，谈谈你对这首诗的阅读心得。

3. 海子的诗歌世界是非常复杂的，他的诗歌观念是对古代史诗、近代抒情诗、浪漫主义诗歌和现代主义诗歌理念的综合。从思想上，他接近于一个存在主义者；从情感上，他接近于一个浪漫主义者；从精神上，他接近于一个“狂人”式的先知；从认知方式上，他又是一个充满神性体验色彩的理想主义者。请你试举一例，说说他的诗歌对上述某一精神元素的体现。

4. 海子长诗的起点是生命元素。他自称他的长诗创作是出于某种巨大元素的召唤。这些生命元素潜藏在文明的深处。用哲学的语言表达就是本体和实体。海子在他的笔记中写道，诗“要直接面对实体”，“诗应是实体强烈的呼吸和微微的颤抖”，“诗人的任务仅仅是用自己的敏感力和生命之光将黑乎乎的实体照亮”。请从诗集中找到一首或一节能充分体现生命元素的诗歌，分析它如何表达本体与实体的关系，表现那种“强烈的呼吸和微微的颤抖”。

5. 海子生前最喜欢的诗人是德国诗人荷尔德林，查阅有关荷尔德林的资料，阅读海子的诗歌《不幸——致荷尔德林》，看看海子从荷尔德林那里都继承了哪些东西。

6. 海子生前称荷兰画家梵高为“我的瘦哥哥”，阅读海子《到南方去》这首诗，看看海子和梵高在精神追求方面有哪些相似之处。

四、艺术鉴赏

海子在《动作》（《太阳·断头篇》代后记）中，将诗歌分成“小诗”和“大诗”两种：“诗有两种：纯诗（小诗）和唯一的真诗（大诗），还有一些诗意状态。”

在海子看来：诗人必须有力量把自己从大众中救出来，从散文中救出来，因为写诗并不是简单的喝水、望月亮、谈情说爱、寻死觅活。重要的是意识到地层的断裂和移动，人的一致和隔离。诗人必须有孤军奋战的力量和勇气。诗人必须有力量把自己从自我中救出来，因为人民的生存和天、地是歌唱的源泉，是唯一的真诗。“人民的心”是唯一的诗人。在写大诗时，这是同一个死里求生的过程。

于是，海子的诗就有了它独特的追求与风格。

☆ 问题来了：

1. 海子通常被认为是一位杰出的浪漫主义诗人，但是在他的诗歌中，也运用了大量的象征主义手法。对于这种从主义上归纳一位诗人及其作品的现象，你是如何看待的呢？

____

____

____

____

____

____

2. 海子生前最引以为傲的是他的长诗作品，但是死后被读者接受的更多的是他的抒情短诗。对于这种创作与接受之间的错位，你是如何看待的呢?

3. 海子的浪漫主义不是主观抒情，不是自我陶醉，甚至不是心情、感性和性灵的体现和表达。他的诗与通常的抒情诗歌有很大的不同，诗中的抒情因素不是自我的抒发，而是实体的歌唱。请试举一例来说说他是怎样完成“实体的歌唱”的。

4. 海子的浪漫精神不是对19世纪浪漫主义的简单复归，更不是对中国传统的庄禅之道的发扬，而是从生命元素和主体意志出发，对现代主义与后现代主义所体现的形式文明的清算和扬弃。你从哪些语句中感受到上述独树一帜的浪漫主义在奔流?

5. 查阅海子生前写的诗论和日记，概括海子生前的诗学追求，看看其诗学追求最主要的特点是什么。

6. 有人曾经将海子的诗剧搬上戏剧舞台，查阅演出的相关资料，谈谈你对这种艺术演出的看法。

五、争鸣商榷

1. 骆一禾论海子：海子的主要痛苦，源于世俗世界对诗歌的不理解，对诗人的不理解。孤独的海子，在黑暗的世界里摸索着前行，全凭着对光明的一种强烈执着。海子“不得不和烈士和小丑走在同一道路上”，如果说“烈士”指的是像梵高、荷尔德林、叶赛宁一样殉身伟大诗学理想的人，那么“小丑”则是那些不理解海子的诗学理想，却反而指责海子的诗学理想的人。海子对于光明近乎疯狂的追求，使他产生了两种截然相反的感觉。一是睥睨天下的豪气，二是近于绝望的孤独。最后，我想引述诗人陈东东的一句话：“他不仅对现在、将来，而且对过去都将产生重大的影响。”——是的，海子有他特定的成就，而不是从一般知识上带来了诗歌史上各种作品的共时存在，正如在山巅上万物尽收眼底一样。

2. 崔卫平论海子：海子是中国当代最优秀的抒情诗人。纵览他洋洋大观的诗篇，其中最令人震惊的元素便是他的抒情。这也许是他本人没有意识到的，但不管他的本意如何，他的抒情的声音是他众多声音中最嘹亮、最尖锐的一种，是他被传诵得最远的声音。海子便是屹立在这痛苦的中心，屹立于痛苦的风暴中不断歌唱的人。他的歌声穿越我们，有一种令人震惊的元素，一种充盈激荡的水位，使我们得以联合和超越。

3. 西川论海子：海子，每一个接近他的人，每一个诵读过他的诗篇的人，都能从他身上嗅到四季的轮转、风吹的方向和麦子的成长。泥土的光明与黑暗、温情与严酷化作他生命的本质，化作他出类拔萃、简约、流畅又铿锵的诗歌语言，仿佛沉默的大地为了说话而一把抓住了他，把他变成了大地的嗓子。哦，中国广大贫瘠的乡村有福了！海子最后极富命运感的诗篇是他全部成就中重要的一部分。他独特地体验到了“黑夜从大地上升起/遮住了光明的天空/丰收后荒凉的大地/黑夜从你的内部上升”。现在，当我接触到这些诗句时，我深为这些抵达元素的诗句所震撼，深知这就是真正的诗歌。他的诗歌将流动在我们的血液里。哦，中国簇新的诗歌有福了！

4. 乔晓晖论海子：自身大而无当的追求使他身心交瘁。狂妄地要进行歌德之后世界史诗的成功尝试，这是明知不可为而为之事——世界新史诗不可能由一个涉世尚浅的书生封闭在自己的书斋里鼓捣出来。写诗不仅需要悟性和天分、激情和梦想，还需要阅历和思想，纵使如此，伟大的作品也不会轻易产生，历史上的高峰作品、经典之作是极少的和偶然的。海子的梦想注定是空想。梦想成空的绝望对诗人是个沉重的打击。海子的诗像他的年龄一样还远未成熟，并且由于他的阴暗心理，好多诗作都很颓废。在《但愿长醉不愿醒》里，“把眼睛闭成两根绳索”，这是对现实的坚决拒绝。在《太阳·诗剧》篇中，触目可见支离破碎的“头颅”“断头”“头骨”“骨髓”“尸体”等，反复使用“斧子”“刀”“砍杀”“刽子手”“凶手”这样一类意象，像一个恐怖的魔窟。朝着这个方向一路歪斜下去，能写出什么伟大的作品？我不明白，一个年轻的诗人，为什么要在诗作中大量吟咏死亡？写这些灰暗的东西对积极健康的人生有什么价值？对文化、对社会有什么贡献？很难想象一个着迷于死亡描绘的人会去热爱生命、热爱生活。与其说诗人在追寻诗歌的天堂，倒不如说是在寻找地狱的入口。海子的死是一种黑暗的陷落，而不是一种光彩的升腾。

5. 燎原论海子：宏观地看，海子所要书写的，是一种超越生存局限的诗歌。这就是以他刻骨铭心感受过的、中国乡村的饥饿为出发点，探讨人类的生存为何总是被苦难所绑架？人类社会为何总是陷入盛衰轮回的宿命之中？在这一追问中，海子发现了一个致命性的元素：潜藏在大地和人性中的“魔性”——导致大地陷入黑暗的“毁灭”元素。通过对诸如此类反向元素的解析，他最终要寻找的，则是对这种灾难轮回的“超越之道”。接下来的事实是，他的确找到了，这就是伏藏在人与大地总体关系中的正向力量，亦即“朝霞”或曰“太阳”元素。而这一元素的载体，便是诗歌。只有诗歌，才能带领人类超脱黑暗飞向朝霞（太阳）。作为一种形而上的方法，海子通过他的“太阳七部书”，从灾难深重的大地最终飞向太阳，他在太阳中焚身，也在太阳中永生——自他去世至今，中国大地上对他诗歌的无尽吟诵，由各种研讨会和纪念活动所体现的集体性怀想，正是他获得永生的标志。

☆ 问题来了：

对海子长诗创作的评价，历来众说纷纭，有人觉得这是不自量力，有人觉得这是堂吉诃德式的冲锋。海子在《祖国（或以梦为马）》这首诗中则集中表现了他的诗学理想，阅读这首诗，谈谈你对海子坚持创作长诗的看法。

六、学以致用

2019 年是海子去世三十周年，在这个日子前后的一周里，我看到全国有很多场纪念海子的专题活动，我们在志达书店、在复旦附中举办的海子诗歌朗诵会，也算是全国纪念海子的系列活动之一，能够在这样一个特殊的日子里，组织纪念海子的诗歌朗诵会，作为主要的策划人和参与者，我感到非常荣幸。从教近二十年来，几乎每届学生，我都会给他们讲解海子的诗歌，以及由此衍生的诗歌创意写作课。今年的“整本读海子”一课尤为特殊，我把二十年来阅读海子的心得和体会都融汇到这堂课中，算作一个小小的总结。

不过，我的分享在这里只是一个配角，一个补充。你先上场。

☆ 问题来了：

1. 阅读完《海子诗全集》之后，摘抄若干首你最喜欢的诗作，整体谈谈你对海子诗歌的阅读感受。

海子，我永远的兄弟

王召强

我第一次读到海子的诗，是在大学图书馆的文科阅览室里，西川编写的那本厚厚的《海子诗全编》，躺在无人问津的角落里，和《顾城诗全编》《戈麦诗全编》《骆一禾诗全编》码在一起，于我而言，简直就是一个诗歌的“黄金王国”。

那时，我刚刚开始写诗，水平还停留在新诗初创的幼稚阶段，亟须阅读大量的优秀诗作，充实我的头脑，提升我的诗学品质，上海三联书店出版的这套“全编”丛书，一下子就吸引了我的阅读目光，让我很长时间都沉浸在阅读新诗的饕餮中。

在这套丛书中，“于我心有戚戚焉”的就是海子的诗，虽然海子比我年长 15 岁，但是其成长背景跟我们这些从农村考出来的学生很相似。对海子诗中的“村庄”和“麦子”，我有一种天然的亲切感，颇能领会其背后蕴含着的深层文化心理。从 60 后到 80 后，中国的乡村并没有发生太大的变化，我们其实还生活在同一种语境中。

记得当初我最喜欢的一首短诗，就是海子的《村庄》：

村庄里住着
母亲和儿子
儿子静静地长大
母亲静静地注视

芦花丛中
村庄是一只白色的船
我妹妹叫芦花
我妹妹很美丽

这首小诗很美，但是美得很自然，达到了“羚羊挂角、无迹可求”的艺术境界。像我这样有着深切农村生活体验的人，一下子就能体会出那种“静静地长大”的感受。相较于喧哗与躁动的城市，农村生活，尤其是到了傍晚，夜色渐渐向你围拢过来，那长存于天地之间的阒无一人的静寂，让人不知不觉地感觉到，时间正在慢下来。愈是静寂，愈是缓慢，你愈是觉得充实，世间万物都在生长，你也在生长。

我非常喜欢“芦花”这个意象，它就像《诗经》里的杨柳、《楚辞》中的兰芷、唐诗中的关山、宋词中的阑干一样贴切，恰如其分地出现在海子的这首诗中，与村庄构成了一幅完美的乡村图画，一阵秋风吹来，村庄就像一只小船，晃荡在芦花丛中，其实真正晃荡的却是那风中的芦花，让人不禁想起叶芝的诗集《苇间风》。

结尾两句堪称绝唱，我们知道，海子只有三个弟弟，没有妹妹，他总不能实写成“我弟弟叫芦花”，委实也太煞风景。一句虚拟的“我妹妹叫芦花，我妹妹很美丽”，就抒发了海子对故乡的深情厚谊。这美丽的芦花妹妹之于海子，不正如翠翠之于沈从文吗?

海子还有一首也名为《村庄》的短诗，比这首更短，我也煞是喜欢：

村庄，在五谷丰盛的村庄，我安顿下来
我顺手摸到的东西越少越好!
珍惜黄昏的村庄，珍惜雨水的村庄
万里无云如同我永恒的悲伤

放在唐诗里，这就是一首绝句；放在宋词里，这就是一首小令；比起日本的俳句来，它诗句更长，诗味更隽永。像“万里无云如同我永恒的悲伤”这种空灵辽旷的句子，真是二流诗人生造也造不出来的。海子却信手拈来，毫不费力地安放在最末一句，让你不得不诧异这是何等的天才!

木心在《醉舟之覆——兰波逝世百年祭》一文中，将诗人视作拥有“卓荦通灵，崇高的博识，语言的炼金术”之人。前两者且不必去说，但是“语言的炼金术”一项，海子就是一位当之无愧的大诗人。

可惜他一心想成为当代的歌德、但丁，渴望成为“太阳的一生”，年仅25岁就燃烧尽了自己的生命，令人扼腕叹息不已。倘使海子活到今天，就算他完不成“太阳七部书”，他的抒情短诗也一定蔚为大观。

在《疯狂的谱系》一书中，莫里斯·布朗肖指出：

> 在一些病人身上，一种形而上的深刻性似乎得到了揭示。一切都挥发了，仿佛在这些存在者的生命里，某种把他们暴露给战栗、恐惧和狂喜的东西，短暂地显露了自己。他们以一种无拘无束的方式，更加激情、更加绝对地过着他们的生活；他们更加自然，但同时，也更加疯癫，更加着魔。仿佛在狭隘的人类视野所限制的世界里出现了一颗流星，并且往往不等周围人意识到这幽灵的陌异性，着魔的存在就终结于精神错乱或把自己献给了死亡。

梵高、荷尔德林和海子都属于这种流星，他们都属于程蝶衣这种“不疯魔，不成活”的人，直到精神错落或者死亡。海子曾在《不幸——给荷尔德林》组诗中写道“血以后是黑暗——比血更红的是黑暗”，这句点题之笔，既表达了诗人对希望的怀疑，也表达了诗人对死亡的渴望，即使是代表着死亡的“血”过后，也不能迎来光明，依然会是“黑暗”。

这首诗写到这里本可以终止，但是海子还是要特意地点明一下主旨：向荷尔德林致敬！正如海子在这首诗的结尾深情地对荷尔德林说："我永久永久怀念着你/不幸的兄弟，荷尔德林！"我们也将会永久永久怀念着你，不幸的兄弟，海子！

2. 阅读完《海子，我永远的兄弟》，你认为王老师为什么称海子为"兄弟"？而且是"永远的"？这篇读后感有什么值得你学习的？还存在哪些缺憾？

七、阅读建议

先向大家推荐一本海子的传记，燎原的《海子评传》。"知其人，论其世"这种文学批评方法虽古老，但有时愈是古老，愈是管用。把那些海子都未必接触过的后现代批评理论生搬硬套在海子身上，还真未必合适。市面上流传的海子传记很多，但大多系小说家言，不足取信。唯独燎原所著《海子评传》一书有着扎实的实证功底和考辨精神，读之则茅塞为之顿开，颇有醍醐灌顶之效。例如关于海子的生日这种琐屑小事，他也不乏精细的考证。

再向大家推荐一本海子的诗选，即燎原编选的《海子时文选》。燎原在 2018 年 4 月编选过一部海子的诗文集，名为《神的故乡鹰在言语》，建议读者可以先从这部诗选读起。这部诗文集的名字取自海子的短诗《秋天》，燎原对这首诗评价很高，他认为："这首《秋天》无疑可视作当代诗歌中的名篇，它单调地执着于'秋天深了'这悲伤的一念而咕咕哝哝。"曾经有人将海子视作"诗歌英雄"，我觉得这个称号更适合昌耀，他在长达二十多年的流放生涯中所遭受的苦难，远非海子可以比拟。更适合海子的称号应是"诗人王"，虽然他生前未能获得任何荣誉称号，但是从他死后三十年来持久而广泛的影响力看来，他完全当得起"诗人王"这个称号。

八、相关链接

1. 如果希望深入系统研究海子，可以关注以下几本书：

◆ 崔卫平．不死的海子．北京：中国文联出版社，1999.

◆ 燎原．扑向太阳之豹——海子评传．海口：南海出版公司，2001.

◆ 高波．解读海子．昆明：云南人民出版社，2003.

◆ 余徐刚．海子传．南京：江苏文艺出版社，2004.

◆ 周玉冰．面朝大海　春暖花开——海子的诗情人生．合肥：安徽文艺出版社，2005.

◆ 悠哉．海子诗歌研究．天津：百花文艺出版社，2009.

2. 在熟悉海子的诗人中，我很看重骆一禾与西川，他们和海子被称为 20 世纪 80 年代"北大三大诗人"。以下两篇关于海子的诗歌讨论就分别出自骆一禾与西川，值得一读。

（1）骆一禾在《海子生涯》一文中最早揭示了“太阳七部书”的内在悲剧，这不只是海子生与死的关键，也是他诗歌的独创、成就和贡献：

“太阳七部书”的想象空间十分浩大，可以概括为东至太平洋沿岸，西至两河流域，分别以敦煌和金字塔为两极中心；北至蒙古大草原，南至印度次大陆，其中是以神话线索“鲲（南）鹏（北）之变”贯穿的。这个史诗图景的提炼程度相当有魅力，令人感到数学之美的简赅。海子在这个图景上建立了支撑想象力和素材范围的原型谱，或者说象征体系的主轮廓（但不等于“象征主义”），这典型地反映在《太阳·土地篇》（以《土地》为名散发过）里。在铸造了这些圆柱后，他在结构上借鉴了《圣经》的经验。这些工作的进展到1987年完成的《土地》写作，都还比较顺利。往后悲剧性大致从三个方面向“太阳七部书”合流。

海子史诗构图的范围内产生过世界最伟大的史诗。如果说这是一个泛亚细亚范围，那么事实是他必须与众多原始史诗较量。从希腊和希伯来传统看，产生了结构最严整的体系性神话和史诗，其特点是光明，日神传统的原始力量战胜了更为野蛮、莽撞的黑暗，酒神传统的原始力量。这就是海子择定“太阳”和“太阳王”主神形象的原因：他不是沿袭古代太阳神崇拜，更主要的是，他要以“太阳王”这个火辣辣的形象来笼罩光明与黑暗的力量，使它们同等地呈现，他要建设的史诗结构因此有神魔合一的实质。这不同于体系型主神神话和史诗，涉及一神教和多神教曾指向的根本问题，这是他移向对印度大诗《摩诃婆罗多》及《罗摩衍那》经验的内在根源。那里，不断繁复的百科全书型史诗形态，提供了不同于体系性史诗、神话形态的可能。然而这和他另一种诗歌理想——把完形的、格式塔式造型赋予潜在精神、深渊本能和内心分裂主题——形成了根本冲突，他因而处于梵高、尼采、荷尔德林式的精神境地：原始力量核心和垂直蒸晒。印度古书里存在着一个可怕的（也可能是美好的）形象：吠陀神。他杂而一，以一个身子为一切又有一切身，互相混同又混乱。这可能是一种解决之道又可能是一种瓦解。——海子的诗歌道路在完成史诗构想——“我考虑真正的史诗”的情况下，决然走上了一条“赤道”：从浪漫主义诗人自传和激情的因素直取梵高、尼采、荷尔德林的境地而突入背景诗歌——史诗。冲力的急流不是可以带来动态的规整吗？用数学的话说：两点之间的最短距离是直线。在这种情况下，海子用生命的痛苦、浑浊的境界取缔了玄学的、形而上的境界作独自挺进，西川说这是“冲击极限”。

海子的长诗大部分以诗剧方式写成，这里就有着多种声音，多重化身的因素，体现了前述悲剧矛盾的存在。从悲剧知识上说，史诗指向睿智、指向启辟鸿蒙、指向大宇宙循环，而悲剧指向宿命、指向毁灭、指向天启宗教，故在悲剧和史诗间，海子以诗剧写史诗是他壮烈矛盾的必然产物。正如激情方式和宏大构思有必然冲突一样。在他扬弃了玄学的境界的深处，他说了“元素”：一种普洛提诺式的变幻无常的物质与莱布尼茨式的没有窗户的、短暂的单子合成的实体，然而它又是“使生长”的基因，含有使天体爆发出来的推动力。也就是说，海子的生命充满了激情，自我和生命之间不存在认识关系。

这就是 1989 年 3 月 26 日轰然爆炸的根源。

（2）西川在《死亡后记》中曾经谈到所谓的“荣誉问题”：

追求荣誉是所有伟大人物的通病。我想海子也不是一个被社会承认毫无兴趣的人。但和所有中国当代诗人一样，海子也面临着两方面的阻力。一方面是社会对于诗人的不信任，以及同权力结合在一起的守旧文学对于先锋文学的抵抗。这不是一个文学问题而是一个政治问题。另一方面是受到压制的先锋文学界内部的互不信任、互不理解、互相排斥。海子生前（甚至死后）可谓深受其害。尽管我们几个朋友早就认识到了海子的才华和作品的价值，但事实上 1989 年以前大部分青年诗人对海子的诗歌持保留态度。诗人 AB 在给海子的信中就曾批评海子的诗歌“水分太大”。1988 年左右，北京有一个诗歌组织，名为“幸存者”。有一次“幸存者”的成员们在诗人 CD 家里聚会，会上有诗人 EFG 和诗人 HI 对海子的长诗大加指责，认为他写长诗是犯了一个时代性的错误，并且把他的诗贬得一无是处（海子恰恰最看重自己的长诗，这是他欲建立其价值体系与精神王国的最大的努力。他认为写长诗是工作而短诗仅供抒情之用）。1987 年，海子到南方去旅行了一趟。回京后他对骆一禾说，诗人 JK 人不错，我们在北京应该帮帮他。可是时隔不久，海子在一份民间诗刊上读到了此人的一篇文章，文中大概谈及：从北方来了一个痛苦的诗人，从挎包里掏出上万行诗稿。这篇文章的作者评论道：“人类只有一个但丁就够了。”“此人（指海子）现在是我的朋友，将来会是我的敌人。”海子读到这些文字很伤心，竟然孩子气地跑到一禾处哭了一通。这类超出正常批评的刺激文字出自我们自己的朋友实在有些说不过去，因为几乎在同时，北京作协在北京西山召开诗歌创作会议，会上居然有人给海子罗列了两项“罪名”：“搞新浪漫主义”和“写长诗”。海子不是作协会员，当然不可能去参加会议，于是只有坐在家里生闷气，而对于那浅见蠢说毫无还击之力。在所有这些令人不解和气愤的事情当中，有一件事最为恶劣：海子生前发表作品并不顺畅，与此同时他又喜欢将写好的诗打印出来寄给各地的朋友们，于是便有当时颇为著名的诗人LMN整页整页地抄袭海子的诗，并且发表在杂志上，而海子自己都无法将自己的作品发表。后来，此人欲编一本诗集，一禾、海子和我便拒不参加。

看似寻常最奇崛

——走进汪曾祺的《人间有味》

设计者：陈慧炜（宁波诺丁汉大学附属中学）

QQ：275909973

一、导语

如果你觉得生活平淡无奇、索然无味，不妨读一读汪曾祺，他会让你觉得生活可以活色生香、多彩有趣；如果你正处于低谷，焦躁不安、无法宁静，不妨读一读汪曾祺，他会让你淡然释怀，坎坷也能云淡风轻；如果你是一个吃客老饕，如果你是个民俗爱好者，你更应该读一读汪曾祺，他会带你尝遍四方美食，体验不一般的民俗风情！翻看这本关于美食与爱的散文集，那些草木虫鱼、瓜果蔬菜、山水风景、人情往事，行云流水般道来，留一抹清香涤荡心怀。

读罢，你定会感叹：活着，多好呀！

☆ 问题来了：

1. 你曾读过汪曾祺的哪些作品？最喜欢哪一篇？

2. 你对汪曾祺其人其文有哪些印象？

二、关于作者

汪曾祺（1920—1997 年），江苏高邮人。中国当代作家、散文家、戏剧家、京派作家的代表人物。被誉为“抒情的人道主义者”“中国最后一个纯粹的文人”“中国最后一个士大夫”。他是能在枪林弹雨中谈笑风生、劳动改造中以苦为乐的乐天派，他是将口腹之欲和高雅文学融为一体的吃客老饕，他是中国现当代作家群中以小文章而见大气候的“平民作家”。他热爱生活、亲近生活，是儿女口中的“可爱的好老头儿”！他，永远对生活怀有赤子之心：“一定要爱着点儿什么，恰似草木对光阴的钟情。”

☆ 问题来了：

1. 知人论世，是文学阅读的基本方法。汪曾祺的一生，足迹所及，不可谓不广泛，历世变幻，不可谓不丰富。查找资料，绘一张汪曾祺生平年表或足迹路线图，走近作者，走进作品。

2. 罗兰·罗曼说："世上只有一种英雄主义，就是在认清生活的真相之后，依然热爱生活。"汪曾祺就是这样的英雄。他说："我当了一回右派，真是三生有幸。要不然我这一生就更加平淡了。"汪老一生遭遇过哪些磨难？为何会有如此达观的人生态度？

三、内容解析

辑一：四方好食。该辑尽写吃食，长在记忆里的故乡味道，时时回味的昆明美食，充满市井气息的北京风味……四方美食，满口噙香，回味悠长。

辑二：至味在人间。汪曾祺不仅以充满色香味的文字为世人烹就了一席丰盛的散文盛宴，更是于看似平淡的美食散文中渗透了许多历史文化知识，不仅滋养身体，更能丰富心灵。

辑三：吾家小史。该辑介绍了家乡高邮以及亲人亲情。这座独特而又诗意的江南水乡，让汪曾祺的悠悠乡愁浸润着水色；一个浪漫和谐的士大夫家庭，孕育了汪曾祺诗一般的审美情趣和士大夫的温情。

辑四：那时巷情。该辑叙写了高邮的巷口印象、北京的胡同剪影、云南的茶馆风情，以及对师友的深情回忆。

☆ 问题来了：

1. 汪曾祺是一位活在人间烟火中的平凡享受者，又是一位有着超常品味力的美食家。他自称是一个“有毛的不吃掸子，有腿的不吃板凳，大荤不吃死人，小荤不吃苍蝇”的人，丰富的人生阅历让他吃遍大江南北。尝试梳理书中提及的各地美食，概括汪老所爱的美食都有着怎样的特点。

2. 汪曾祺说：“风俗是一个民族集体创作的生活的抒情诗……风俗中保留一个民族的常绿的童心。”当一切味蕾的感受，附着了历史的氛围和文人的想象，便让人觉着这吃，也是有“格”的。在阅读过程中记录汪老在这些散文里展示的地方风俗、历史文化，留下你最深刻的印记。

3. 辑三“吾家小史”记录了汪曾祺的亲人，其中《我的祖父祖母》《我的父亲》《多年父子成兄弟》诸篇为我们呈现了汪氏父子独特的相处模式。读完后，请你思考：汪氏父子为何能成兄弟？你如何看待你与父母之间的关系？

4. 汪曾祺的儿女们在父亲去世后写了一本书怀念父亲，书名是《老头儿汪曾祺：我们眼中的父亲》。你觉得他为何会成为儿女们口中“可爱的好老头儿”？

5. 结合阅读体会，及对作者生平的了解，尝试探究：汪曾祺为何会被誉为“抒情的人道主义者”“中国最后一个纯粹的文人”“中国最后一个士大夫”？

四、艺术鉴赏

汪曾祺先生的散文，可以说风格独具，在文坛上卓然一家。他没有宏大的叙事，没有华丽的辞藻，也没有精致的结构，写的是家长里短，抒的是人之常情。很少用修辞手法来润色自己的散文，却传递给读者闲情逸致的诗意享受，因此，他被誉为语言艺术大师。冯唐评价汪曾祺的作品如“明末小品式的文字，阅读时开窗就能闻见江南的荷香”。读这本小集子，你也一定会有这样的感受，有如慵懒午后端一杯浓茶细数阳光般的惬意与舒适。

☆ 问题来了：

1. 看似平常的字词，实则精挑细选，需细细咂摸，方能品出其中味道。例如《五味》中关于吃臭熟了的苋菜杆的一段描写：“外皮是硬的，里面的芯成果冻状。噙住一头，一吸，芯肉即入口中。这是佐粥的无上妙品。我们那里叫作‘苋菜秸子’，湖南人谓之‘苋菜咕’，因为吸起来‘咕’的一声。”“果冻”二字的比拟，无论从颜色、形状还是口感，都无比贴切，一“噙”一“吸”，让人食欲大振，最后“咕”的一声，形象无比，让人不禁笑出声来。书中诸篇散文里是否也出现了如此传神的字词？记录几例，试作赏析。

2. 李陀在《道不自器，与之圆方》中评价汪曾祺的语言："把白话'白'到了家，然后又能把充满文人雅气的文言因素融化其中，使二者在强烈的张力中达到和谐。"哪些篇目让你感受到了汪曾祺散文"文白相间"的风格？他是通过哪些方法来体现这种风格的？请举例说明。

3. 简陋的物质与浪漫相关，日常的天空、花草、湖风与诗意童话相连，这是汪曾祺的生活情趣，他用一个个精选的意象创设了一个个别样的审美意境。请摘录几处你觉得最经典的诗意片段，仔细揣摩，学习汪老的抒写技巧。

4. 汪老的抒情是平铺直叙的，却是至情走心的。他的文字里，有一捧温暖的人间烟火，满溢着对逝去时光的深切怀念，和对故园乡土的难舍情结。当你沉潜其中，总是会猝不及防地被他煽一把情。整本书中哪一篇最让你感动？哪个细节最让你印象深刻？你有没有从中找寻出让文字打动人的秘方？

五、争鸣商榷

自汪曾祺第一本散文集《蒲桥集》出版以来，他的散文便成功进入了读者的视界。1997 年汪曾祺谢世之后，学界对他的研究更为深入，每年都有几部作品出版，销量出乎意料的好。他是个去世后出版作品量远超生前的作家，读者群体涵盖老中青三代。汪曾祺散文不外乎记人事和风物小品两类。他在《蒲桥集》的封面上自述："记人事、写风景、谈文化、述掌故，兼及草木虫鱼、瓜果食物，皆有情致。娓娓而谈，态度亲切，不矜持作态。文求雅洁，少雕饰，如行云流水。春初新韭，秋末晚菘，滋味近似。"他自撰的广告语鲜活地道出其散文的个性风范。

人们对其散文的评论，也形成了一种持续的热现象，摘录几则如下：

中央电视台高级编辑、《舌尖上的中国》总导演陈晓卿：我心目中最好的美食文章是汪曾祺留下的，汪先生本身是个作家，美食写得并不多，但每一篇都可以反复读，有味道。汪先生做人有士大夫的特立独行气质，写文章更能把中国文字调动到极致又不做作。最重要的，他只记述美食，不讲道理。

王子瑶《论汪曾祺散文的"三味"》：在汪曾祺的散文中，看似平常、单调的故事折射出的是他对生活的细致观察，对中国传统文化的深沉热爱，对儒家思想的内化外行。汪曾祺的散文浑朴自然而又雅俗共赏，体现着浓厚的人文情怀。

文学评论家李建军：汪曾祺淹通古今，知悉中外，出而能入，往而能返，最终还是将自己的精神之根，深深地扎在了中国传统文化和中国古典文学的土壤里，使自己成为一个纯粹意义上的中国作家，用真正的汉语，写出了表现中国人特有的情感和气质的作品，形成了具有中国格调的成熟的文学风格和写作模式。

作家铁凝：汪曾祺先生总让我想到母语无与伦比的优美和劲道。……一个通身洋溢着人间烟火气的真性情的作家，方能赢得读者发自内心亲敬交加的感情。这又何尝不是一种境界呢。能达此境界的作家为数不多，汪老当是这少数人之一。

作家李陀：汪曾祺除了从民间的、日常的口语中寻求语言资源之外，还非常重视从古典汉语写作中取得营养。……很明显，文言写作对“文气”的请求被汪曾祺移入白话写作中，且了无痕迹。但“痕迹”非常明显的以文言直接入白话的做法，他也不忌讳，非但不忌讳，相反，大张旗鼓……文言成分和白话成分水乳交融，自自然然，一点不牵强。

学者郜元宝：20 世纪 80 年代以来，语言问题渐渐为中国文学界所重视。始作俑者，当推汪曾祺。……我觉得现在应该换一种方式思考文学和语言的关系：不是把语言纳入文学中去思考，而是像汪曾祺那样，反过来把文学纳入语言中去思考，看看我们的文学究竟处在汉语现代性转变的何种位置上，看看汉语的现代转变究竟怎样从根本上制约着我们的文学写作。

文学评论家王干：汪曾祺……将现代性和民族性成功融为一体，将中国的文人精神与民间的文化传统有机地结合，成为典型的中国叙事、中国腔调。……汪曾祺对中国文坛的影响，特别是对年轻一代作家的影响是巨大的。在风行现代派的 20 世纪 80 年代，汪曾祺以其优美的文字和叙述唤起了年轻一代对母语的感情……让年轻的人重新树立了对汉语的信心。

与此同时，也有一些不同的声音，有些评论家批评其散文格局不够大气：

於可训《近十年“文化散文”创作评述》：如汪曾祺的写老北京、贾平凹的写商周等。这些散文虽然也具有“文化散文”的一些基本特征，但因为格局较小，或与统一作家创作的笔记小说相类，因而又缺乏“文化散文”作为一种“大散文”所应有的艺术气魄和文体特征。

徐蕊《浅谈汪曾祺散文的特点》：他在散文中避开宏大的事物的思考、滤掉生活经历中的丑，避重就轻，使他散文中显示的人生有一种笑而却之的退缩，也缺少了一份峥嵘血性之感，这是必须承认的局限性。

张延国《古今〈桃花源记〉〈岳阳楼记〉之比较——兼及汪曾祺散文的意义和限度》：但在中国文学史这个更大的坐标中，汪曾祺的同题散文又似乎昭示出自身的一些局限性——过于的平淡、细碎，境界过于狭小。

对此，汪曾祺自己也有一番说法：我的作品缺乏崇高的、悲壮的美。我所追求的不是深刻，而是和谐。这是由一个作家的个人气质所决定的，不能勉强。

另外，散文中的诸多重复现象也引来了各方质疑：

奚巍鸣《汪曾祺的“重复”》：一位惜墨如金、文字精练的老作家，在题材、内容、情节、细节，直至文字上一再重复自己，这实在令人遗憾而惋惜。退一步说，如果他在结集出版时，把重复的篇目、内容、文字，加以删改，也可以弥补一下，可惜他对此忽视了。

吴凡《透视汪曾祺散文重复现象》：然纵观汪曾祺的散文创作，我们不难发现“重复”始终是隐含在各集背后的关键词。汪氏散文呈现在题材、情节、语言中大大小小的重复已然形成一种可观规模，令人难以忽视其存在。

☆ **问题来了：**

评论上的百家争鸣恰恰反映了汪曾祺创作的影响之广。读了本书，你一定形成了自己的印象和判断，面对上述专家和学者的评论，你对汪曾祺散文有何评价？

六、学以致用

汪曾祺先生的散文，既有生活的气息，又脱离了尘世的俗气；既有难以割舍的故园乡愁，又有闲适恬淡的诗意人生。他将日常生活的体验上升为审美的愉悦，给人以美的享受。繁华浮躁的物质世界里，很需要读一读汪曾祺。

书本封面上的两行小字“至味在人间，日日有小暖”，是对这本散文集最好的精神诠释。

☆ 问题来了：

读完本书之后，你或许会对自以为庸常的人生有了新的认识，或许对人生的困境有了不同的视角，又或许开始思考文章创作中可以挖掘的技巧……从自己最有感触的角度出发，写一篇完整的读后感。

七、阅读建议

在当代文坛上，汪曾祺的作品是以语言特色而著称的，可以说是“淡而有味”，他的散文由日常生活生发到深刻的精神世界，反映了京派散文的文化韵味。

很多同学或许能感觉出其平淡有味，但往往难以具体说出什么味、为什么有味来。

在阅读时，建议先读第三辑“吾家小史”，对汪曾祺其人其家有个大致的了解，喜欢上汪曾祺其人，读起他的文章来，便会更有味道。阅读散文时多关注汪曾祺先生的语言表达技巧，圈点勾画一些让你赏心悦目的语句，做好批注，学习如何让语词生花；学习汪曾祺于平淡生活中发现美好诗意的敏感，培养自己对生活的热情，增强对诗意生活的感受力。甚至，你可以尝试参考汪曾祺的美食文字，烹一道佳肴；可以循着他的高邮、昆明及北京地图，探访他走过、看过的风景；可以寻一种家常味道，学着他的语调，写一篇色香味俱全的美食佳文，由此开启自己的美好人生之旅。

八、相关链接

如果你感动于汪曾祺的文字，那么就去全面地读一读他的散文集吧，还有很多的精彩未能在本书中领略，还可读一读他的小说，他的小说也充满了诗意气质；如果你对汪曾祺的生平经历感兴趣，可以去翻一翻《汪曾祺文学年谱》；如果你对汪曾祺这个如此热爱生活的人感兴趣，你还可以读一读三个儿女所著的《老头儿汪曾祺：我们眼中的父亲》，从中更具体地了解这个爱家、爱小孩、爱写作、爱画画、爱做饭但又有点小缺点的本真可爱的汪曾祺；如果你想进一步了解汪曾祺的文风渊源，那么，去读一读他的老师沈从文吧！

扶轮问路　叩击心魂

——走进史铁生的《我与地坛》

设计者：章萍莉（浙江省三门中学）

微信：zhang13586222012

一、导语

二十一岁忽地残废了双腿，生命被囚禁在逼仄的轮椅上，他说“面对限制和由此而来的痛苦，我必须想透”。史铁生先生的写作根植于自我的生命体验，进而思索人生困境，追问生命意义，在被局限的现实存在中开拓了浩瀚深邃的精神世界，矗立起当代文学的一座高峰。

☆ 问题来了：

1. 你了解史铁生先生吗？你会用什么形容词来形容他？身残志坚？坚忍不拔？积极乐观？哦，不！除了这些，还有其他的形容词吗？

____

____

2. 你喜欢阅读散文吗？读过哪些作家的散文？喜欢散文优美的语言、新奇的意象、蕴含的深意还是其他？分享一下吧！

二、关于作者

史铁生（1951—2010 年），1951 年出生于北京，1967 年毕业于清华大学附属中学，1969 年去延安一带插队。因双腿瘫痪于 1972 年回到北京。后来又患肾病并发展到尿毒症，需要靠透析维持生命。自言“职业是生病，业余在写作”。几十年来他与疾病顽强抗争，在病榻上创作出了大量优秀的文学作品，一生获奖无数。其中《我的遥远的清平湾》《奶奶的星星》分获 1983 年、1984 年全国优秀短篇小说奖。另外，散文《我与地坛》《病隙碎笔》等作品也广受好评。

☆ 问题来了：

填一填：对比作者简介，你能完成下面这张表格的填写吗？

时期	人生经历	对应篇章
童年时光	经历“文革”	《记忆与印象》
延安插队		
二十一岁		
瘫痪之后		

三、内容解析

《我与地坛》这部散文集选取了《我与地坛》《记忆与印象》《秋天的怀念》《合欢树》《黄土地情歌》等史铁生极为经典的散文。2002年华语文学传媒大奖杰出成就奖给予了史铁生这样的授奖词："他的写作与他的生命完全同构在了一起，在自己的'写作之夜'，他用残缺的身体，说出了最为健全而丰满的思想。他体验到的是生命的苦难，表达出的却是存在的明朗和欢乐；他睿智的言辞，照亮的反而是我们日益幽暗的内心。"在这本散文集中，我们便能了解到史铁生源于自身的生存困境开始思索生与死进而追问人类命运的前途和终极价值的个人精神历程，并由此观照自己的个体生命价值，明澈自己的心灵世界，让我们追随那博大睿智的心魂开始一次灵魂的漫游吧！

☆ 问题来了：

1. 在《我与地坛》这篇散文中作者提到"十五年前的一个下午，我摇着轮椅进入园中，它为一个失魂落魄的人把一切都准备好了"，结合《我二十一岁那年》一文，你觉得失魂落魄是怎样的处境和心境？如果是你在"活到最狂妄的年龄上忽地残废了双腿"，你会做怎样的选择？

____

____

____

____

2. 史铁生扶轮问路，无限的悲怆与“有情”，在《我与地坛》《我二十一岁那年》《秋天的怀念》《扶轮问路》等篇章中，有或温暖或忧伤或沉静或热烈的画面，你阅读时脑海中有没有浮现出那些清晰的画面？可以给文章配一张插图吗？画出史铁生心中给他温暖和力量的永难磨灭的身影。

3. 从“我终日躺在床上一言不发，心里先是完全的空白，随后由着一个死字去填满”到“死是一件不必急于求成的事，死是一个必然会降临的节日”，史铁生经历了怎样痛苦的挣扎和有价值的思考？他靠什么从绝望走向了新生？哪些细节表现了这个过程？

4. “在我的小说第一次获奖的那些日子里，我真是多么希望我的母亲还活着。”仔细体会，当时的“我”和现在的“我”对母亲的认识发生了怎样的变化？如果母亲还活着，“我”想对母亲说些什么？而母亲想对“我”说些什么？

5. 当你阅读《记忆与印象》时，是不是回忆起了自己的童年，你的童年中也有“八子”和“可怕的孩子K”吗？或者你就是其中的一个，如“可怕的孩子K”、恐惧的“我”、独特的“八子”？而现在的你又是其中的哪一个呢？

6. 七岁的小姑娘M因为说了“我是毛主席”而被孩子们戴上“反动”的帽子，一家人听得胆战心惊；多才多艺充满热情的B老师因为新年演节目扮成圣诞老人说“我给你们送来了共产主义的宏伟蓝图”而被定了一条大罪；小恒满面泪痕地走到他妈妈跟前，接过红卫兵的皮带抽打跪在院子中央的妈妈……《记忆与印象》中记述了许多让我们感到心痛而悲哀的故事。你如何理解那段历史？史铁生反思这段历史的价值在哪里？

四、艺术鉴赏

在《我与地坛》这本散文集中，史铁生将其对人生宇宙的理解巧妙编织成一个个文学意象，借与读者真挚的对话，在宏观时空与微观时空的交织中，用生动形象的图景传达其抽象深奥的哲思，用丰赡华美的文字传递深沉的情感。他用残疾的身躯书写了一个健全甚至是伟大的灵魂。著名哲学家周国平曾说过："我甚至觉得，史铁生的存在是中国当代文学的幸运。他是一个天生的哲人，不依靠概念，仅仅凭借自己的悟性便进入了几乎一切最深刻的人生问题。"因此，史铁生追叙自己心路历程的散文处处闪烁着睿智的哲理之光。让我们一起来探寻史铁生的艺术世界吧。

☆ 问题来了：

1. 意象。文学意象是文学审美的重要对象。史铁生散文中承载着深远意味的意象表现了其深邃的思考和复杂的情感，因而意象呈现出多层性意义，言有尽而意无穷。譬如"地坛"这个意象，就有多重含义：第一层含义是一座废弃的古园，虽然荒芜但并不衰败；第二层含义是"有过我的车辙的地方也都有过母亲的脚印"，地坛深藏着母亲对儿子的深情；第三层含义是"因为这园子，我常感恩于自己的命运"，地坛启迪我智慧，是我的精神凭依；第四层含义是地坛见证了时光流转、人世变迁，它是宇宙的一个缩影。你还能在作品中找出两个其他具有丰富含义的意象吗？试着分析其含义。

2. 对话。“要是今生遗憾太多，在背运的当儿，尤其在背运之后情绪渐渐平静了或麻木了，你独自待一会儿，抽支烟，不妨想一想来世。你不妨随心所欲地设想一下（甚至是设计一下）自己的来世。你不妨试试。”当你看到这样的文字，特别是你在经历挫折，心情沮丧的情境中，是不是感觉到很温暖，很亲切？作品中这样的对话很多，请找出几处相关语句，用心体会这些对话在叩击心灵、触动你最敏感的那根神经中的特殊作用。

3. 语言。郜文龙教授评价史铁生的语言“语出惊人，并不表现为壮怀激烈与慷慨陈词，他总是很平静甚至很低调地写一些平实的文字，然后让你大吃一惊。正如有人用近乎耳语的声音，宣布与大伙性命相关的消息，并不因为其音量小而被忽视”。在你阅读的过程中，在让你感到大吃一惊的时候、诗意盎然的时候、情难自已的时候，细细品味，作者是怎么表达的？是动词、形容词、叠词、拟声词等词汇超常运用的效果，还是疑问、设问、反问等多种句式创新组合的效果，抑或是拟人、比喻、排比等多种修辞精心编织的效果？怎么做到的？一起来寻找语言花园中的点石成金的魔法吧！

4. 时空。“我坐在河边，想着母亲曾经就在这儿玩耍，就在这儿长大，也许她就攀过那棵树，也许她就戏过那片水，也许她就躺在这片草丛中想象未来，然后，她离开了这儿，走进了那个喧嚣的北京城，走进了一团说不清的历史。我转动轮椅，在河边慢慢走，想着：从那个坐在老槐树下读书的少女，到她的儿子终于来看望这座残破的宅院，这中间发生了多少事呀。”通过想象，把历史与现实、母亲和儿子、苦难与希望完美地融合到一个时空交错的画面中，表达了一种洞穿人心的审美期待。请找出类似的片段，体会文中的思想情感内涵。

5. 哲理。史铁生走上写作之路，本是为了质疑命运的不公，叩问活着的意义，他思索探讨的都是关乎人类生存最为根本的问题，如苦难、困境、命运、灵魂、信仰等。史铁生追叙自己心路历程的文字处处闪烁着睿智的哲理之光，这些深刻而隽永的语言应该在我们的生活中一遍又一遍地重逢，你有读到特别喜欢的句子吗？你可以制作一些书签，写上《我与地坛》中喜欢的句子，珍藏或者赠予他人，真是一件非常美好的礼物。

6. 比较。如果把史铁生先生的散文与汪曾祺先生或者你熟悉的其他散文家的作品相比，你觉得史铁生先生的散文有哪些独具匠心之处？

五、争鸣商榷

陈堂君《在宿命论的圈子里求得安慰——谈〈我与地坛〉的人生感悟》：史铁生在《我与地坛》中，试图通过对自己残疾以后的心理历程的回忆与自省，坦诚地表达“我”对人生的感悟。这种以真实的身份投入作品之中，打破抒情、议论与叙事、写景的间隔，以思辨为主导又自始至终饱含深情的写法，向人们提供了散文写作的新的可能性，是十分宝贵的。但有一点美中不足，那就是作者在人生感悟中刻意流露的宿命论思想。

邓晓芒《希望站到死中去看生》：史铁生的残疾，使他看清了人的命运的悲剧性和残酷性，甚至荒诞性。这个没有道理可讲，为什么我就突然残废了，那么多人没有残废，唯独是我？我为什么就这么倒霉？没有道理，想不通。然后他站在务虚的层次上，悟到了其实残疾是人类的普遍命运，还有比我更惨的；或者说哪怕是比我更好的、更强的，他也有他的局限性，也有他的限度，都只是残疾的程度不同而已。但是所有这些人不管你相对来说如何受到命运的支配，当你眺望神的时候，你可以“扼住命运的咽喉”——这是贝多芬的一句名言，你可以掌握命运。命运虽然决定了你，但是你一旦起来发挥自己的自由意志，你就可以利用它来干你自己的事情，你就可以拿你既定的命运干一件自己想干的事，这就是文学和艺术。在这样一些行为之中，在这样一番事业之中，命运成为你自己作品的材料。你必须有命运，必须有材料，不是说我写作，我的音乐、我的艺术凭空就能够产生出来，达到自己的高度。而是面对命运，我怎么对待它，在战胜和支配命运时才会产生出作品，产生出写作。而命运在你的写作中就成为了你的作品的材料，命运在这种意义上倒成了你的创作不可缺少的了。

匿名网友1：史铁生的内在性似乎就止于他自己。他当然有这样做、这样写的权利，但就一个作家而言，这是不完整的。因为生命是个人的也是社会的。还因为写作的前提是，养育了他并给了他书写之一切的，也有社会的一份份额，他只要还没有遁入山林，就应在内修自省的同时，相应地有一份外在的社会责任。

匿名网友2：史铁生自述“我是完全按照心里想的写。其实我的写作，用最简单的话说，就是我对生活总是有疑问，这个疑问一直也没有解除。尤其是二十一岁插队回来，坐到轮椅上，就觉得生命对我是一个冤案，这冤案好像还不能翻，然后我想，蒙此冤者大概都会要想些事”。史铁生笔下没有轰轰烈烈的社会事件，而是深入生活中人们的内心；他关注残疾人，但并不过多写他们生存的艰难，更多的是关注他们的心灵。尽管他当初确实是为了解决自己对生命的疑问而写作，但是在整个精神探索历程中他从残疾的自我关注到对残疾群体的关注直至关注“人的残疾”，思想日趋深广悠远，其对人类共同命运的探索和对生命终极意义的追问已经是给予世人不同凡响的创造，已经矗立于人类精神高地，怎么能说史铁生的创作没有承担社会责任呢？

☆ **问题来了：**

1. 在《我与地坛》中，有这样一段文字："于是就有一个最令人绝望的结论等在这里：由谁去充任那些苦难的角色？又由谁去体现这世间的幸福、骄傲和快乐？只好听凭偶然，是没有道理好讲的。就命运而言，休论公道。"通读整本书之后，你觉得史铁生的命运观是宿命论吗？为什么？

____

____

____

____

2. 关于网友对史铁生写作意义的争论，你觉得史铁生的写作过于自我因而比较狭隘吗？为什么？

____

____

____

____

六、学以致用

"生病的经验是一步步懂得满足。发烧了，才知道不发烧的日子多么清爽。咳嗽了，才体会不咳嗽的嗓子多么安详。刚坐上轮椅时，我老想，不能直立行走岂非把人的特点搞丢了？便觉天昏地暗。等到又生出褥疮，一连数日只能歪七扭八地躺着，才看见端坐的日子其实多么晴朗。后来又患尿毒症，经常昏昏然不能思想，就更加怀恋起往日时光。终于醒悟：其实每时每刻我们都是幸运的，因为任何灾难的前面都可能再加一个‘更’字。”你是不是也抱怨过命运不公？为什么有的人生来聪明漂亮而你不是太黑就是太矮？为什么别人的父母高高在上而你的父母庸庸碌碌？为什么别人的生命之旅精彩纷呈而你的人生之路磕磕绊绊？上帝是不是太不公平？那去哪儿寻找好运？

☆ 问题来了：

1. 对于世界来说，人世间本来就由幸福和苦难构成，没有了苦难也就等于没有了世界，没有了人间戏剧。“怕是人间的剧目就全要收场了，一个失去差别的世界将是一潭死水，是一块没有感觉没有肥力的沙漠。看来差别永远是要有的。”在接受苦难的基础上还能有所超越吗？这本书读完之后，你是不是对生命与生活、痛苦与幸福、奋斗与挫折有了新的感想？写下来吧！

2. 读完整本书之后，你觉得有没有走进史铁生的精神世界？如果要为史铁生先生创建一个纪念馆，你会如何设计展厅？你会写下怎样的“前言”？你会设计一个怎样的人物塑像？

七、阅读建议

第一阶段：初读与感悟。通读《我与地坛》整本书，选择自己喜欢的篇章、段落朗读，或高声朗诵，或喃喃细语，史铁生先生的散文意象优美、意蕴丰厚，自读可以先从朗读中的音韵与节奏走进一个引人入胜的艺术花园，叩开史铁生先生的精神世界之门扉，感性地亲近为下阶段的理性细读做准备。

第二阶段：细读与分享。撰写“我最喜欢的一篇”。在最喜欢的篇章中，做批注：文章的主旨句、触发沉思的句子、有疑问的句子、表达新颖的句子等。借鉴上文导读的角度，从作品思想感情或审美价值方面予以分析，也可以制作演示文稿，可以写成一篇读书笔记，与班里同学分享或者与老师探讨。

第三阶段：研读与写作。“阅读”是走进作者心灵，“写作”是表达自我思想，以“写作”促使“阅读”深入通透，使阅读真正滋养自己的心魂。确定一个探究的主题，例如史铁生的“生死观”“幸福观”“命运观”等，或者史铁生散文的修辞特色、语言风格、结构技巧等。围绕某个主题，选择与此主题有关的篇章进行相似性研究，条分缕析，总结出自己的观点，专家关于史铁生作品研究的学术论文，可供相互印证。

八、相关链接

1. 通过《我与地坛》的阅读，如果你很喜欢这本散文集，可以到网上搜索、观看相关视频和音频，还可以看到明朗欢乐的史铁生先生哦！

- 梁文道讲解《我与地坛》：我们所有人都是残疾的
- 品读《合欢树》
- 电视诗歌散文《我与地坛》
- 书香北京《史铁生：从未走远》

2. 阅读完《我与地坛》整本书，想不想读一下史铁生的小说？想不想具体了解一下史铁生一生的经历？想不想专业赏析一下史铁生作品的语言特色？可以读一读以下几本著作。

- 史铁生．我的遥远的清平湾．北京：新华出版社，2010.
- 叶立文．史铁生评传．郑州：河南文艺出版社，2018.
- 鄢文龙．颠覆与超越：史铁生文学作品的修辞化生存．广州：暨南大学出版社，2015.

风无形而可扶

——走进贾平凹的《自在独行》

设计者：王静（浙江省镇海中学）

QQ：718190502

一、导语

品万物情怀，论天地人心，或妙想迁得，或穷极物理，有俗世的智慧，亦有生活的趣味，这是一位自在独行者的四十年文字精粹，致每一位生命的行者。你我皆是生命的独行者，打开这本书，在心弦共振时细味生命的豁达，找到生活的力量，收获心灵的自在。

☆ 问题来了：

1. “万物有大美”，你体察过身边一石一木、一街一巷的“大美”吗？

____

____

____

2. 孤独是生命的常态，你希望从这本书中获得哪些“自在独行”的智慧？

二、关于作者

贾平凹，陕西丹凤县人，当代著名作家，被誉为文坛“鬼才”。1992 年创刊《美文》，现任《美文》杂志主编、陕西省作家协会主席、中国作家协会副主席等职。出版各种体裁的文学作品近八十部，著有《贾平凹文集》二十卷。其中，《满月儿》获首届全国优秀短篇小说奖，《爱的踪迹》获首届全国优秀散文（集）奖，《浮躁》获美国第八届美孚飞马文学奖，《废都》获法国费米那文学奖，《秦腔》获首届世界华文长篇小说“红楼梦奖”和第七届茅盾文学奖。

☆ 问题来了：

1. 贾平凹为什么被誉为“鬼才”？你知道这个称号的由来吗？

2. 贾平凹在小说和散文两个领域都有辉煌的成就。《美文》

创刊之初，贾平凹就提出了“大散文”的概念。你了解这一散文观以及它的影响力吗？

____

____

____

3. 2001 年《美文》创办下半月刊，刊发中小学生创作的优秀散文作品。据不完全统计，有十五篇中学生作品被收入国家全日制中学语文课本和读本。你喜欢阅读这本杂志吗？你是否也产生过创作的冲动？

____

____

____

三、内容解析

第一章“孤独地走向未来”：回忆儿时的苦难岁月，感慨中年的人生际遇，以“我”的生命历程为主线，串联起一系列真实的生活痕迹；第二章“默默看世界”：看闲人、弈人、名人、长舌男，谈朋友、孩子、房子、生老病死，通过二十多篇“说话体”散文，解剖世间人生百态；第三章“独自走一走”：描摹家乡的人情风俗、世事变化，开掘特定地域文化心理、历史性格，探寻“大地的灵魂”，获得自在生命的文化支架；第四章“独处的安宁”：一琴一笛，一树一石，皆有灵性，在独处中感悟万物的情怀，为自己创造一个心绪愉快的环境，少一点俗气，多一点自在；第五章“自在的禅意”：行走于天地之间，以世界万物为镜来映照自己的情思，从一颗星星、一场风雨、一棵桃树中，参悟生命自在的禅意。

☆ 问题来了：

1. 在《孤独地走向未来》中，作者写了哪些让你感到温暖的生活场景？回望滋育自己成长的苦难，作者感悟到了什么？阅读他的经历，你获得了哪些生命经验？

2. 作者对世俗人性的观察细致入微，理解独特精妙。你觉得《默默看世界》中哪些语句特别精辟透彻？请结合现实谈谈你的体会。对于人性的阴暗，作者是以何种心态来观照的？对你有何启发？

3.《秦腔》《商州又录》《黄土高原》《五味巷》《走三边》等地域文化散文，体现了作者散文创作的大格局、大气度。作者说过，“我所用的材料都是真实地从生活中长出来的”，而且“这些材料一定要有中国文化的特点”。阅读这些文章时，你可否根据一幅幅真实的生活画面概括出我们民族的文化性格，并分析其形成原因？这片乡土在现代文明的冲击下正悄然发生着变化，对此作者做出了怎样的思考？你觉得我们该如何传承乡土文化，建立文化自信？

4. 贾平凹喜欢收藏石头、怪木、根雕、壁画、铜镜……因为玩石，他写出了《丑石》《狐石》《三目石》《残佛》等众多有关石头的文章，他说：“玩石人却绝不丧志。玩的都是奇石，归于发现的艺术。”在“玩石”中他有哪些艺术的发现？综观其他有关玩物的文章，你觉得玩物对他的生活态度有何影响？你是如何看待“玩物”与“志”的关系的？

5.《自在独行》是贾平凹四十年散文的精选，上市两年就销量过百万册，不少句子被网友视为金句收藏。文中有你喜欢的金句吗？请摘录收藏，并说说喜欢的理由。

四、艺术鉴赏

贾平凹先生曾说过："失去了真情，散文就消失了。它不靠故事来吸引人，不靠典型的人物形象，它就靠的是情绪的感染和思想的启示。"其散文娓娓道来，不疾不徐，内含诚挚的情感和清明的思想，常给人以心灵的震撼与人生的启迪。他善于借助别致的生活细节和"美"的画面来建构"精神容器"，且善用典雅质朴的语言有效强化思想、情绪。下面就让我们沉浸文本，静静品读。

☆ **问题来了：**

1. 真情洋溢。不仅融情于记叙、描写，即使是自我情感的直接袒露，也深深扎根于生活的细节或具体的画面。请在下文画面 1 中找出那些让你心弦颤动的细节，赏析其中蕴含的情感及使用的表达技巧；并把自己发现的真情洋溢的精彩语句分别摘录在画面 2、画面 3 中，然后做赏析。

◆ 画面 1：如今，我一听见“嗡儿，嗡儿”的声音，脑子里便显出一弯残月来，黄黄的，像一瓣香蕉似的吊在那棵榆树梢上；院子里是朦朦胧胧的，露水正顺着草根往上爬；一个灰发的老人在那里摇纺车，身下垫一块蒲团，一条腿屈着，一条腿压在纺车底杆上，那车轮儿转得像一片雾，又像一团梦，分明又是一盘磁音带了，唱着低低的无穷无尽的乡曲……

赏析：____

____

____

◆ 画面 2：____

____

____

赏析：____

____

____

◆ 画面 3：____

____

____

赏析：____

____

____

2. 哲理的具象表达。或将哲理隐藏在具象的背后，或将哲理溶解在由象征意象所构成的优美意境中，或将哲理铺设在整体叙述的峰回路转之处。你能否各举一例并加以分析？

____

____

____

____

____

____

3. 创造性地使用动词、叠词和比喻。例如：（1）一群乌鸦在天上旋转，方向不固定的，末了，就落下来，黑夜也在翅膀上驮下来了。（2）后边的那辆车，是两个花枝招展的陪娘坐着，咧着嘴憨笑，狼狼狈狈地紧抱着陪箱、陪被、枕头、镜子。（3）太阳是地球的一个磨眼吧，它转动一圈，把白天就从磨眼里磨下去，天就要黑了。

你能从文中找出几条这样的语句吗？探究一下，作者是如何创造性地使用动词、叠词和比喻的？

____

____

____

4. 语言适应表现对象和题材特点。以描写陕北、关中地域风情的散文为例，如《秦腔》《走三边》等，为使当地的风俗民情跃然纸上，展现出一个原汁原味的农村世界，作品语言呈现了怎样的特点？

五、争鸣商榷

《自在独行》中大多数选文能够代表贾平凹先生散文创作的高水准，但并非篇篇都是精品，下面的评论是针对其美中不足而言的。

观点一：有的散文内容相似或前后矛盾，比如《喝酒》与《祭父》中都写到了“我”的小说受到争论时父亲陪我喝酒这一事，但前一篇说父亲从商店里买来酒，“用牙启开了瓶盖”，“喝了一口”，“不能喝却硬要喝的表情”，后一篇说父亲取来他从家里带来的酒，“倒了一杯喝了，对我笑笑，就把杯子交给我”。本应真实感人的片段，因作者对细节的随意书写从而削弱了情绪的感染力。

观点二：有的散文显得比较虚幻神秘，如《狐石》《红狐》，都写到了关于《聊斋》的“想入非非”，“这个人儿，你已经幻化了与我同行”，“窗的玻璃上有一张很俏的脸，仅仅是一张脸，在向我妩媚”，文字间流露出不知身在何处的虚幻感，格调稍显低迷。如何达成散文的“真”？既要注重细节的真实、情感的真实，更要注重人生态度的真实。从这个角度进行评判，无疑上面几篇文章都存在一些遗憾。

观点三：从整体而言，贾平凹先生的散文创作比较注重画面感，但在结构上缺乏匠心。不同的篇章，多采用相似的结构。回忆性散文多以时间为序，如《纺车声声》《我的小学》《祭父》等。游记类文化散文或以游踪为序，如《走三边》《清涧的石板》等；或采用时空交错、画面组合的方式，如《五味巷》是由春夏秋冬四季生活图景拼接而成的，《商州又录》则是由十一幅写意画组成的画卷。哲理类散文，一般采用先抑后扬、卒章显志的结构，《丑石》《一只贝》等莫不如此。到了后期，一些论说类文章更是“随物赋形”，“不讲结构”，几乎都是平面铺排式结构。如果从单篇而言，朴素单纯的结构也不失为一种章法，但众多散文集中在一起，不免就让人产生审美疲劳。希望结构上也能起到审美的效果，多一些婉而多变之技法，或曲径通幽，或柳暗花明。

观点四：虽然他的散文语言个性鲜明，很有特色，但有些篇章语言锤炼尚显不足。有的语句之间缺乏逻辑连贯性，如：“这是一个十分孱弱的生命，梦幻般的机遇并没有使他疯狂，巨大的忧郁和孤独，他只能小心翼翼地睁眼看世界。”“巨大的忧郁和孤独”是名词性短语，其前后都是独立的句子，无法构成承接关系。有的语句不合语法，有存在语病之嫌，如“这让我非常地惊喜和随之而来的对于一种神秘的惶恐”，属于句式杂糅，介词“和”不能连接一个句子和一个短语。为求新颖，作者常突破词性界限而自由使用，比较成功的如上文所举的“故意生动着变形的脸面”，但有些语句也因不守“成法”而变得佶屈聱牙，如“人的脑袋的冒出，你疑惑了他们来自另一个世界的神秘，鞋起鞋落，你恐怖了他们来在这个世界要走出什么样的方阵”，这样使用“疑惑”“恐怖”，读来并不通畅。追求语言创新，必须建立在规范使用语言的基础上，且创新是为了让文句更有表现力，而不是仅仅为了“新鲜”。不可否认，《自在独行》中有很多精美的语句，但瑜中亦有瑕，我们要学会鉴别吸收。

☆ 问题来了：

1. 你觉得这些评论是否客观？请结合以上的观点及论据，阐述你的看法。

____

____

____

____

2. 你是否觉得《自在独行》还有其他美中不足的地方？如果有，请有理有据地发表评论。

____

____

____

____

六、学以致用

周国平说过："孤独是人的宿命。"生命从来都不曾离开过孤独而独立存在，每个人都是孤独的行路人。从鲁迅的《孤独者》到加西亚·马尔克斯的《百年孤独》，从博胡米尔·赫拉巴尔的《过于喧嚣的孤独》到安东尼·斯托尔的《孤独》，很多作家都对"孤独"有过深入的思考。

☆ 问题来了：

贾平凹先生赋予"孤独"以深广的内涵，读完《自在独行》一书，你是否对"孤独"有了些新的感悟？请试着写一篇读后感。

七、阅读建议

黑塞说，一切有形之物其实只是个譬喻，只有心灵才能感知内在的真实。贾平凹先生用“心灵”感知万物，表达其所理解的真实，同样地，我们在阅读时只有用“心灵”去拨开那些美丽的表象，才能感知到作者笔下的真实。

1. 入情、入境、入心。想象进入作品所描绘的生活场景，调动自己的生活经验或阅读经验，从人物的言行神态中体验作者的爱憎情感，从物象的绘声绘色中感知背后的生命内涵。既要细细辨别作者直接揭示的哲思，更要慢慢挖掘人、物所蕴藏的精神。

2. 体悟妙微精深。“微的东西才往往是表现了深的东西”，一个动作、一个词语、一种比喻、一种句式，凡是独特之处，皆要停下来反复品读、鉴赏，并以批注的形式呈现你的体悟。

3. 不妨从模仿开始。先生的散文既有诗画的“美”，又有文化的“重”，适合学生阅读、模仿。《一只贝》《丑石》《月迹》《风雨》《一棵小桃树》《落叶》《秦腔》等多篇文章被编入中小学教材。阅读时，不妨从学“写”的角度进行品评、移用。比如：

（1）如何动态化呈现静物？拟人化的动作，通感、比喻的使用，动词的精选等，皆可从文中找到实例，请在揣摩中模仿。

（2）感悟生活的魅力。如何扩大写作素材？像贾平凹先生一样，让生活中的每一事、每一物皆可进入文章，谈艺术、说世相、悟人生、议人性，随兴而写，这样写作时就不会有“无米”之愁。

八、相关链接

1. 如果你想对贾平凹先生的创作历程、创作风格等有一个比较深入的、整体上的认识，不妨阅读下面一些文艺评论。

◆ 常智奇．在人类文明的历史拐点上惆怅、张望——贾平凹的悲剧意识论．(2018－06－14)［2019－10－30］. http://rw.lishen.net.cn/renwenmingjia/20180614/124261.html.

◆ 曾令存．贾平凹散文研究．北京：中国社会科学出版社，2003.

2. 知人论世，如果你想了解贾平凹先生的人生经历、兴趣爱好、思想性格等，不妨阅读一些访谈录、传记等。

◆ 视频：《朗读者》第二季之“作家贾平凹和他的朋友及读者”。

◆ 视频：《鲁豫有约——作家贾平凹》。

◆ 孙见喜，孙立盎．贾平凹传．西安：陕西人民出版社，2017.

在立足之处发现

——走进周国平的《妞妞：一个父亲的札记》

设计者：刘雪挺（宁波市咸祥中学）

QQ：183945191

一、导语

《妞妞：一个父亲的札记》（以下简称《妞妞》）是由父亲周国平所写的札记，是一本专门送给女儿妞妞的书。众多读者阅读完作品互谈感想时都说“你会哭的”，有的甚至感言“没有再读一遍的勇气”。它记录了妞妞自出生至离世近六百个日夜的生活时光；阐述了关于生死、苦难、人性等话题的深刻哲理；探讨了亲属如何对待重症病人及医生操守的命题。当你一捧起这书时，就开启了带给你别样感动的阅读之旅。

☆ 问题来了：

1. 你认为打动万千读者的妞妞会是一个怎样的小生命？

____

____

____

2. 面对患有不治之症的妞妞，你觉得双亲将遭受什么样的苦难，其中最大的苦难是什么？

二、关于作者

周国平（1945— ），中国当代著名学者、作家，是研究哲学家尼采的中国著名学者之一。著有学术专著《尼采：在世纪的转折点上》《尼采与形而上学》，散文集《守望的距离》《各自的朝圣路》《安静》《善良丰富高贵》，纪实作品《妞妞：一个父亲的札记》《岁月与性情——我的心灵自传》《偶尔远行》《宝贝，宝贝》，随感集《人与永恒》《风中的纸屑》《碎句与短章》，诗集《忧伤的情欲》以及《人生哲思录》《周国平人文讲演录》系列等。他的散文以哲思和文采著称，他被誉为“当代最有灵魂的作家”。大学里曾流传一句话：“男生不可不读王小波，女生不可不读周国平。”

☆ 问题来了：

1. 周国平先生散文的文字细腻温和又格外感人，总是能把你内心最深处没有意识到的感悟自然唤醒，引领你去追问世界与人生的根本问题。文字是那么纯粹，阐释是那么精辟，所以有“女生不可不读周国平”一说。这种美誉是否让你产生疑问？你可以在搜索后列举几条作者广为人知的哲理格言，并试着对其中一句说说其内涵。

2. 在你的记忆中，哪部文艺作品（含文学、音乐、电影等）对你的影响最大？你是否能说出这部作品最打动你的语句或主题？

3. 《妞妞》是作者在妞妞离世后一年完成的，之后修改两年多后才交付出版。你是否认同“好文章都是改出来的”这一观点？

三、内容解析

为了让你对全书内容有一个大致了解和把握，笔者对各章内容做了一个概括，具体如下：

第一章：新生的妞妞漂亮招人疼爱并妞味十足

第二章：父亲深爱妞妞甘愿舍弃学术做名凡夫

第三章：祸从天降妞妞竟被诊断患有不治之症

第四章：噩耗重创下的父母悲恸万分难定对策

第五章：悲愤质问上苍残忍毁灭新生待人不公

第六章：回忆伤心过往探求造成绝症之真因由

第七章：妞妞天生钟爱光亮喜欢捕捉多彩光影

第八章：常人苦难观当不美化苦难不弱化人力

第九章：妞妞词汇等同于对大千世界的兴趣点

第十章：希望屡遭破灭妞妞治疗终回放疗轨道

第十一章：妞妞生前未及早做手术终是无可选择

第十二章：妞妞重病中奇痛难忍仍尽显平静坚强

第十三章：妞妞饱受疾病折磨于音乐中寂然离去

第十四章：梦中与妞妞天堂相聚激发写书以相赠

第十五章：雨儿始终期望再生一女弥补妞妞之缺

第十六章：妞妞一直活在梦中只因死是不存在的

☆ 问题来了：

1. 妞妞出生后，在作者看来这个家庭才有了实质性的内容，文中说“摇篮才是家园的起点和核心”。联系你的生活体验，婴儿出生通常对家庭会产生的显性变化与隐性变化有哪些？

____

____

____

2. 妞妞被确诊患有眼底肿瘤后，雨儿内心崩溃，无法自拔，却很快又沉浸在育婴细节中，仿佛怀里的女婴是一个完全健康的孩子。但这种情感的节制使得作品更富艺术感染力，加倍地震撼了我们。你认为这位母亲当时在心里不断地告诉自己什么话？展开合理想象，从作品中自选内容写一段她的内心独白。

______

______

______

______

______

______

3. 妞妞身上几乎包含所有婴儿的闪光点，如活泼可爱、圣洁美丽、安静乖巧、充满好奇心、爱笑爱逗人等；同时她身上又被赋予了患者的一些可贵品质，如坚强承受、隐忍克制、乐观从容、自我宽慰、体贴人意等。这个人世间的精灵啊，惹得所有读者爱怜、感动、敬佩、欢欣、悲悯。精读相关情节后，以“致可____（填一个字或词）的妞妞”为题写一则简短的人物评价。

______

______

______

______

______

______

4. 周国平先生在作品中已全然不是冷峻深邃的哲学家，而是一个真实平凡的父亲。你能否用几个词语概括出他陪伴妞妞过程中的心理变化，并由此串联出情感曲线图？在他身上，你看到了作为父亲的哪些崇高品格？最伟大的品格是哪一个？它对应的行为有哪些？试举出一例。

____

____

____

____

____

____

5. 作者及雨儿对患病妞妞是否就医的万难决定，一直受到公众褒贬不一的评价。对此，请你主持一场讨论会，并为此拟写开场的主持词。注意语言简明得体，要有明确的事件背景及讨论话题。

____

____

____

____

____

____

6. 作品中对爱、对苦难、对人性、对生死、对命运的思考，既感性细微，又深刻精微，透过形式与表象，让人迅速看到本真的样子，从而启迪读者认识世界。其中的四章“札记”有大量备受称道的语录，如果选择其一作为班级格言，你将选择哪一句？

推介理由是什么？

7. 这部作品激发读者珍惜生命、珍爱亲情，启发青少年要感恩，要满怀热爱去投入生活，要冷静正视磨难，要勇于自我重塑……通过阅读，你又获得了哪些启迪呢？你希望自己能成为什么样的人？

四、艺术鉴赏

《妞妞》先后在国内出版了多个版本，并被翻译成多国语言出版。作品凭借真实感人的场景叙述、细腻传神的人物刻画、感人肺腑的内心独白、富有张力的语言等艺术表现，以文学的方式记录了一段父亲对小女至爱至痛的悲情岁月，再现了家属为亲人问诊求医的辛酸历程，剖析了人一生必然会面对的一些或日常或沉重的命题。它就这样打动了无数读者，无论男女，无论老少，博得了墙里开花、里外都香的高度认同。现在，你可以由果推因，从表现形式的角度，检验一下阅读收获。

☆ **问题来了：**

1. 场景再现。妞妞一个不到两岁的孩子，生命历程何其短暂。在层层铺垫、细细描述之下，妞妞的形象跃然纸上。所有的场景都由妞妞而始，也由妞妞而终。有关妞妞的细节之真之切，使读者因她的鲜活有力而心生怜爱，因她的勇敢坚强而感慨不已，更因她的悲惨无助而恻然唏嘘。在常人看来，一些场景都是日常的，平淡无奇，几无落笔价值。但作者却总能以别样的方式呈现，让你读得动容，读出嗟叹。你认为作者采用哪些表达方式来再现场景？在这些场景中，通常是站在谁的视角来展开？这样写的好处是什么？请列举一处，略做分析。

2. 内心独白。本书颠覆了万千读者对作者原先的认识。之前进入读者视线的周国平先生作品多是人生哲理文章，许多读者都认为他是个严肃认真、高冷寡言的哲学家。而书中这个哲学家则表现出充满父爱、体贴入微、感情热烈的真性情。毫无疑问，这种颠覆是深入人心，圈粉无数的。这在很大程度上归功于作品中自然表露的内心独白。作品在避免独白冗长而影响叙述节奏的问题上，显然有高超的处理方式，你是否发现了十分突出的一个？而为了在心理表达上更形象生动，作者运用了多种技巧，你能列举一二并进行说明吗？

3. 虚实相济。妞妞的生命刚开启序幕，就走向谢幕。在现实时空，妞妞由生到死这条主线，串联了人世的悲欢离合，突出了命运的冷酷无常，也彰显了人性的真诚温暖。作者一方面以故事为媒，带领读者去感受由妞妞而起的尘世生活；另一方面还用虚构开道，表达了同样的思想内容。如此，丝毫未削弱作品的纪实性，恰是异曲同工，从多个视角来表现这一家庭的坎坷经历及醇酽亲情。虚拟与真实的场景互为交织，互为呼应。显然，这种虚实手法并不是随意的、零乱的，而是独具匠心、精心布局的；而且每组虚实的立足点与归结点也不尽相同。你不妨从第十五章、第十六章中各找出一组，说说每组虚实相济的立足点与归结点各是什么。

4. 语言二元化。全书共十六章，其中主要叙述家庭生活的内容占十二章，阐发人生思考的札记占四章。四章札记中的每一章可视为与前面若干叙述章节相对独立又彼此共存：叙事章节是札记的基础与铺垫，而札记又是对叙事章节的提炼与升华。这种二元化的语言，使事实记叙与人生思考相得益彰。曾有读者如是评价作者语言：纪实也好、散文也好、随感也好，都让我感受到非常柔软又强烈的力量，每一个句子都直击内心！不知你是否也有同感，你可否从作品中找出几处令你咀嚼回味的语句，分析它们打动你的原因，并试着仿写其中一个句子，或许有额外的收获。

五、争鸣商榷

《妞妞》作为畅销图书作家的佳作，一面世自然就受到广泛关注。而且从创作的内容、主题及语言上，都有别于作者的其他作品，得到超乎寻常的热议，也就在意料之中了。更何况作为我国医学人文学的启蒙之作，涉及是否第一时间救治绝症亲人及医生职业操守等敏感话题，更不免将作品推向舆论的风口浪尖。当然，仁者见仁，智者见智，对以下的观点，你可以保留自己的立场，亮出自己的态度。

观点一（北京大学伦理学教授何怀宏）：妞妞的病并非先天性遗传疾病，是一种可以避免的、因胎儿在母腹中受到意外伤害造成的疾病——蛮横的不肯诊治病人的急诊女医生、一再用X光对母亲做不必要检查的医学博士。从动机上说，女医生违反了职业道德，医学博士表现出与其所拥有的知识毫不相称的轻率态度。

观点二（读者柳松）：当我买下那本摆在书架上的《妞妞》，读完了周国平满纸的冷峻和温柔，我想说的是，在这个世界上，其实，我们都是妞妞。

观点三（网名为“wjs161”的网友）：我无法正确评价这本书的价值，因为它的内容太尖锐了，直接插入每个人的内心和灵魂！

观点四（网名为“royalpisces”的网友）：《妞妞》任何人都有必要一读。如果你是一名医生，如果你是一位父亲，如果你是一个善良的人，如果你是一个有良知的人……一个小家庭的大悲剧，一个细心呵护自己宝贝女儿的父亲，在面对命运的时候却是这般的无助，在绝望中继续生存下去的信念，尽管或许会困惑，却依旧如此坚定，感人至深的不是悲剧本身，而是在面对悲剧时的坚强与信念。

观点五（网名为“百合千黛”的网友）：这个世界很多时候很凉薄，但是我们内心不能缺失了爱和初心。你自己是温暖可依，就不怕前路多荆棘。就像妞妞这个小小孩童，虽然最终没能与这个世界共同起舞，但至少那经历属于她，短暂而深远的疼爱，让我读这本书时禁不住伤感和欣喜。多可爱的妞妞，多羡慕她有伟大的父母，那些陪伴和用情之深，那绵绵的情意和父母对女儿本能的无私付出，那些深情和情殇足以触动每个灵魂。

观点六（读者吴子尤）：父亲爱的，不是眼前这个瞎妞妞，而是他心目中的妞妞，他理想中的妞妞。他爱的只是妞妞健康的一面，他从未正视过妞妞残疾的眼睛，这时，他对世界和生命的一切哲学议论都没有意义了。癌症在您的脑海里是绝症，是死的同义词，可您不知道，我们在与死抗争的过程中，才感受到了真正的生！

观点七（网名为“璇玑穿搭”的网友）：我想，子尤是从这里埋怨周国平的吧。的确，面对妞妞，周国平应有愧疚，他似乎不该为了自己心中的完美而放弃让妞妞成为盲人。但换句话说，就算是成了盲人，妞妞会快乐吗？会一直活下去不再发病吗？我们也很难做出肯定的回答。事到如今，孰是孰非已不再重要，也许方式不对但父爱是无可争议的，妞妞的坚强也是显然的，这一切已异常珍贵。

观点八（网名为“牛嘉乐，好心情”的网友）：当生命的延续已经成为纯粹的痛苦之时，结束这种痛苦岂非也是生命的权利？我在这个案例中看到的与其说是法律对生命的权利的维护，不如说是法律对生命的权利的嘲弄和剥夺。我们面临的是一个最直接的事实：妞妞正在遭受无法忍受的痛苦，而且由于不存在一丝复原的希望，遭受此痛苦已经毫无意义。面对这个事实，做父母的因为怕承担责任而袖手旁观，不是太自私了吗？至少对于我们来说，真正的困难并非来自法律，而是来自情感。癌症正在肆意破坏她的各个器官，但尚未彻底毁掉她对这个世界的感觉。看到她痛苦不堪，我希望她尽早走。可是，只要她不死，痛苦总会有暂时缓和的时候，尽管历时越来越短。在那样的时候，她又有了听、说、交流、活动的愿望，即又有了生的愿望和乐趣，于是我又希望她活下去，哪怕多活一天也好。诚然，早走晚走对她来说区别不大了，尤其是对那个不久以后不再存在的她。对我们来说区别也不大了，尤其是对不久以后必定要失去她的我们。然而，人生岂非只是早走晚走的区别吗？延长她的生命，缩短她的痛苦，这两个动机水火不容，要确定一个让她走的准确时间是多么难啊！而最难的是，做父母的对自己的亲骨肉如何下得了手！

观点九（网名为“雨落幽潭”的网友）：在断断续续经过了几个月后，我终于读完了这本书，感觉是什么呢？说不出的压抑与窒息，就像当初读《百年孤独》带给我的感觉一样，心脏被什么抓住不能呼吸，语言的苍白无法准确表达我的感受，我只能说这是一本能抓住人心引起共鸣的书。作为一个医学生，我一直在思考：如果在最初发现病情的时候，在肿瘤还没有扩散的时候，就采用最极端的方法，直接摘除眼球，这样妞妞会不会活下来？虽然我知道这样很残忍，他们不能忍受妞妞是一个盲人，可是这是多么可笑的一句话，世界上有那么多的盲人，难道他们的父母不应该让他们来到这个世界？只是因为会看不见就放任病情发展，把妞妞的生命交给上天？我只能说这是一对懦弱的父母，或许是他们太爱妞妞，以至于不能忍受她的不完美。

观点十（网名为“猫儿”的网友）：至于为什么选择不要手术，这书里已经写得很清楚了，因为害怕选择，因为逃避，因为被动地不知该去向哪里，他们之前并不知道手术后妞妞会好，得知之后不也是痛苦后悔吗？他是妞妞的爸爸啊，你们怎么能如此说他？非得要你们自己经历一次丧女之痛，你们才能不以上帝视角如此批判一个可怜的父亲、可怜的家庭吗？你们难道不能感受出他的痛苦吗？那历历在目的音容笑貌，你们觉得他是为了卖书才写他的妞妞吗？为什么人能这么冷酷无情啊？

☆ 问题来了：

任何一个舆情焦点，必然会引起吐槽者互不雷同的回应。在众说纷纭、莫衷一是的情况下，你的观点就意味着发声者无可替代的立场。对表达，我们是认真负责的，是真诚理性的。“我不同意你的话，但我誓死捍卫你说话的权利。”观点争鸣，思想交锋，现在开始文明上演。

我对《妞妞》的评价是：

____

____

____

____

____

____

六、学以致用

格物致知。阅读，是用那棵树摇动这棵树，用那朵云推动这朵云。阅读能丰富阅历，启人心智，为成长埋下美好的种子。换言之，它能帮助我们更好地认识世界、认识自我、发展自我。每一部优秀作品，都可能是自己的人生导师、终身伴侣。关键在于你是否能放下俗务，与她交谈、交心。

☆ 问题来了：

读完这本书之后，你在哪些方面受到敲打或启发？你且平复起伏的心绪，写一篇读后心得，让文字记录此刻你最强烈的感触。

七、阅读建议

1. 阅读预热。阅读作品前，你不妨上网关注“周国平的博客”，阅读《死亡，是摆在每个人面前的重大人生课题》《幼兽·天使·小人儿》散文，初步感受作者对人生与婴儿的观点与情感，如有心得，可在网页“发评论”区留言互动。

2. 阅读批注。不动笔墨不读书。阅读作为一项慢活动，注重的是与作者、与作品、与自己对话。阅读过程中，要学会将感想、疑难问题、思考总结等随手批注在书中的空白地方以帮助理解，深入思考，真正把书读懂、读透、读深，从而让作品最大限度地化为己有，为我所用。

3. 专题沙龙。从苦难、命运、人性、亲情、道义、医德、重症亲友救治等话题中选择其一，也可自设话题，组织一次专题讨论。先设计一个微型问卷，在对班级同学展开调查后统计出相关数据，将作品中与话题相关的内容整理打印或制作成课件。集中几位同学，最好同是本作品的读者，参与“《妞妞》中‘××(话题)’之我见”沙龙活动。在组织讨论时，适时呈现作品内容，尽量让讨论贴着文本走。讨论结束时，在现场完成一个活动小结。活动可以邀请师长作为点评嘉宾。

八、相关链接

1.《妞妞》面世后，妞妞是否应及时救治的话题，持续发酵成社会热议事件，后来作者也有了新的想法，下面的资料可以还原当时部分真相。

◆ 有关吴子尤就周国平《妞妞》一书的争论及后续的主要材料．(2012－12－20)[2019－11－25]. https://www.douban.com/note/121563535/.

◆ 周国平．当时没给妞妞做手术，我后悔了．(2014－04－15)[2019－12－06]. https://www.sohu.com/a/285446334_120078003.

2. 如果你想从类似题材的角度来比较作品的艺术特色，可以参阅以下三部口碑不错的作品：

◆ 周国平．宝贝，宝贝．北京：北京十月文艺出版社，2018.

◆ 张洁．世界上最疼我的那个人去了．北京：人民文学出版社，2006.

◆ 周国平．人与永恒．杭州：浙江人民出版社，2015.

散文的理性与感性

——走进余秋雨的《文化苦旅》

设计者：程载国（余姚中学）

邮箱：jiaoshou1545@126.com

一、导语

《文化苦旅》是一本别样的旅游手册，里面没有旅游攻略，却写满了文化沉思。

《文化苦旅》是中国当代散文史上的巅峰之作。正如台湾作家白先勇所说："余秋雨先生把唐宋八大家所建立的散文尊严又一次唤醒了。或者说，他重铸了唐宋八大家诗化地思索天下的灵魂。"

☆ 问题来了：

1. "文化苦旅"是一个偏正短语，按理说，这个短语的中心词是"旅"——一本介绍旅行体验与感受的书，可多数读者看重的是这本书的"文化味"，也有读者从中读出了诸多"苦涩"。对于这本享誉中外的散文名著，你最看重的是什么呢？

____

____

2. 回忆一下你曾经去旅游过的地方，哪些地方曾经激起你对历史的回想？哪些地方又会让你有了对未来之沉思？

二、关于作者

余秋雨，1946 年 8 月生，浙江人。文化学者，散文家，戏剧学家。1966 年毕业于上海戏剧学院，1986 年出任上海戏剧学院院长，出版了《世界戏剧学》《观众心理学》等多部学术理论著作，曾是中国最年轻的文科正教授。余秋雨 1991 年辞去院长一职，孤身寻访中华文明被埋没的重要遗址。1992 年出版散文集《文化苦旅》，截至 2017 年，《文化苦旅》一书的销量超过一百万册，是最畅销的华语散文著作。20 世纪末，余秋雨又冒着生命危险穿越数万公里考察了一系列最重要的文化遗迹，成为全球唯一抵达七大文明现场的人文学者。

☆ 问题来了：

1. 余秋雨刚出生时，他的家乡隶属浙江省余姚县。在他移居上海读中学之后，因行政区划调整，他的家乡划归浙江省慈溪县。余秋雨成名之后，余姚、慈溪两地争相把余秋雨当作自己县域的文化名片。最后，余秋雨只好谁也不得罪，在籍贯一栏里填上“浙江人”。你是如何看待这种名人故里之争的？

2. 对于余秋雨辞去上海戏剧学院院长一职，专门从事文化考察和散文创作，外界褒贬不一。你是如何看待他的这种选择的？

3. 季羡林先生曾经专门请记者摘掉扣在自己头上的“大师”头衔，而余秋雨则在上海成立“余秋雨大师工作室”。在你心目中，怎样的人才称得上“大师”？

三、内容解析

第一部分：如梦起点。《牌坊》《寺庙》《信客》三篇文章都与作者的家乡有关，写出了作者对于乡土文化的认知与猜想。读者甚至可以运用联想将这三篇文章关联到一起。那些被刻上贞节牌坊的女子并没有真的死去，她们被送到离家乡较远的寺庙里做尼姑或教师，从此她们与家乡的联系就得靠信客来维持。

第二部分：中国之旅。《文化苦旅》最为脍炙人口的篇章差不多都集中在这一部分。《道士塔》《莫高窟》在读者之中引起强烈的文化共鸣。《黄州突围》《抱愧山西》《风雨天一阁》熔知识、哲学和情感于一炉，可读性极强。《西域喀什》对文化融合的描述与反思颇具见地。

第三部分：世界之旅。从南洋到北欧，从中东到加勒比海，秋雨先生文化考察的足迹踏遍大半个地球。不同形态的文化自有其兴衰起落，但每一种形态的文化都有它存在的价值。

第四部分：人生之旅。这一部分最能体现散文的温度。《谢家门孔》《巴金百年》《佐临遗言》字里行间充满对长者的敬意。《寻石之路》是写给那些恶意诋毁者的战斗檄文。《天人对话》《为妈妈致悼词》则流露出孝子的哀思。

☆ 问题来了：

1.《牌坊》一文读起来像一篇充满悬念的小说，谜底直到文章的结尾才揭开："我们乡间为什么有那么多无言的牌坊，却又涌来那么多陌生的美丽，尼姑的美丽，女教师的美丽。"在你看来，作者是想借这样的勾勒与猜想表达什么主题？

____

____

____

2.《道士塔》一文对王圆箓的愚蠢和自私进行了辛辣的批判，有人却认为王圆箓是无辜的，甚至还有人另据史料认为王圆箓对于保护莫高窟经藏颇有功绩。对此，你有怎样的看法？请说说理由。

3. 英国历史学家汤因比说：如果生命能够重来一次，他希望能投生在文化会聚的福地——西域。如果问你同样的问题，你会给出怎样的答案？

4.《抱愧山西》一文对晋商的成败进行了较为深刻的反思。请你另找一篇介绍中国徽商事迹的文章，试着比较晋商与徽商的异同。

5. 作者在《北欧寒夜》中写道："尽管我一路都在以欧洲文明为坐标来寻找中华文明的短处，但欧洲文明自身遇到的麻烦也很多。"据你了解，当前欧洲文明主要遇到了哪些麻烦？

6. 对于"文化大革命"给中国造成种种灾难的话题，许多学者选择回避。《文化之痛》却正视历史，从文化心理层面对几代中国人的所作所为进行了深刻的剖析。请你分别概括"文化大革命"所暴露出来的文化之弊、文化之憾与文化之痛。

四、艺术鉴赏

20 世纪 90 年代，以《文化苦旅》为代表的文化散文的横空出世成为中国文学界的大事件。《文化苦旅》的长期畅销，以及学者散文、文化散文的兴盛，就是因为余秋雨为中国当代散文开拓了一个新的艺术天地，提供了一种广阔的视野。

《文化苦旅》实现了双重突破：第一重，突破了长久以来或是抒写服务于政治的“伪大我”之情，或是吟叹个体化、私密化的小情感，或是借闲暇小品游走于世事之外的模式，以真诚、强健的主体精神人格营构出底蕴深厚的“大散文”；第二重，从艺术表现上看，应承“大散文”精神内涵的表现需求，余秋雨散文突破了长久以来被规范化、样板化了的表现形式，以大气磅礴、豪放不羁的手法创造了撼人心魄的艺术境界。

从余秋雨散文创作精神内蕴方面看，作者深沉的文化追思凝结出凝重丰厚的诗性情感，把散文创作推向了意蕴绵长的“大散文”境界。余秋雨散文内在精神突出地表现为鲜明的文化反思性。由此可见，作者始终在努力探寻、追问千百年来古今中外关于蒙昧、野蛮与文明之间相互博弈的历史，使得其创作指向鲜明的文化反思。

☆ 问题来了：

1. 知识梳理。秋雨散文追求知识、情感与理性的统一。《文化苦旅》的创作，大多是在旅途之中，那个年代没有网络搜索引擎，而作者手头又没有可供查证的图书资料。《文化苦旅》的旁征博引基本来自作者的阅读储备。尽管人们从《文化苦旅》中摘出了诸多知识性错误，但我们还是不得不叹服秋雨先生学识之渊博。

请以《风雨天一阁》一文为例，梳理文中呈现的各类知识：

（1）关于书籍留存之难的相关数据：

____

____

（2）天一阁创始人及历代继承人的故事：

____

____

（3）黄宗羲首登天一阁的史料：

____

____

（4）天一阁藏书内容的盘点：

____

____

____

2. 结构模式。如果把《文化苦旅》与中国现代散文家朱自清、周作人、丰子恺等人的散文放在一起比较，我们会发现《文化苦旅》里的文章每篇都要长出几倍。除了《沙原隐泉》《阳关雪》等少数篇目之外，《文化苦旅》中的文章多分为 3～8 节，文字量一般都在 5 000 字以上，那么结构布局就非常重要。请你试选两三篇自己喜欢的篇目，对文章的结构加以比较，看看这些文章有没有共同的结构模式。

____

____

____

____

3. 修辞手法。《文化苦旅》中，几乎每一句话都用到了修辞手法。大量修辞手法的运用，为《文化苦旅》营造出了绚丽多彩的语言效果。《文化苦旅》中使用最多的修辞手法是排比，在该散文集中排比句的使用随处可见。例如在其散文作品《莫高窟》中，余秋雨这样写道："它成了民族心底的一种彩色的梦幻，一种圣洁的沉淀，一种永久的向往。"又如，余秋雨在散文《西湖梦》中写道："再也读不到传世的檄文，只剩下廊柱上龙飞凤舞的楹联。再也找不见慷慨的遗恨，只剩下几座既可凭吊也可休息的亭台。再也不去期待历史的震颤，只有凛然安坐着的万古湖山。"大量排比句的运用，增强了语言表现力。除此之外，比喻、对比以及对偶在《文化苦旅》中也得到了广泛的应用，并营造出了绚丽的语言风格。请你从《文化苦旅》中摘选一个段落，并从修辞手法使用的角度对它进行鉴赏分析。

4. 语言韵律。即使是写学术论文，余秋雨也特别注重语体风格的和谐统一。在进行散文创作时，余秋雨像苦吟派诗人一样执着于让每一个词语都妥帖恰切。秋雨先生曾在文章中描述过自己将刚写完的散文读给妻子听，让精通音韵的妻子帮着修改音韵不协的语句。请你从《文化苦旅》中挑选某一文段，反复朗读，并试着分析这段文字的节奏韵律之美。

____

____

____

____

____

____

五、争鸣商榷

《文化苦旅》一书创造了中国散文集出版行销的奇迹，带来了散文文体的大变革。与此同时，它也是中国当代文坛引发争议最多的书籍之一。从1995年开始，文学界、学术界、普通读者借助各种媒体批评质疑该书。这些批评质疑主要集中在如下几方面。

一是批评《文化苦旅》缺乏学养与考证，写作态度不严谨。发表在《收获》杂志“文化苦旅”专栏中的文章大多是作者在文化古迹现场写成的，旅行在外，身边缺少可供援引和查找的资料，而这些文章又都有大量的资料引用，常识性错误在所难免。《石破天惊逗秋雨》一书指出余秋雨散文的130处知识上的硬伤。如很多古籍都提到林逋无妻无子，而余秋雨却在《西湖梦》中说林逋有妻有子。再比如说，稍具古文知识的人都知道“致仕”是退休的意思，余秋雨的《十万进士》中却将它当成了开始做官。好在新版《文化苦旅》已经将这些错误一一订正了。

二是批评《文化苦旅》创作的模式化和感伤、滥伤情调。多数读者在阅读《文化苦旅》时会因为作者的激情而产生强烈共鸣，但也有一部分读者认为余秋雨的创作有矫情、滥情的成分。例如，朱国华的《别一种媚俗　〈文化苦旅〉论》、王强的《文化的悲哀：余秋雨的学问及文章》、朱大可的《抹着文化口红游荡文坛——余秋雨批判》都在批评《文化苦旅》一书的滥情。对此，孙绍振先生力挺余文，他认为余秋雨的散文继承了中国古典散文的抒情传统，并非过度煽情。

三是挖掘余秋雨的“历史污点”或“生活细节”，试图从人格上诋毁作者，从而达到否定其文学成就之目的。余杰的《余秋雨，你为何不忏悔?》算是这方面的代表。当时还在北京大学读研究生的余杰，在翻阅档案时偶然发现余秋雨与“文革”时期的写作班子“石一歌”有所牵连，就接连发文要求余秋雨就此道歉。孙光萱也发表《正视历史，轻装前进：读〈余秋雨的一封公开信〉》和《我为余秋雨先生感到害羞》为余杰助威。如今，随着“文革”档案的披露和当事人的澄清，余秋雨身上的这些“污点”已基本洗清。新版《文化苦旅》中的《寻石之路》一文对“石一歌”问题的来龙去脉做了精彩的解答。

与那些借着余秋雨蹭热度的无聊文人不同，对于这种两极状态特别是批判日渐漫无边际的问题，王尧、雷鸥、孙绍振、吴俊等学者对余秋雨及其文学创作进行了重新审视。他们并不否认余氏散文存在瑕疵或不足，但更看重后者的宏观意义，认为应“从当代散文发展历程出发并顾及20世纪八九十年代的文化语境来论析余秋雨”，发现作品中超越细节之上的“整体生命”与“大气魄”，不“囿于原先习有的精英文化的眼光和狭隘的所谓纯文学的观念”等。这才是我们对于《文化苦旅》所应秉持的态度。

☆ 问题来了：

《文化苦旅》一书引发的争鸣与该书本身存在的缺陷有关，也与我们这个平等自由的时代有关，还和某些“评论家”的阴暗心理有关。不同的读者从同一部作品中受到的启发是不同的，不同的读者对于同一部作品的优劣看法也是不同的。

我对《文化苦旅》的评价是：

六、学以致用

锋芒暂掩，爱恨犹深
——略谈新版《文化苦旅》的抒情性

程载国

泛人格论在中国由来已久。人们很少会因为艺术家在艺术方面的独特贡献而忽略他们为人处世的缺憾，反倒老是抓住一些生活琐事上的瑕疵去否定一位艺术家。仿佛所有的人都先得成为道德模范，而后方能从事艺术创作。

由戏剧学教授转型为文化学者、散文家之后，在中国文坛，余秋雨先生的作品销量之广与挨骂之多同样著称。骂秋雨先生的人上至学者教授，下至贩夫走卒。对于纷沓而来的谩骂与诋毁，秋雨先生也试图回应澄清，只是越回应口水越多。那些以攻击秋雨先生为己任的正人君子要么挖掘子虚乌有的“文革”往事，要么揪住道听途说的生活细节，却很少从散文创作的角度予以专业批评。随着档案的逐渐解密以及相关当事人反复澄清，秋雨先生人格上的“污点”已基本洗清，但人们并没有就此放过秋雨先生。

人们对于《文化苦旅》的另一广泛批评是说该书“滥情”或“矫情”，让人无法卒读。不同的读者有不同的阅读喜好，有人偏重理性，有人向往激情，本不可强求。不同的作者有不同的创作习惯，有人擅长条分缕析，有人擅长写情状物，有人意蕴深长，有人激情澎湃，也不应强求。那些因为秋雨先生不入自己法眼而破口大骂的批评家，可以休矣！

就新版《文化苦旅》而言，我倒是从中读出了秋雨先生从善如流的一面。当年在《收获》杂志上发表的“文化苦旅”专栏，基本都是在文化古迹现场写就的，的确留下了不少令人遗憾的知识性错误，《文化苦旅》再版时曾对这些错误做过一些订正，而这次的知识性订正更加全面。

对于评论者所说的“滥情”或“矫情”问题，其实秋雨先生是不必理睬的。正如我们不能批判雨果、惠特曼、郭沫若等人

“滥情”一样，抒情性只是作品的风格而已，很难说谁对谁错。罗兰·巴特所谓的“零度风格”只是后现代文学的表征之一。新版《文化苦旅》在修改每一篇文稿时，都注意了对文章抒情风格的调整。对于那些真正热爱《文化苦旅》的读者而言，难免会有丝丝遗憾，因为他们在书中找不到那些能引起强烈共鸣的强烈抒情语句了。

在老版《文化苦旅》的第二部分，我们能读到这样激动人心的语句：“今天我走进这几个洞窟，对着惨白的墙壁、惨白的怪象，脑中也是一片惨白。我几乎不会言动，眼前直晃动着那些刷把和铁锤。‘住手!’我在心底痛苦地呼喊，只见王道士转过脸来，满眼困惑不解。是啊，他在整理他的宅院，闲人何必喧哗?我甚至想向他跪下，低声求他：‘请等一等，等一等……’但是等什么呢？我脑中依然一片惨白。”

而到了新版《文化苦旅》，经过二十几年的时光沉淀，遭受了一轮又一轮的口水围剿之后，秋雨先生笔下的激情隐退了。文句变得深情而婉约了：“晚风起了，夹着细沙，吹得脸颊发疼。沙漠的月亮分外清冷，山脚前有一泓泉流，在月色下波光闪烁。总算，我的思路稍见头绪。”

在《文化苦旅》的其他一些著名篇章中，这类修改不胜枚举。我们不能把秋雨先生的这些修改都归因于顺从外界的批评，这里面还有时代和个人的双重因素。《文化苦旅》创作于20世纪80年代末期，那是一个激情四溢的年代，老版《文化苦旅》同那个时代是合拍的。创作老版《文化苦旅》之时，秋雨先生正值壮年，身上充满热血和激情，而二十多年之后，阅尽沧桑的秋雨先生变得更为理性平和。

我们不能因为这些文句的调整就忽视了新版《文化苦旅》的抒情性。正如孙绍振先生所言，秋雨先生的散文继承了中国古典散文的抒情传统，“他的智性追求和他的诗情在话语的重构上取得了某种平衡”。

不管是《都江堰》中的盛赞，还是《道士塔》里的痛批，秋雨先生骨子里对中华文化的热爱依旧，《西湖梦》改成了《杭州宣言》，题材扩展了，作者迷恋的始终是文化历史，而不是自然景观。《一个王朝的背影》改成了《山庄背影》，题目变小了，但作者对于大清王朝既爱又恨的复杂情绪没变。

新版《文化苦旅》从《行者无疆》和《千年一叹》中挑选了三篇关于异域文明古迹考察的文章，涉及南亚、北欧和西太平洋。对于自己的文化见解，秋雨先生一向极为自信，可这几篇文章入选并不见得很合适。对于文明的冲突，秋雨先生的讨论肯定不会比亨廷顿更加深入。更为重要的是，就抒情性而言，这几篇文章也无法与老版《文化苦旅》中的篇章相比。

那些理性读者可能会继续批评《谢家门孔》《巴金百年》《佐临遗言》等文章太过滥情，可我觉得这些文章恰恰是新版《文化苦旅》的精华所在。《谢家门孔》一文结构之精妙深得中国传统散文之精髓，达到了苏东坡所言“行于所当行，止于不可不止”的境地。《巴金百年》《佐临遗言》在表达对两位文化老人的敬仰之时，开罪了许许多多的政界精英、文坛大佬。那些批评秋雨先生“精于算计”的论者，何曾像秋雨先生这样坦诚直率？

《寻石之路》是一篇回应论敌诽谤的愤激之作。这篇散文像作者所熟谙的戏剧作品一样充满悬念。在把"石一歌事件"的来龙去脉梳理清晰之后，作者平静地表态："我要真诚地表示感谢。"又说："我会端上热茶和咖啡，拍拍他们的肩，劝他们平静，喝下这四十年无以言表的滋味。"作者并不是要和那些有"杀父之仇"的诽谤者们讲和，但因为内心境界不一样，作者的呵斥颇具绅士风度。绅士不会因爱神魂颠倒，也不会因恨气急败坏。

在人工智能面前，人类的最大优势不是会思考，而是有感情。与西方文学相比，中国传统文学的优势不在哲思，而在抒情。若干年之后回望，我们不一定会肯定秋雨先生对《道士塔》《莫高窟》等文章抒情性的修改。这些年知识与信息本身一直在贬值，很少会有读者再把《文化苦旅》当成自己的旅游宝典了。《文化苦旅》的真正价值在于它的抒情性，在于它的背后站着真性情的秋雨先生。

我热爱《文化苦旅》，只是因为它能引我叹息，让我落泪！

☆ 问题来了：

散文写作与其他文体写作一样，始于模仿，终于创造。余秋雨散文熔知识、情感与哲理于一炉的写作方式值得我们借鉴。请选择某一文化景观或文化现象，写一篇不少于1 000字的散文。

七、阅读建议

1. 单篇阅读。《文化苦旅》这样的散文集可以利用作业之余的零碎时段来阅读，每次只读一篇文章，四十天之内读完整本书。单篇阅读时不仅要关注文章写了什么，还要留意篇章结构。

这些文章起承转合很有讲究，值得作为写作借鉴对象。早自习时，我们可以把里面的文章拿出来朗读，因为这些文章在音韵方面是较为和谐的，有助于语感的培养。

2. 整本书阅读。单篇阅读完成之后，我们再对着目录回想每篇文章的内容和特色，印象模糊的篇章可以找出来重读。该书“如梦起点”“中国之旅”“世界之旅”和“人生之旅”这四个部分的写作时间不同，风格各异，但又有许多共性的秋雨特色，我们可以对此进行分析和总结，形成对整本书的完整印象。

3. 比较阅读。找来老版《文化苦旅》挑选某几篇文章，逐字逐句地对照阅读，看看作者是如何修改旧作的。作者改标题、调结构、删语段、添引文，其治学态度之严谨值得我们学习，其改文之方法值得我们借鉴。

八、相关链接

1. 在读完《文化苦旅》一书之后，如果你想对该书的思想内容与艺术特色有更加理性的判断，建议你查阅如下论文资料：

◆ 王尧．知识分子话语转换与余秋雨散文．当代作家评论，2000 (1).

◆ 孙绍振．余秋雨：从审美到审智的“断桥”——论余秋雨在中国当代散文史上的地位．当代作家评论，2000 (6).

◆ 吴俊．余秋雨散文创作略谈．当代作家评论，2000 (6).

2. 如果《文化苦旅》一书激发了你对中国文化及世界文化

的探究精神，则不妨阅读如下著作以拓宽视野，丰富思想：

◆ 葛兆光．古代中国文化讲义．上海：复旦大学出版社，2006.

◆ 王力．中国古代文化常识．北京：世界图书出版公司，2008.

◆［美］塞缪尔·亨廷顿．文明的冲突．北京：新华出版社，2013.

◆ 李伯庚．欧洲文化史．上海：上海社会科学院出版社，2004.

“慢”的味道

——走进龙应台的《目送》

设计者：潘海霞（浙江省江山中学）

QQ：346801429

一、导语

同学们，你翻开的这本书，是一部跨三代共读的人生之书，被称为21世纪的《背影》。

书中记录的是亲情，是友情，是平常日子，是自然草木，是社会万象。一个坦诚的灵魂通过温婉的文字诉说着她的生命故事和人生体悟，但故事和体悟不仅属于她，也属于你，属于我，属于世间的每一个人。不同年龄阶段的人都可以在书中读到自己：以前的自己，现在的自己，以及未来的自己。

☆ 问题来了：

1. 在阅读本书之前，用思维导图或流程图简明扼要地回忆一下你所经历的主要人生故事吧。

____

____

____

2. 想象一下，未来的你可能会经历怎样的生活？你对未来有着怎样的期待或忧虑？

二、关于作者

龙应台，祖籍湖南衡山，1952 年生于台湾高雄县。因为父亲姓龙，母亲姓应，出生在台湾，所以叫龙应台。1974 年毕业于台南成功大学外文系，后获美国堪萨斯大学英美文学博士学位。毕业后曾先后任职于纽约市立大学、新西兰梅西学院、台湾淡江大学、德国海德堡大学、香港大学等高校。曾以辛辣犀利的文风著称，余光中称之为“龙卷风”。出版的作品《野火集》，21 天内再版 24 次，对台湾社会产生了巨大影响。近些年出版的作品，如并称为“人生三书”的《目送》《孩子你慢慢来》《亲爱的安德烈》，风格偏于柔婉。而今，安居乡下，陪伴患有阿尔兹海默症的母亲。

☆ 问题来了：

作为知识分子的龙应台，创作的风格由辛辣凌厉转变为缠绵柔婉，试查阅相关资料，探究作者写作风格发生转变的内在原因。

三、内容解析

《目送》表现得更多的是“个人生命中最私密、最深埋、最不可言喻的‘伤逝’和‘舍’”，“整本书，也就是对时间的无言，对生命的目送”。

全书共分三辑，每一部分都有一个诗意的名字：

第一辑：有些路啊，只能一个人走

第二辑：沙上有印，风中有音，光中有影

第三辑：满山遍野茶树开花

前两辑收录的文章原是报纸的专栏散文，分别写儿子和自己、个体与世界，第三辑文章写于父亲去世后，主要写父母和自己，是被龙应台视为“暗夜行山路”的最“私己”的篇章，一直到完稿后四年，才在《目送》一书中经作者统一修订，作为全书的第三辑公开发表。

☆ 问题来了：

1. 龙应台和她儿子之间的故事是否让你产生了似曾相识之

感呢？拿起笔写下你和你父母之间类似的故事吧。

____

____

____

____

____。

2. 龙应台自己说《目送》这篇文章“在中国台湾、香港，新加坡、马来西亚和美国，流传最广”，而在中国内地点击率和流传率最高的是《(不）相信》。阅读这两篇文章，想一想为什么会出现这样的差别？

____

____

____

____。

3. 整本书着重叙述自己对生活的小感触，但作者不仅仅局限于此，而是总能在叙述生活细节的基础上，把个人感触上升为独到的理性思考，由此增加文章的分量，很值得我们学习。你能从书中举出至少一个例子并具体分析吗？

____

____

____

____

____。

4. 阅读这本书，你从作者的文字中收获了哪些体悟？产生了怎样的思考？请仿照下面这段文字，另写两则你从书中得到的体悟和思考。

示例：儿子上小学，对母亲无比依恋；儿子读大学，对母亲形同路人。父女母子的缘分就是在目送渐行渐远的背影过程中体会人生的欣喜、悲苦与无奈，以及喜痛过后沉静悦纳地走向成熟。

____

____

____

____

____。

5. 班上要举办一次图书推荐会，你准备向同学们推荐《目送》这本书，请你撰写1分钟介绍词。

____

____

____

____

四、艺术鉴赏

有人曾评价说这本书“没有一个内容或者观点是全新的”，但是，这样的一本书却总能引起一批又一批读者的共鸣。自2009年在大陆出版以来，已再版三十多次。时至今日，这本散文集仍然处在各大网上图书销售平台的畅销书行列。《目送》为什么会有这样经久不衰的魅力？有人说得益于本书能关注普遍的人生和命运，比较接近生命本体；有人说得益于龙应台书写的文字细腻动人；还有人说得益于龙应台独特的叙述方式，她能让文字与情感保持距离，从而撼动读者的心……打开并走进这本书吧，看一看你是否会被它吸引。

☆ 问题来了：

1. 情感处理。《目送》这部文集大多是作者对自我生命的“实景写生”。每一个细心的人都能从龙应台的文字中发现属于自己的熟悉的“风景”，可是当一切发生在我们身上时，我们总是感觉心中波涛汹涌但下笔却是干瘪无味。从叙述技巧的角度，结合书中的具体例子，想一想作者是怎样处理情感与文字之间的关系的。

2. 行文风格。《目送》柔婉细腻，缠绵悱恻，这样一种行文风格在书中有着怎样的具体体现？在“人生三书”诞生之前，龙应台的写作偏向充满凌厉之气的“龙卷风”式行文风格，请阅读相关作品或收集相关资料，简析作者不同行文风格的差异。

3. 结构技巧。在接受《中国时报》专访的时候，龙应台曾经强调："在一些抒情性较强的文章里，我对于每一字的选用，对于一篇文章的布局、结构、发展，甚至感情的节奏，前后的呼应、伏笔、隐喻及纵深等，都非常注意。"这一点非常明显地体现在这部文集的布局上。读完这本文集，你觉得这本书在结构上有哪些独到之处？

五、争鸣商榷

《目送》书写的是每个人都在或是将会经历的日常生活中的大事小事，正因为如此，每一个阅读本书的读者都可以对这本书评论一二。我们一起来看一看下面这些读者的评论吧。

观点一（高中生刘晓娜）：绿色的书皮，给人一种舒适的感觉，有忍不住翻开摩挲一番的冲动。翻开它，是彩版书，又增添了些许好的印象，但这并不是最重要的，最吸引人的是龙应台的文字，简朴而又深入人心。《目送》这本书中不仅仅《目送》一篇，还有其他几十篇文章，内容不同，主旨不同，但篇篇都给人以震慑心灵的感觉，句句都是内心的话语……许是涉世未深，故而有些文段尚不能理解透彻。《目送》一书，值得在人生不同时段反复品读。

观点二（网名为“园园的移动城堡”的网友）：断断续续看完了龙应台的《目送》，很多次看着看着就不自觉地流下眼泪。年纪小的时候可能不能明白作者传达的情感。现在，终于能透彻明白了，却是无尽的悲凉。

观点三（学者周武忠）：龙应台的这本《目送》，核心就是“慈悲”两字。这慈悲情怀，体现在笔下的每人每物，流淌于各章的字里行间。

观点四（网名为“耶斯特洛夫斯基”的网友）：干净不矫饰的语言，一些琐碎处细致入微的刻画和具体的心理描写令人动容，第二人称的表达使文中所言之景犹置眼前，读来字字深情。

观点五（同济大学教授王晓渔）：一开始见到她的文章（注：指龙应台的散文）还是会读一读，但后来有点读不下去了。尤其是母子间的通信，我个人不喜欢读这种，而且确实没有读到太多新的东西，都是一些人生哲理，像心灵鸡汤一样。

观点六（网名为“旧时如歌”的网友）：看前面两部分，我觉得等我的孩子长大一些，一定要让她读这本书。但是看到第三部分，巨大的悲伤让我认为还是应该等她成人之后再来读这本书。作者心思细腻，捕捉到了我们日常中见到却未在意的一些细节，她的感悟在阅读的过程中也成了我的感悟。

观点七（读者关海山）：说到底，龙应台所谓的“散文”，根本就不是真正意义上的散文创作，只是她日常生活中的小感悟罢了。“从内在的精神、视境上看……那就是小。是小家子的小，是小情调的小，是小感伤的小，是小懊恼的小，是小满足的小，是小快乐的小”，没有代表性，没有普适性。

观点八（书评人莺草）：新近读到龙氏新作《目送》，与曾经读到的龙氏文章大不同，改凌厉之气而为温柔细腻。《目送》分三辑，但这三辑体例不大清晰，大约看出下辑所收文章多随作者而发生在世界各地，大致归作两类：一谈周边人物，一谈家庭。前者琐碎杂乱，将私人生活每件事都啰唆写出来，做些抒情与感悟；唯后者谈亲情则大值一表，虽还是抒情，却真切含蓄，给人以感动……龙氏改换文风写柔婉文字，虽未必深沉，却也心意别致，只是不必流于小格局里，耽于矫情便好。

观点九（网名为“Cosuini”的网友）：沉静柔情的文字中有对生死情爱的细致爬梳，总能唤醒那根在烟火生活中已被熏得麻木的神经，看似闲散的行文亦总见卒章陡转的谋篇布局，刚柔并济，尤其是追忆亲情的文字，值得一读。

观点十（《目送》封底推荐语）：这是一本生死笔记，深邃，忧伤，美丽。

☆ 问题来了：

以上这些评论，让我们看到读者对《目送》这本书的态度是褒贬不一的，你读完这本书，想说点什么呢？请在下方亮出你对这本书的评价吧。

六、学以致用

每一天，我们都在经历生活，但是我们会经常无视甚至厌弃生活。我们总觉得生活太过枯燥无味——学习，学习，还是学习。父母对我们的要求也单调得乏味——好好学习，好好学习，还是好好学习。

这样的生活，这样的父母，我们表示：拒绝！一切果真只是如此吗？龙应台在《目送》这本书里替我们“看见”了什么？也许你会在作者的文字中发现自己的生活美景，也许作者的文字会激发你对生活更深入的思考。

☆ 问题来了：

读完这本书，你有什么话想对作者说吗？特别是联系你自身的生活，你感悟到了什么？可以以书评或读后感的形式表达你的想法或感悟。

七、阅读建议

《目送》是一本“深邃，忧伤，美丽”的“生死笔记”。读这样一本书，固然有欣喜，也难以避免悲痛。在阅读之前，你需要洗净灵魂的浮躁，敞开自己，放松自己，与文字真诚地对话。

对于中学生来说，读这样一本书，不能只是抱着阅读他人故事的心态，而更应该盘活自己的生命体验，调动自己的生活点滴，通过作者的文字，认识我们自己生命的多姿多彩。因此，通过批注的方式与作者进行对话当是阅读本书最好的方法。

在阅读的过程中，如果作者的文字唤起了你对某一段生活的回忆，赶快把它写下来吧。表达的时候别忘了回头看看作者是怎么说的。你也要学习作者怎样合理运用联想的方法来丰富文章的内容并引人深思，《目送》《如果》《花树》《新移民》等都是可以学习和借鉴的佳作。

八、相关链接

有兴趣对本书进行深入研究的同学，可阅读以下文献资料，以进一步了解作者及其著作的相关内容。

◆ 缪黄佳．"人生三书"：呼应与成长——龙应台亲情散文研究．南京大学硕士论文，2011.

◆ 尹鹏志．温暖的目送．烟台日报，2019－11－28.

◆ 邹承辉．龙应台《目送》的语言特点．文学教育（上），2016(8).

◆ 姜艳．龙应台散文创作的艺术策略．艺术百家，2013，29(7).

◆ 陈剑晖．《目送》绝不是"心灵鸡汤"——与王晓渔先生商榷．羊城晚报，2013－05－20.

平凡似水 疼痛如歌

——走进路遥的《平凡的世界》

设计者：徐春香（镇海龙赛中学）

QQ：50476127

一、导语

我们所处的时代，平静安逸却也危机重重，我们需要深入灵魂的点拨。路遥以他对平凡人的世界近乎残忍的了解，告诉我们这些时常纠结于无谓苦痛的年轻人，我们所缺乏、所需要的究竟是什么。《平凡的世界》——一部指引平凡者完成精神修行的巨著，值得平凡的你我潜心品读。

☆ 问题来了：

1. 你会带着什么期待进入本书的阅读？

____

2. 在阅读本书之前，先勾勒一下你对那个时代（你的上一代和上两代所处的时代）的人和事的印象吧。

____

____

____

二、关于作者

路遥，本名王卫国，中国当代作家。1949 年 12 月 3 日出生于陕北榆林清涧县一个贫困的农民家庭，曾在延川县立中学读书，1969 年回乡务农。其间他做过许多临时性工作，并在农村一小学教过一年书。1973 年进入延安大学中文系学习并开始文学创作。1982 年发表中篇小说《人生》。其长篇巨著《平凡的世界》影响巨大，荣获第三届“茅盾文学奖”。1992 年 11 月 17 日，路遥因病逝世，年仅 42 岁。他因为在小说创作方面的杰出成就被称为鼓舞亿万青年人的优秀作家。

☆ 问题来了：

1. 作为一名经历了大时代洗礼的作家，路遥以自己最朴实的笔触和独特的视角，思考并展现历史变迁的画卷，引起一代又一代青年人的精神共鸣，书成之时也基本上是作者的生命终结之时。从这个角度上说，他是在用生命写书。如果你对作者这种呕心沥血的骑士精神感兴趣的话，不妨搜集一下他的故事，解读他形成巨大影响力的内在原因。

2. 透过路遥笔下的亲情、爱情、友情，能够让我们认识到平凡人的平凡生活是最伟大的，能够让我们在努力奋斗的同时提醒自己保持一颗平凡的心。你觉得，人的一生到底该怎样度过？

3. 与路遥的“平凡”相对的是，时下青年中流行的“丧”文化、“佛系”文化等，你对这些现象怎么看？

三、内容解析

《平凡的世界》是一部全景式地表现中国20世纪七八十年代城乡社会生活的长篇小说，全书共三部。小说通过复杂的矛盾纠葛，以孙家两兄弟少安和少平为中心，刻画了当时社会各阶层普通人的形象；劳动与爱情、痛苦与欢乐、挫折与拼搏、普通日常生活与重大社会冲突交织在一起，深刻地展示了平凡者在历史进程中所走过的艰难曲折的道路。

☆ 问题来了：

1. 缩写就是用简练的文字，将作品的主要内容以及作者的思想情感呈现出来。小说一共三部分，通读之后，请仿照老师第一部的缩写，根据下面的提示来完成第二部和第三部的缩写。

第一部：绝望与苦难

十年“文革”，终归一场闹剧。闹剧的代价是令人触目惊心的贫穷。

1975年初，双水村农民孙玉厚的二小子孙少平到原西县高中读书，贫穷使他自卑到了极点，然而书籍为他开启了精神的天窗。少平对同样贫穷、出身地主家庭的郝红梅产生情愫，跛女子侯玉英因为嫉妒当众点破二人关系，少平与郝红梅关系逐渐恶化，郝红梅选择了与中医世家的顾养民恋爱，少平在精神冲击中逐渐成长。高中毕业，少平回双水村当老师，他与县革委副主任田福军的女儿田晓霞建立了友情，在晓霞的帮助下他在艰难的现实中关注着外面的广阔世界。少平的哥哥少安高小毕业回家劳动，与村支书田福堂的在县城教书的女儿田润叶青梅竹马。尽管少安和润叶互有爱慕之心，但在巨大的现实差距面前，少安经过痛苦的煎熬，最终选择放弃。少安到山西娶回了不要彩礼的勤劳善良的秀莲。润叶为减轻二爸田福军的烦恼，最终决定和一直喜欢她的李向前结婚。这时农村生活陷入混乱，又赶上了多年不遇的旱灾，田福堂组织村民偷挖河坝与上游抢水，不料竟出了人命。在“农业学大寨”的热潮下，头脑发热的田福堂带领村民炸山修田，为了成就个人的英雄主义却最终弄得天怒人怨……

平凡人生活中有许多贫穷带来的无奈甚至绝望。在贫穷面前，填饱肚子都变成了奢望，更不用提爱情、知识、尊严和希望。贫穷将人逼仄于狭窄的空间，让人变得狭隘而易于满足。在贫穷面前，人们不得不放弃对精神世界的建设，因为“文革”、自然灾难而被压抑的欲望与思想，使得农民被困于原地，淳朴又憨厚，每个人的最大追求就是吃一碗饱饭。

作者当然不是传递令人绝望的悲伤，他是要透过悲伤，让我们看到那种生生不息的挣扎和希望。譬如，初进高中的少平，还不过是个局限于吃饱穿暖的狭隘的农民，但书籍、交流、游历与体验，打开了他的眼界，让他体悟到了无限的希望和可能性。而少安的妻子秀莲，虽然没有文化，思想境界也不高，但她那种为所爱之人义无反顾的倔强和热烈，给了少安无限支持的同时也给了我们无限的感动。

路遥是个有浪漫主义情怀的人，所以他笔下的每个人都很善良，每场绝望之上都能找到希望。他赞美生命、讴歌土地、直面贫穷和苦难；他热爱祖国，感谢时代，那些景物、那些人物、那些事件的背后，都是他对这土地、对这时代、对这些人民的深情厚谊。

第二部：变革与希望

“文革”结束了，人们吃饱了，开始有了新的追求，新的思想被接受，每个人都找到了自己的追求，都充满着希望。

人生最可怕的事不是挫折与苦难，而是甘于自己僵化的生活里故步自封。从表面上看，少平似乎并未改变自己的命运，即使做了煤炭工人也是又苦又累、危险重重。表面看来他与劳工无异，但这痛楚的苦难磨砺出了他熠熠生辉的灵魂，一步一步构建了自己的精神家园。他在最基本的生存需求之上开始追逐最高的精神满足。对生存的渴求、对劳动的态度、对命运的抗争，使他的生命一点点从干涸荒芜走向绿荫丛生……

第三部：命运与抗争

有人说，人不应抵抗自身的平凡，但我们每个人又无时无刻不在抗争。

平凡的世界里，其实每个人都不平凡。每个个体所隐忍的东西、承受的命运、经受的苦难虽不相同，但在生死命运面前又是如此平等。或许多数人在这本书里面会看到一种遗憾与无奈，看别人的故事多少会在长年的变迁里看到物是人非，但人生何处没有无奈？我们必须承认残缺也是另一种美，不放弃尝试，就不会无奈。总的来说，《平凡的世界》这本书很善意，也很浪漫。作者讴歌和赞美时代、变革、劳动、贫穷、命运、生命，对一切困难都抱有最崇高的敬意。

2. 孙少平从一个贫穷的农家子弟一步步艰难走来，那些心酸苦楚的故事背后，他经历了怎样艰苦卓绝的心路历程？通过阅读他的故事，你能否对他的精神品质做一个概括？

3. 平凡之路是怎样铺就的？作者结合史实做了哪些具体的分析和精练的总结？你是否认同作者的分析？你从中获得了什么教益？

4. 作品结尾处少平选择了回归煤矿，选择了惠英嫂，你对少平这样的选择有怎样的看法？这对少平这一人物的性格又意味着怎样的变化呢？

5. 一部《平凡的世界》讲述了很多平凡者的故事，请从下列故事中选择一个，在班级里做一次故事分享（孙少安的奋斗历程、田润叶的成长轨迹、李向前的执着追求、田晓霞的热烈与激情、田福军在大时代中的艰难选择、孙玉厚在祖祖辈辈留下的土地上的劳作与期待、杜丽丽在新思想面前的转变与选择等）。可以把你的发言提纲写在下面：

6. 读完这部书，你对作者的人生追求有什么认识？他怎样看待中国这段大时代的变迁？通过作者对人物在大时代中沉浮的描述，你看到了其思想中什么有价值的东西？文中人物如孙少安、孙少平和田晓霞等对正处于青春期的你，在人生的选择方面有哪些启迪？

四、艺术鉴赏

作品的伟大之处不仅在于保持了相对的独立性，还在于将独立性与交叉汇合进行了完美的结合，使读者读来既不感觉零散单调，也无呆板拘谨之感，可见路遥的写作功力之深。

☆ 问题来了：

1. 结构艺术。全书共三部，作品的时间跨度从1975年初到1985年，作者路遥采用了“三线组合法”，把国家大事、政治形势、家族矛盾、农民生活的艰辛、新一代的感情纠葛，以及黄土高原古朴的道德风尚、生活习俗都真实而细腻地描绘了出来，构成了一幅中国20世纪70年代中期至80年代中期农村生活的全景式画卷。书中三条线索都以时间为序，在近十年的广阔背景下，通过各种复杂的矛盾冲突，展现出普通人在大时代的历史进程下艰苦奋斗的精神，达到了思想性与艺术性的高度统一。请关注作者在本书中怎样搭建这段大时代的主旋律，沿着什么线索，按照什么原则选择材料以构筑精彩的故事。你能否画一条线，在线上串联若干个点，来展示整本书的结构？

2. 美学风格。秉笔直书的现实主义笔法和路遥“为人民”的创作哲学相结合，形成了小说雄浑壮丽的美学格局。《平凡的世界》仿佛一部恢宏的史诗，凝聚着雄浑的社会交响、宽阔的人性胸怀、绚丽的人生色彩和丰厚坚实的苦难底蕴，老辈人厚重而沉实的人生苦难，年轻人浪漫瑰丽的人生想象和朝气蓬勃的行动能力，以及从生活中得来的人生思考都构成了这种美学格局的一部分，成就了这样一个犹如黄土高原般起伏变化，又如大河般壮阔雄浑的文本。请你从作品中找出2例，略做分析。

3. 人物形象。路遥非常注重人物性格的典型化。且不说孙少平等主要人物，就连次要人物也塑造得非常丰满。比如农村“革命家”孙玉亭，就是特殊年代的特殊产物。又如村支书田福堂，他的自命不凡和谨小慎微，是农村干部的典型。再如地委书记苗凯、秘书张生民等。作者是怎样从这些人物的一举一动中让读者一眼看出他们的职业特点和由职业特点所形成的行为方式特征，从而探索各式人物的性格心理和文化心态，传导时代的律动的？请用作品中的实例来说明。

____

____

____

____

____

____

五、争鸣商榷

下面是老师的一篇商榷争鸣文章，欢迎同学们一起参与讨论。

永远的苦难，永远的命运
——《平凡的世界》存疑

徐春香

路遥对平凡人的世界有着近乎残忍的了解，正如书中的人物一样，路遥自己的世界也的确充满了各种各样的苦难。出身贫寒，甚至为了生计而被过继给伯父，高中读完也如少平一样做过很多种又苦又累又似乎看不到希望的临时工作。也许是因为以上种种原因，路遥心中升起的浪漫情怀最终会选择向现实妥协。透过书中的人物，尤其是少平和少安的遭际与结局，我们似乎能看到一个竭力挑战苦难，却对超越苦难不那么有信心的作者。就如作者的名字那样，路途实在遥远，越过一个又一个驿站，还有更多的苦痛在蔓延，这便是命运……

在前两部中，作者竭力刻画的少平，克服了饥饿的苦难、贫穷的苦难、青春期朦胧情感的苦难、自尊受到挑战的苦难……然而，这些在广阔的精神天地面前，却一步一步磨砺出了灵魂的辉光，完成了精神的成长。他不能局限于双水村狭小的天地，而始终保有对外面世界的梦想与热情，尽管他做揽工汉、掏炭工这些似乎跟知识完全没有联系的苦累工作，然而精神的富足促使他超越了人生一个又一个苦难。可以说，少平给了我们太多的震撼，以致合上书本很多年，我们脑中始终浮现着少平趴在空无一人的楼板上，在一堆破烂的铺盖、在蜡烛的微光中潜心苦读的模样。同样也是精神的富足使他在美丽热情却又优越无比的晓霞面前不卑微、不造作，以平等的姿态从相识相知到热烈地相爱。在大亚湾煤矿我们欣喜地看着少平升井后在别人蒙头大睡时攻克那些艰深的数理问题，然而走到生命尽头的路遥似乎宿命般地认为，这些都不是平凡人生活的主流轨迹，于是他残忍地毁掉了似霞光般灿烂的晓霞，还有金波的如火的爱恋、少平正青春的容颜……我仿佛看到，作者把他好不容易建立起来的各种美好全部毁掉，我想这样的做法也许源自作者内心根深蒂固的不自信吧，他逃不出自身命运的局限，同样他对自己费尽心力树起的那些美好没有信心。

相对于少平而言，孙少安的一生看似简单而圆满，他为了家庭而辍学，选择承担家庭的重负。他屈服于现实身份地位的悬殊，选择放弃和润叶青梅竹马的感情，而这放弃又何尝不是一种成全。因为这样的磨砺，使他拥有了我们最欣赏的良好性格，也因为他的懂事，他隐忍了自身的情感与欲望，将渴望降到最低，一生都是为了他人而活，为家庭、为父母、为妻子、为村里，他是个好人，可他从未成全过自己。他值得润叶为他放弃身份和社会地位的悬殊，更值得妻子不顾一切远赴而来为他生儿育女、守家创业，并将自己的全部奉献给他。然而，他一直不肯辜负众人，却唯独辜负了自己。当小说结局作者残忍地毁掉了淳朴热情的秀莲时，秀莲如杜鹃啼血的样子便成了我心中挥之不去的结……

我知道路遥就是想告诉我们：生活中的每一个人都在不断地失去自己最珍贵的东西，生活永远是美好的，然而人的痛苦却时时在发生，笑着的人永远不知道，这欢乐是多少痛苦换来的……但我还是分明看出，这些人生轨迹的安排有了一丝为了苦难而苦难的味道，路遥跳不出自己的局限，他选择了宿命般的妥协。当然时代不同、际遇不同，我们不能苛责路遥的选择，我们需要于平凡芜杂的生活中探知苦难的意义，追寻生命的真谛，从而构建我们的精神家园……

☆ 问题来了：

读完整本书，我对《平凡的世界》的评价是：

____

____

____

____

____

____

六、学以致用

读书的目的在于应用，不懂得应用，读再多的书也没用，甚至会变成书呆子。渺小如我们，或许都希望成为这个时代的少平，但现实面前，我们往往活成了少安。作者潜意识里把少平塑造成了一个拥有完美人格的人，他的经历，我们或许有类似的，但他的意志品质我们却望尘莫及，从这个意义上讲，少平的世界是不平凡的，他用内心强大的力量渡过了一个又一个难关。真正平凡的是我们——在细小琐碎中彷徨挣扎的懦弱的人们。我们或许更像少安，有自己的抱负，也曾付出努力，期待成功，可一旦迎上了现实的“骨感”，还是选择了妥协。面对心爱之人——润叶，为了不让她为难，不让她受苦，不让周围的人说三道四，只好自己选择放弃，桎梏于世俗的评论中，抱着对大家都好的心理做委曲求全的自我牺牲。

但我想，我们或许更愿意或者更有可能努力成为晓霞，有远大的理想，善良隐忍，遇见真爱，毫不犹豫地追求，不受他人言论和眼光的影响，只凭心意做事，勇敢去爱——不死，心还在，即使死了，爱还在。或许更愿意成为金波，为了朋友两肋插刀，永远真诚，一生热爱，大方不吝啬，爱憎分明，喜怒哀乐都挂在脸上，像个孩子，但招人喜欢……

合上书卷，轻抚眼角的湿润，有一种恍如隔世的惊心动魄：在最平常的事情中可以显示出一个人人格的伟大来。

☆ 问题来了：

读完这本书之后，你感觉到在哪些方面自己有所开悟或者提升呢？给你一段独立思考的时间，然后写一篇完整的读后感。

七、阅读建议

《平凡的世界》全书150多万字，对于学业繁重的高中生来说读起来并非易事。再加上时代隔阂，人生阅历，高中生想要进入路遥笔下的“平凡的世界”，建议采用对比阅读方式。透过少平与少安的人生经历和选择，以及他们不同的人生方向，去审视生活的意义、生命的意义。把作者竭力刻画的那些美好的女性做对比阅读，润叶、晓霞、秀莲、兰香、金秀、郝红梅、兰花……体会传统文化与新思想影响下的中国女性的魅力。

当然，读《平凡的世界》不能不体会那10年间整个国家的风云际会，这需要高中生透过课本去体悟，个人、国家、时代、社会……所有的成长都需要面临巨大的挑战，任何时代的任何人甘于困守一隅都将是很悲哀的事。

同时，我希望高中生能把《平凡的世界》的书和电视剧进行对比，用心体会，深入思考，找到这本书的意义，更找到这本书对于我们个体的意义。毕竟一本书有怎样的意义并不重要，重要的是我们能从中获取怎样的意义。希望这本《平凡的世界》能够告诉时常纠结于无谓苦痛的年轻人，自身所缺乏、所需要的究竟是什么……

八、相关链接

1. 所谓知人论世，只有深入地了解作者，才能深入地走进他的作品，如果你想更深入地了解路遥，下面的文章可以给你提供参考。此外，还可到互联网上搜索相关视频。

◆ 雷达．路遥研究资料．济南：山东文艺出版社，2006.

◆ 李永建．《平凡的世界》的艺术缺憾与路遥的巨著情结．淮北煤炭师范学院学报，2002（10）.

2.《平凡的世界》里那些善良的坚强的女性一定给你留下了很深的印象，如果想要细致而深入地了解她们的世界，下面两篇文章能给你提供一些别样的视角。

◆ 丁红梅，王圣．男权思想统照下的女性世界——浅谈路遥《平凡的世界》中的几个女性形象．淄博学院学报，2002（1）.

◆ 陈丽珍．平凡的女性　不平凡的人生——浅论《平凡的世界》中三种女性的类型化形象．苏州职业大学学报，2005（2）.

关中平原宗祠文化的挽歌

——走进陈忠实的《白鹿原》

设计者：王永辉、陈静（宁波市正始中学）

QQ：88362050

一、导语

它以陕西关中地区白鹿原上的白鹿村为缩影，通过讲述白、鹿两大家族之间的恩怨纷争，将阶级矛盾、家族纠葛、利欲角逐、情欲纠缠融汇交织，展现了清朝末年到20世纪上半叶关中平原变迁的“民族秘史”。该书被教育部列入“大学生必读”系列，同名电视剧由张嘉译、何冰、秦海璐、李沁、雷佳音等主演。

☆ 问题来了：

1. 你有看过电视剧版的《白鹿原》吗？如果有，请谈谈你对这部电视剧的看法，对于这部小说，你有怎样的期待呢？

______

______

______

2. 在阅读本书之前，先谈谈你对 20 世纪上半叶中国历史的了解吧。

二、关于作者

陈忠实（1942—2016 年），中国当代著名作家，是一位关注传统文化、有着浓厚民族情怀的现实主义作家。著名作家贾平凹感念："他是关中的正大人物，文坛的扛鼎角色。"他的大部分作品是在远离喧嚣的关中老家的小屋里创作完成的，成名作《白鹿原》获第四届"茅盾文学奖"。其他代表作有中篇小说《初夏》《康家小院》，短篇小说《日子》《李十三推磨》等，散文集《告别白鸽》《家之脉》，文论集《创作感受谈》等。2006 年，荣登"中国作家富豪榜"，受到广泛关注。2016 年 4 月 29 日，因病去世。

☆ 问题来了：

1. 陈忠实先生为什么要放弃优渥的创作环境，而选择躲在陕西关中老家的小屋里进行写作呢？如果你想更加深入地了解陈忠实先生，可以去收集一下有关他的采访记录哦。

2. 在获得茅盾文学奖17年后，陈忠实重新回首当年写作《白鹿原》的前前后后，写成了《寻找属于自己的句子》。他的讲述与其说是一部小说的创作过程，不如说是一名作家的心灵成长史，从中折射出的是改革开放给人们的生活、精神和心灵所带来的重大影响，以及中国农村走过的艰难改革历程与巨大变化。请阅读这本书，并谈一谈它对你的写作有什么启发。

____

____

____

____

三、内容解析

《白鹿原》全书共34章，不同于中国传统的章回小说，本书虽然采用了章节的形式，但是没有回目。在阅读全书之后，请仿照以下示例，为余下的28章加上回目。当然，你既可以参考中国传统章回小说的回目命名方式，也可以用自己喜欢的格式重新添加回目。

第一章：续香火独生子六娶六丧，患恶病白老汉抱憾归天

第二章：转霉运白嘉轩巧遇白鹿，破天机朱圣人妙解机缘

第三章：要心机白少爷计夺宝地，报恩情吴仙草缘结白家

第四章：除恶行朱先生义毁罂粟，行义举白鹿原名动滋水

第五章：修宗祠白鹿村上下同心，办学堂众孩童心向孔孟

第六章：逢反正仁义地又遭白狼，救苍生朱先生只身退敌

……

☆ **问题来了：**

1.《白鹿原》中的“白鹿”传说在历史上有文献可考：“平王东迁之后，有白鹿游此原，以是名。”陈忠实艺术性地将“白鹿”意象融入小说人物的塑造。朱先生去世时，小说中写道：前院里腾起一只白鹿，掠上房檐飘过屋脊便在原坡上消失了。在白灵离世时，白嘉轩和母亲、姐姐同时梦到白鹿离开，而朱先生马上意识到这个梦意味着白灵离开了人世。另外，在小说的开头，白嘉轩六娶六丧之后，在去请阴阳先生禳治的路上遇到一棵蓟草，经朱先生提点，这棵蓟草形似白鹿。在白嘉轩将祖坟迁到发现蓟草的地方后，命运发生了巨大变化。

你们在看完小说后，是如何理解小说中的“白鹿”意象的呢？请结合以上信息说一说你自己的看法。

2. 白嘉轩是《白鹿原》小说的绝对主角，这不仅表现在白嘉轩与同一辈的关系中，即使是在下一辈心目中，他也同样有着无法替代的地位。与其他人物相比，白嘉轩在小说中有着更加多重的身份：儿子、丈夫、父亲、农民、地主、族长……你如何看待白嘉轩这个形象呢？请选择白嘉轩的其中一个或者几个身份，结合小说中人物的具体表现，说一说你对这个形象的理解。

3. 很多读者认为，鹿子霖在小说中完全是作为白嘉轩的反面形象出现的。如果说白嘉轩代表的是仁义，那么鹿子霖就是功利主义的典型。你认同这种看法吗？请结合文本说一说你的理解。

4. 陈忠实在《白鹿原》中塑造了各种各样的女性形象：有革命知识女性的代表白灵；有不甘于命运的安排，用身体反抗封建礼教，最后以悲剧收场的田小娥；有被丈夫抛弃却不得不顶着“贞节牌坊”守活寡的鹿冷氏。她们是当时的社会背景中广大女性的缩影，她们的命运都以悲剧收场，你觉得她们的悲剧命运有没有共同的原因？又有没有各自不同的原因？如果有，分别是什么？请结合小说情节，谈一谈你对以上问题的看法。

5.《白鹿原》小说人物朱先生是一代大儒，身负儒家“修身齐家治国平天下”的人生目标，身体力行地实践儒家规范。一方面，他代表了陈忠实对于乡土的美好愿景以及白鹿原的传统秩序。但另一方面，当现代社会汹涌而来的时候，朱先生几乎没有对话的可能——他所依靠的传统秩序瞬间崩塌，这是一种“文化的尴尬”。你赞同以上说法吗？请结合小说中朱先生的形象谈一谈你对这种说法的理解。

6. 如果说白嘉轩是《白鹿原》中具有多重身份的一个形象，那么黑娃无可争议地是身份变化最大的一个形象：长工、农协主任、共产党、土匪、国民党、学生。他的命运也随着这些身份的变化而变化。但是无论如何变化，他的内心总是与白鹿村有着无法割断的联系。结合以上论述，请你谈一谈对黑娃在投靠国民党之后回乡祭祖这一行为的看法。另外，同样是回乡认亲祭祖，白孝文却没有得到与黑娃同样的待遇，你如何看待两个人的差别待遇？

四、艺术鉴赏

魔幻现实主义文学，“把神奇和怪诞的人物和情节，以及各种超自然的现象插入反映现实的叙事和描写中，使拉丁美洲现实的政治社会变成了一种现代神话，既有离奇幻想的意境，又有现实主义的情节和场面，人鬼难分，幻觉和现实相混”，从而创造出一种魔幻和现实融为一体、“魔幻”而不失其真实的独特风格。因此，人们把这种手法称为魔幻现实主义。从本质上说，魔幻现实主义文学所要表现的，并不是魔幻，而是现实。“魔幻”只是手法，反映“现实”才是目的。

☆ 问题来了：

1. 陈忠实在《寻找自己的句子》一书中坦然承认，在进行《白鹿原》的创作时，他曾受到了拉丁美洲魔幻现实主义风格的影响，其中最典型的当然是“白鹿”传说的运用和“白鹿”意象的塑造。除此之外，还有诸如故事开始时的驱鬼、“白狼”和“天狗”意象、取水时的神灵附身、田小娥死后的鬼魂附体等。这些都使得小说带上了浓厚的神秘色彩。请结合这些情节谈一谈你对魔幻现实主义这一文学风格的理解。

2. 中国现当代小说由古至今一直延续着“史传传统”，这种传统在《白鹿原》中同样有非常明显的体现。这不仅仅体现在小说的取材上，同样明显地体现在小说的写作目的、叙事结构、人物塑造、审美趣味上。比如，一些学者认为《白鹿原》客观冷静的叙述方式是它最为重要的“实录”特征，陈忠实对《白鹿原》

中的所有人物基本上都没有进行直接的评定，他运用客观而悄然的叙述让人物形象自然而然地圆润和丰满。你同意以上说法吗？请结合相关情节谈一谈你对这个问题的理解。

3. 在“内容解析”的第一个问题中，我们提到了“白鹿”意象的丰富内涵。很明显，朱先生所代表的“白鹿”意象和白灵代表的“白鹿”意象的内涵是不一样的。有人认为这是小说的一个败笔：“赋予白鹿多重象征的意味，在具体的情景里它们当然都是成立的，亦无不当。可是如果将整个故事连起来，其象征意味随场合而变，就损害了亚里士多德说的整一性原则了。”你认为小说中两个“白鹿”意象的内涵有相关性吗？请说一说你的理解。

五、争鸣商榷

《白鹿原》自诞生以来，一直饱受争议，这不仅仅体现在小说中充斥着的性描写上，更多地体现在陈忠实对中国传统的小农经济和宗法文化的暧昧态度上。

中山大学教授李慧云评价陈忠实“过于深情地描绘了封建帝制覆亡前后小农田园经济的这一抹夕阳余晖、古老村族的最后的宁静，这实质上是一种乌托邦式的理想”。

傅迪在《试析〈白鹿原〉及其评论》中指出，“一部反映中华民族近现代史的文学作品，从中只看到传统的宗法文化的作用，却几乎看不到五四运动以来新文化的影响，这不能认为是真正意义上的真实”。

批评者甚至认为，《白鹿原》的作者完全可以对 20 世纪中国的历史变迁抱一种不同情、不认可的立场，但既然他描绘了这一伟大的历史进程，那么我们也有理由要求他尽可能客观公正地呈现这段历史。遗憾的是，《白鹿原》显然未能达标。

☆ 问题来了：

你对以上评价怎么看？请结合《白鹿原》原著和《寻找自己的句子》说一说你的看法。

六、学以致用

小说是以刻画人物形象为中心，通过完整的故事情节和具体的环境描写来反映社会生活的一种文学体裁。而典型的人物形象的塑造离不开肖像描写、动作描写、语言描写、心理描写和细节描写。罗斯兰·雷克曾经说过："对人物了解越深，人物就塑造得越好，故事也就越有力量。"陈忠实先生作为土生土长的陕西关中人，以关中大地上最普通的农民为原型，在《白鹿原》中塑造了一个个骨血丰满的人物形象。有的狡黠奸诈，有的正直坦荡；有的钻营私利，有的造福大众；有的胆小怕事，有的勇敢果决……书中的每个人物都是那样的鲜活而个性，他们都在这个动荡不安的时代里走向自己命运的归宿。

☆ 问题来了：

读完这本书之后，你一定对书中的人物印象深刻，那么请选择其中一位你感兴趣的人物，来谈谈你对他的认识与理解，写一篇关于书中人物形象的读后感。

七、阅读建议

1. 在阅读本书之前，你可以借阅图书，也可以上网查询，了解一下本书展现的从清朝末年到20世纪七八十年代长达半个多世纪的历史。如果可以的话，你还可以画一个以政治运动为核心的线性时间轴，以便更容易透过历史事件把握人物的性格形成与浮浮沉沉的命运轨迹。

2. 华罗庚曾经提出过“先把书读厚，再把书读薄”的学习理念。阅读一本长篇小说，如果没有笔记，没有圈画备注，也许我们会看了后面，忘了前面。因此，我们可以准备一本笔记本，按照自己喜欢的方式，用思维导图的模式记录下每个章节的内容，进而对整本书做个梳理，掌握故事的梗概与发展脉络，初步实现“把书读薄”的目标。

3. 小说中对以儒学为核心的传统文化有比较集中的表现，这包括婚丧嫁娶、祠堂祭祖等仪式，作者对这些仪式看似烦琐的描写并非多余，只有了解这些文字，我们才能够深切地体会到儒学思想对于整个民族特别是关中平原的影响，才能让我们更好地理解小说中的人物行为及其命运。

4. 人物形象的探究，指的是对你所感兴趣的人物做一个全面的“解剖”。很多时候，我们都只是单方面地定义一个人，理所当然地认为“这个是好人，那个是坏人”，却忽视了人性的复杂，也忘记了宏大的历史背景与浓厚的文化背景。正所谓，有一千个读者，就有一千个哈姆雷特。你可以和看过这本书的同学，就某个人物进行一场有深度的人物探究，以便于更全面、更深入、更有思辨性地去解读人物形象。

八、相关链接

1. 如果你想要更加深入、更加全面地了解《白鹿原》，你可以借鉴他人的研究进一步学习探究，下面这几篇论文也许会给你一些新的思路与启发。

◆ 李帆．民俗地域文化视野下的《白鹿原》家族小说研究．中学语文教学参考，2018（27）.

◆ 张佳雨．跌宕起伏的双重变奏——论《白鹿原》中儒家文化的命运走向．名作欣赏，2018（15）.

◆ 韩伟．陈忠实文学的当代意义与《白鹿原》的超越性价值．西北大学学报（哲学社会科学版），2017（5）.

◆ 张纪鸽．《白鹿原》中白嘉轩多重身份探析．延安大学学报（社会科学版），2018（3）.

◆ 陈鹏．《白鹿原》中的三个女性形象分析．湖北工业职业技术学院学报，2018（5）.

◆ 崔志彬．孤独的理想主义者——浅析《白鹿原》朱先生形象．新丝路，2018（4）.

◆ 朱云．论《白鹿原》的叙事立场与话语谱系．安康学院学报，2018（2）.

◆ 唐嘉．史传传统与《白鹿原》的历史意识．镇江高专学报，2019（1）.

◆ 李泾荷．一场悲壮的“风搅雪”——《白鹿原》黑娃形象文化心理结构分析．湖北文理学院学报，2018（10）.

2.《白鹿原》被改编成同名电视剧、电影、话剧、舞剧、秦腔等多种艺术形式，你可以观看不同艺术形式的《白鹿原》，通过对不同之处的比较来进行鉴赏。

◆ 电视剧《白鹿原》，刘进导演，张嘉译、何冰、秦海璐、李沁、雷佳音等主演。

◆ 电影《白鹿原》，王全安导演，张丰毅、张雨绮、吴刚、段奕宏等主演。

“我”的高密东北乡

——走进莫言的《红高粱家族》

设计者：束菊艳（平湖市新华爱心高级中学）

QQ：1520023505

一、导语

怎样的作家能写下如此矛盾又真切的字眼：“高密东北乡无疑是地球上最美丽、最丑陋，最超脱、最世俗，最圣洁、最龌龊，最英雄好汉、最王八蛋，最能喝酒、最能爱的地方。”作家莫言关注故乡、民族，关注人情、人性。“高密东北乡”在作家的作品里，更在他的心里。让我们共同寻觅《红高粱家族》[①] 的“高密东北乡”吧！

☆ 问题来了：

1. 在阅读本书之前，先勾勒一下你对自己故乡的印象吧！

① 莫言．红高粱家族．上海：上海文艺出版社，2012．本文中有关小说《红高粱家族》的引文均出自此书。

2. 在你的印象中，战争小说是怎么样的呢？能否列举几部？

3. 世间百态有玄机，你能根据《红高粱家族》的书名来猜测一下小说会写哪些内容吗？

二、关于作者

莫言，中国当代著名作家。原名管谟业，1955 年生，山东高密人。2012 年获诺贝尔文学奖，成为第一个获得此奖项的中国籍作家。颁奖词评价他：将魔幻现实主义与民间故事、历史与当代社会融合在一起。著有《红高粱家族》《蛙》《生死疲劳》等长篇小说十余部，《透明的红萝卜》《白狗秋千架》等中短篇小说百余部，并著有剧作、散文多部，蜚声国内外文坛。莫言以其故乡为原型，用文字构建起一个具有理想主义色彩的世界——高密东北乡。

☆ **问题来了：**

1. 为什么莫言可以成为首位荣登诺贝尔文学奖圣殿的中国籍作家？不妨收集一下相关资料，先初步了解一下莫言获得诺贝尔文学奖的原因吧！

2. 作家莫言曾在斯坦福大学演讲时讲道："饥饿和孤独是我创作的财富。"他坦言，自己是一个出身底层的人，当时创作的最原始的动力就是对美食的渴望。同学们，你一定也有自己未来的目标，你实现目标的动力是什么？请写出你的真实想法。

三、内容解析

《红高粱家族》是一部 30 万字的长篇小说。作家莫言最早在 1986 年发表了中篇小说《红高粱》，该小说引起文坛极大轰动，后来他又把《红高粱》及其续篇《高粱酒》《狗道》《高粱殡》《奇死》五部中篇小说合为一部情节连贯的长篇小说《红高粱家族》。

☆ **问题来了：**

1.《红高粱家族》开篇就表现了与众不同的气质："1939年古历八月初九，我父亲这个土匪种十四岁多一点。他跟着后来名满天下的传奇英雄余占鳌司令的队伍去胶平公路伏击敌人的汽车队……"你读了以后，感觉它的与众不同在哪里？

2. 小说第一章"红高粱"写道："他们杀人越货，精忠报国，他们演出过一幕幕英勇悲壮的舞剧，使我们这些活着的不肖子孙相形见绌，在进步的同时，我真切地感到种的退化。"从饱蘸情感的语句中我们深切感受到，小说中"我"对先辈、对那些在红高粱地里参加抗日的英雄们的景仰之情。当时去胶平公路伏击日本汽车队的那场战役，"我"父亲也参加了，他当时十四岁多一点，在前往墨水河的途中和等待伏击的过程中，"我"父亲回忆了许多往事。请梳理相关情节，以"父亲想起"为中心架构故事情节，形成思维导图。

3. 阅读第一章"红高粱"、第二章"高粱酒"之后，请以

"我"爷爷余占鳌和"我"奶奶戴凤莲的爱恨情仇为线索，梳理"我"爷爷和"我"奶奶之间的故事。

4. 小说第三章"狗道"中这样写道："回溯我家的历史，我发现我家的骨干人物都与阴暗的洞穴有过不解之缘。母亲是开始，爷爷是登峰造极，创造同时代文明人类长期的穴居记录，父亲是结束。"鬼子围村时，"我"母亲带着"我"三岁的小舅舅被外祖父藏在枯井里。请阅读"我"母亲被困枯井的相关故事，并加以分析。

5. 理一理小说主人公余占鳌和国民党冷支队、共产党胶高大队以及铁板会的关系，并简要概括他们之间的故事。

四、艺术鉴赏

大家还记得作家莫言2012年获得诺贝尔文学奖的理由吧？将魔幻现实主义与民间故事、历史与当代社会融合在一起。今天我们阅读的这部《红高粱家族》也很符合这些评价。我们不妨先来探讨一下魔幻现实主义风格吧！

☆ 问题来了：

1. 象征手法。作品开篇就营造了具有生命力的红高粱世界："无边无际的红高粱红成洸洋的血海，高粱高密辉煌，高粱凄婉可人，高粱爱情激荡。"这样的场景具有旺盛的生命力，也为故事情节的推进提供了一个独特的舞台。评论家雷达先生曾如此看"红高粱"：一方面，它是人与自然契合冥化的象征，是千千万万生命的象征；另一方面，它又是历史与现实契合的象征，象征坚韧、不屈、苦难，象征复仇，象征英雄主义，象征淳朴而豪放的道德，象征伟大民族的血脉、灵魂和精神。显然小说中的"红高粱世界"具有丰富的象征意义，请找出小说中两处你认为精彩的"红高粱"的相关描写，并分析其中蕴含的丰富的象征意义。

2. 荒诞手法。荒诞手法的运用，小说中处处可见。比如爷爷酒醉后的一泡尿使得单家高粱酒远近闻名。这看似荒诞的背后，却是现实的写照，这不正彰显了余占鳌当时旺盛的生命力吗？荒诞手法的运用，既有利于丰富人物形象，激发读者的阅读兴趣，也表现了作者对生命力的赞美。小说在构思上有不少荒诞手法的运用。请你找出两处加以鉴赏，分析运用荒诞手法的作用。

3. 时空交错。小说几乎打破了传统的时空顺序与情节逻辑，把整个故事讲述得自由散漫。如果“红高粱”“高粱酒”“狗道”“高粱殡”“奇死”五章故事按 ABCDE 来排序，那么按照故事发展的先后顺序应该怎样排序？请通读整本小说，写出你认为最好的排序方式。

4. 民间文化。不知莫言是受到山东人蒲松龄的《聊斋志异》的影响，还是他本来就有讲述神话传说、奇闻逸事的能力，在后三章中你是否发现，莫言在讲故事时将魔幻现实主义与民间故事、历史与当代社会融合在一起？请找出两三个例子，并体会其妙处。

5. 人物形象。《红高粱家族》虽是传统战争题材的长篇小说，却给人耳目一新的感觉，尤其是在人物形象的塑造方面很有创新。如果大家熟知抗战题材的话，以往战争小说塑造的抗日英雄几乎是完美而正义的爱国英雄，而《红高粱家族》的抗日英雄却是正义与邪恶的交融。莫言打破了那种透明化、单一化的英雄模式，写出了人性的深度、广度、复杂性。他说："我一直是站在人的角度上，立足写人。我想，这样的作品就超越了地区和族群的局限。"下面将作品中两个最有价值的主要人物——"我"奶奶和"我"爷爷——交给你。请概括这两个人物形象，并从小说中找出相关情节加以赏析。

“我”奶奶：______

______

______

______

______

“我”爷爷：______

______

______

______

______

五、争鸣商榷

莫言曾在《红高粱家族》代后记《人老了，书还年轻》一文中提到，《红高粱家族》虽是少作，技术上有诸多粗疏之处，但文中那股子英雄豪杰加流氓的气魄，却正是借助了那股子初生牛犊之蛮劲儿才喷发出来。

一方面，我们看到作家莫言在小说创作中的那种锐气，那种“初生牛犊不怕虎”的胆气；另一方面，我们也要看到他在创作中的夸张之处。他自己也表示：“当时写的时候纯粹是表现天性，也有不理性和疯狂的地方。”在这里，作为一名普通读者来谈谈我的阅读感受，希望对你的整本书阅读有一定的帮助。

首先，对小说中人物粗俗性格的刻画，尤其对有些粗俗的人物语言，我们须仔细辨识、思辨阅读。比如小说第一章“红高粱”有一段这样的人物对白：“余司令大喊一声：‘日本狗！狗娘养的日本！’余司令一愣神，踢了王文义一脚，说：‘你娘个蛋！没有头还会说话！’”

这部分对白是“我”爷爷余占鳌带领游击队打日本鬼子时的几句话，可谓脏字连篇、粗俗不堪。作家莫言寥寥几句话就将一个粗野豪放、蛮横顽强的土匪英雄形象栩栩如生地呈现在我们面前。

作为当代青年，我们要理性认识小说人物的特点。在这里，我们要看到，在抗日的民族大义面前，这几句脏话因饱含了一个中华男儿的血性而变得真实可感、丰满崇高。有不少评论家认为，这是民间口语原汁原味的“粗俗”，应听到粗俗背后那份源自生命底层最原始、最崇高力量的呐喊。所以说，这些看似粗俗的人物语言是符合“余占鳌”人物形象的，作家沈从文先生曾说，塑造人物时要“贴着人物写”，贴着人物的身份、性格来写。余占鳌说的这些话是贴合小说的人物身份和性格的。

作为中学生，我们应辩证理解“余占鳌”这个人物形象的特定语言。但随着时代的发展，随着我们自身文化修养的不断提高，我们不能模仿余占鳌的语言风格，应做到言谈优雅、举止有方。

其次，小说的一些描写、叙述过于暴力化，我们须潜心反思。小说中有不少暴力化的描写，特别是“刘罗汉大爷被日军剥皮虐杀致死"这段自然主义式的血腥场面的描写，还有"奇死"一章有关二奶奶恋儿面对禽兽般的日本人的蹂躏，她拼了命保护女儿等处的描写，都以"暴力描写"展现。

☆ 问题来了：

1. 读书贵在"疑"，言之成理即可，希望我们能形成思想的碰撞。比如，有人说，《红高粱家族》中过于暴力的描写，对青少年的引领不够积极。对于这个问题，作为当代青年，你该如何看待呢？请你翻开小说，仔细阅读"刘罗汉大爷被日军剥皮虐杀致死"这一部分，圈画并旁批，写出自己的阅读评价。

____

____

____

____

2. 对《红高粱家族》这部小说，我还有其他方面的想法：

____

____

____

3. 在延伸阅读中我还发现了其他读者对本书的争鸣，代表性的观点有：

____

____

____

六、学以致用

亲爱的同学们，对于第一个获得诺贝尔文学奖的中国籍作家莫言来说，我为什么要首先推荐他的长篇小说《红高粱家族》，而不是其他小说呢？这源于我本人的一段阅读经历。

记得在我读中学（1998 年）时，学校图书室管理员是一位退休语文教师，她爱好文学，经常把自己订阅和读过的杂志放在图书室的书架上，满满的一架，堆得很高。我记得，她特别喜欢看《人民文学》之类的杂志；记得，她在自己买的杂志上常常做一些标记，或画圈，或画线，或写出几句自己的思考……

那时我喜欢吃好午饭去图书室翻翻书。一天，在那厚厚的泛黄的一堆杂志中，我无意间翻到了《人民文学》（1986 年第 3 期）里的《红高粱》。当我读到“我父亲这个土匪种”，读到“秋风苍凉，阳光很旺，瓦蓝的天上游荡着一朵朵丰满的白云”，我一下子被作者奇妙的构思、有趣的语言吸引住了！在那天午休的时间，我一口气就把这部中篇小说读完了。

可以说，那时的我对发生在“高密东北乡”这个乡野世界中的各种野性故事着了迷、入了神；可以说，是作家莫言的文字让我对文学作品产生了兴趣，引领我阅读；当然我更感谢那位退休后义务做图书管理员的语文教师。后来，在填报大学志愿的时候，我毫不犹豫地填写了中文系。

同学们，一本好书真的可以影响我们一生！至今我还记得亚米契斯的代表作《爱的教育》扉页上的那段话：一本好书，可以改变人的命运；一滴墨水，可以引发千万人的思考。这句话也一直激励着我去阅读一本又一本好书。

希望我的阅读经历也能引领你继续去仔细阅读整本书《红高粱家族》，喜欢上读书！

同学们，读书的目的在于应用，聪明的人，总是善于从阅读中提炼对自己有用且有益的东西，读别人，其实就是在读自己。

☆ 问题来了：

1. 如果你是出版社编辑，请根据你的阅读体悟，为作家莫言的长篇小说《红高粱家族》撰写一段好书推介语（不超过 200 字）。

____

____

____

____

2. 从《红高粱家族》中选择一个你最难忘的人物，向没有读过这部小说的同学介绍这个人物。要求：符合原著故事情节，200 字左右。

____

____

____

____

3. 有人说，作家莫言在小说中对“刘罗汉大爷被日军剥皮虐杀致死”的讲述与描写过于残忍、过于暴力，对青少年的引领不够积极。对这个问题，作为当代青年，你是如何看待的？可进行正反方辩论，请你写一篇正方或反方的辩词。

七、阅读建议

阅读整本书《红高粱家族》建议分成三个活动阶段：

1. 初读与感悟（自我研读阶段）。本阶段的主要任务是运用综合浏览、略读方法先通读一遍原著《红高粱家族》，了解本书的主要内容，把握小说主要人物形象和艺术特色，并能在阅读过程中提出自己的阅读疑问，做好摘要式、批注式、心得式读书笔记，为下一阶段做好准备。

2. 细读与分享（小组合作阶段）。本阶段采取小组合作的形式。学生自由组合形成阅读小组，先在组内交流阅读疑惑，也可以小组合作收集相关评论，再确定一个本小组探究的主题，合力撰写读书报告，开展读书报告交流活动。

3. 研读与写作（专题写作阶段）。本阶段任务是学生再次精读作品，对小说《红高粱家族》进行专题式阅读，比如可以抓住小说中多处的“红高粱”文字进行精读、深度阅读，研究“红高梁”的象征意义，从而进行专题写作。当然，也可以从小说文本阅读走向小说改编，结合影视欣赏加以深化阅读。

总之，同学们可以将原著阅读与评论阅读、影视欣赏、论文撰写等形式结合起来，在阅读过程中，探索出适合自己的阅读整本书的门径，形成和积累自己阅读整本书的经验。

八、相关链接

下面为有兴趣深入研究的同学们提供一些相关拓展，希望你们能继续深入阅读与研究。

◆ 莫言．讲故事的人．沈阳：辽宁人民出版社，2014.

◆ 莫言．我的高密．北京：中国青年出版社，2011.

◆ 叶开．莫言评传．郑州：河南文艺出版社，2008.

◆ 陈鹏．莫言获奖的提示：任何随大溜的写作都将是速死的．(2012-10-18) [2019-11-28]. http://culture.people.com.cn/n/2012/1018/c22219-19305004.html.

◆ 黄会兴．开卷有益：整本书阅读与研讨．上海：上海教育出版社，2018.

◆ 张艺谋执导的电影《红高粱》以及郑晓龙执导的电视剧《红高粱》。

沉沦，还是新生？

——走进梁晓声的《雪城》

设计者：王媛（宁海知恩中学）

微信：zezxyy

一、导语

它以悲壮的英雄主义色调和诗的品格，讲述了一群经历了疯狂的“上山下乡”运动的知青们，在返城后面临的来自精神、物质等多方面的压力和挑战，并描写了他们在融入城市过程中历经的各种艰辛，讲述了他们的痛苦与挣扎、蜕变与成长的故事。

☆ 问题来了：

1. 你听说过 20 世纪六七十年代的知识青年“上山下乡”运动吗？为什么他们融入城市生活会有如此巨大的艰辛？请教你的长辈们，尝试了解他们亲历的或者听闻的知青生活。

2. 知青们返城，想要在城市重新找到生存的价值，他们遇到了哪些困难？请你通过阅读进行概括归纳。

____

____

____

二、关于作者

梁晓声，当代作家。1949 年出生于黑龙江省哈尔滨市。现任教于北京语言大学人文学院，中国作家协会会员。曾创作出版过大量有影响力的小说、散文、随笔及影视作品。作品中以反映知青题材的小说著称。主要作品有短篇小说集《天若有情》《白桦树皮灯罩》等，中篇小说集《人间烟火》等，长篇纪实文学《从复旦到北影》，长篇小说《雪城》《一个红卫兵的自白》。小说《这是一片神奇的土地》《父亲》获全国短篇小说奖，《今夜有暴风雪》改编的电视剧获第五届中国电视剧飞天奖。

☆ 问题来了：

1. 你知道作家梁晓声的大致经历吗？你读过梁晓声的其他有关知青的作品吗？说说你所知道的有关作者的一两件逸事。

____

____

____

2. 有人说，面对00后，梁晓声的作品已经很难激起共鸣；也有人说，真正优秀的文学作品是不受时空限制的，是永远不会过时的。请结合你的阅读经历谈谈你对这一问题的看法。

3.《雪城》于1988年被拍摄成同名电视连续剧，当时由倪萍扮演姚玉慧，她精湛的演技赢得了观众的一致好评。如果你是导演，现在准备重拍《雪城》，你会选择哪位影视演员来扮演姚玉慧？你的理由是什么？

三、内容解析

一声令下，20万名知青大返城，一夜之间，每一个人的生活全部进入了一个新的轨道，看似偶然的每一个生活细节，其实都孕育着它必然的因素。将镜头拉远，这是一个时代的缩影。

《雪城》人物关系图

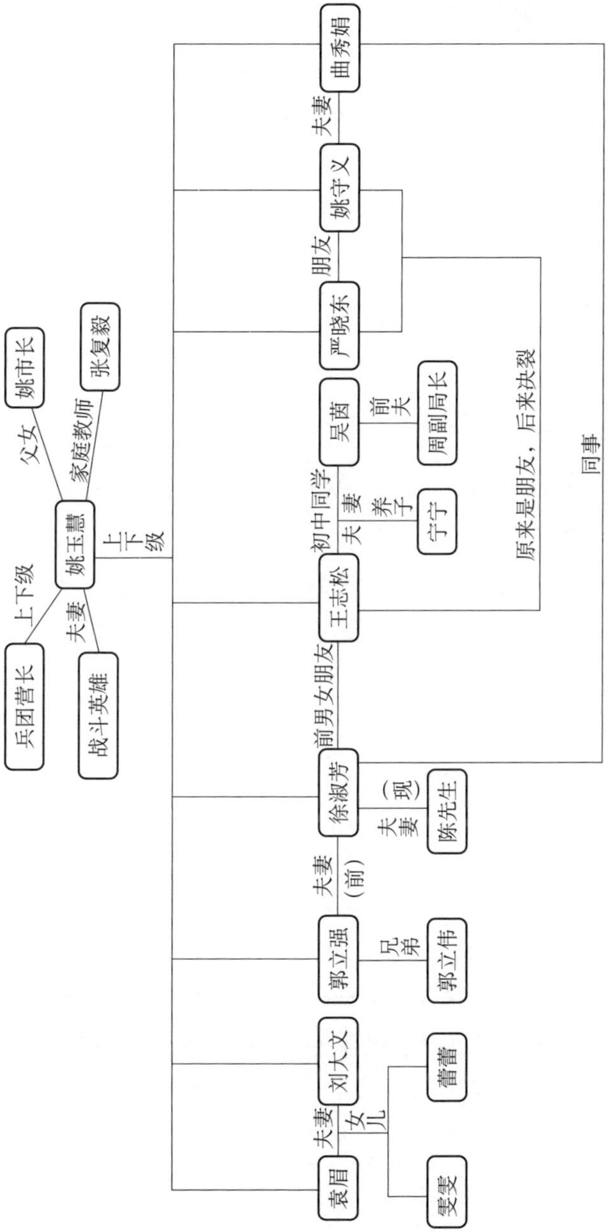
兵团营长
上下级
战斗英雄
夫妻
姚玉慧
父女
姚市长
家庭教师
张复毅
上下级
袁眉
夫妻
刘大文
女儿
雯雯
蕾蕾
郭立强
兄弟
郭立伟
夫妻（前）
徐淑芳
夫妻（现）
陈先生
前男女朋友
王志松
夫妻
养子
宁宁
初中同学
吴茵
前夫
周副局长
严晓东
朋友
姚守义
夫妻
曲秀娟
原来是朋友，后来决裂
同事

☆ 问题来了：

1. 20万名知青返城。模仿例句，根据书中的故事，各用一句话填写在下面每个人物的后面。

姚玉慧，曾在兵团担任教导员，开始了陌生又熟悉的城市生活，重新寻找自己的位置。

王志松，____________________________

严晓东，____________________________

姚守义，____________________________

徐淑芳，____________________________

刘大文，____________________________

郭立强，____________________________

2. 你最喜欢《雪城》里哪个人物？说说喜欢的理由。你赞同该人物在追求实现个人理想过程中的做法吗？如果换成了你，你会怎么做？

3.《雪城》最打动你的是哪个情节？是什么如此深刻地打动了你的内心？请在学校读书分享会上与大家分享。可以把你的发言提纲写在下面：

4. 徐淑芳是《雪城》中最为光彩动人的艺术形象，这是一个刚强、执着、坚韧而又多情贤惠的女强人。在她身上，有那么多难能可贵的品质，这无疑要感谢北大荒的丰厚赐予。她当之无愧是一代返城知青的典型形象。这一形象有力地证明：坎坷的生活道路，是怎样造就了这一代具有特殊素质的人。阅读她的故事，你有哪些新的收获？她身上蕴含的思想给你带来了什么启示？

5.《雪城》是一部描写了北大荒数十万名知青回城以后，在生活的洪流中如何为理想而奋斗拼搏、自强不息的作品。它以1979—1980年全国知青大返城为背景，以徐淑芳、刘大文、姚玉慧等人的命运纠葛为中心，艺术地、多角度地、多层面地剖析了经受了巨大心理落差的知青们返城后的种种失衡心态，讴歌了他们在北大荒浸泡过的屡踣屡起的坚毅品格和百折不挠的人生信念，并透视了他们重返城市舞台的蹒跚和迷失，满怀激情地为返城知青“树了一块碑”。因此，《雪城》的主题既是深刻的，又是带有悲壮的英雄主义色调和诗的品格的。读完全书，你对《雪城》的主题有哪些理解与体会？

6.《雪城》中有一个情节颇耐人寻味。作者设置了一个人物——林凡，他几乎是书的化身、文明的化身，他给当时头脑空旷的知青带来了光明，然而这个林凡却是个短命的人物，他只在厚厚的两大部书中存活了不到八页。你觉得作者为什么要让林凡早早地死去？如果你是《雪城》的作者，你会如何安排林凡的命运？

7. 读完《雪城》，有人眼前浮现的是“命运”“时代”“个人”这些关键词，有人觉得刻入内心的是“抗争”“理想”“现实”这些词语，有人感受深刻的是“寻找”“坚忍”“拼搏”这些词语。读完全书，闯入你脑海的是哪些词语？请围绕这些词语写下你的感受。

四、艺术鉴赏

作者不仅擅长将人物放置于宏大的背景中，而且让人物在剧烈的生活变故中凸显运动着、变化着的性格特点，从而塑造了一个个立体而丰满的人物形象。小说采用冷峻的现实主义手法，以直面人生的态度，对一代知青的历史命运进行了回顾、剖析与反思，它更放眼于对现实的观照，将个人命运与时代的命运紧密联系在一起，通过时代巨变的不可逆转与个体命运的艰难抗争，赋予了小说更多的悲壮与英雄意味。

☆ 问题来了：

1. 立体丰富的人物形象。《雪城》众多的人物无一雷同，个个闪耀着个性的光彩，都是独一无二的“这一个”，彰显了作者高超的写作笔力。例如，王志松就是一个性格异常复杂的人物。早期的他也善良有爱心，他把回城名额让给了徐淑芳，把知青遗弃的孤儿抱回家抚养。在后期商品经济大潮的冲击之下，特别是迈入了官场后，在命运的转变面前，他放弃了原则，没有了底线，全然投入名利场中，甚至为了自己的仕途不惜拿弃儿宁宁沽名钓誉。再如严晓东、徐淑芳、刘大文等，都不是扁平化的，无法简单粗暴地定义为“好人”或“坏人”。作者是通过哪些手段来刻画这些复杂的人物形象的？对你的写作有哪些帮助或启发？

2. 现实主义的风格。作者以冷峻写实的笔法展现了时代更迭之下冷酷的现实，如对师范学院招生背后暗箱操作导致的考场风波的描写，对金嗓子刘大文、教导员姚玉慧等人的心灵透视，对徐淑芳经历种种磨难最后获得新生的命运的展现，对严晓东虽暴富却依然空虚迷茫的直面。所有的这一切，既真切地反映了返城知青命运的荒诞与困厄，又表现了他们与命运的抗争，这就使得这些在北大荒的“咸水里煮过，血水里浸过”的生命，重新在新时代熠熠生辉。你还阅读过这种写实风格的其他文学作品吗？此类写实风格的作品都有哪些共同点？

3. 宏大的结构。在结构上，《雪城》以人物命运为中心，以影响人物命运的中心事件为人物形象刻画和联系的纽结点，有点有面，平行推进。请你举一例说明《雪城》结构上的这一特点。

____

____

____

____

____

____

五、争鸣商榷

《雪城》讲述了20世纪70年代知青返城后遇到的困难与蜕变，在作者笔下，并没有一个完全被他赞扬或贬斥的人物，这一方面体现了人物性格本身的多面性，另一方面也暗示了作者自身价值坐标的游移，一定程度上也体现了作者在情感与理智上的割裂。有人赞誉《雪城》为知青文学的鸿篇巨制，也有人认为《雪城》实际上并不成熟。下面是比较有代表性的观点。

观点一（渭南师范学院教授王炳社）：曾经名噪一时的《雪城》一味地注重个人情感的宣泄，忽视了“读者—作者—作品”三者的有机结合，进而使作品表现手法单一，理性成分单薄，造成了《雪城》永久的缺憾。

观点二（文艺理论家贺绍俊）：《雪城》的作者梁晓声是一位

首先关注语言所叙述的事情而不甚关注语言的组合方式的作家，而他作品中最有价值的也应该是语言所叙述的事情，而不是语言所组合的方式。

观点三（清华大学博士杜文涓）：徐淑芬的遭遇过于戏剧化，仿佛她是作家刻意安排，偏心为之的宠儿，甚至在故事初期不惜用巨大的不幸来逼迫她、打磨她，只为了令她重生。最终她以唯一一个胜利者的姿态安然跨越时代的鸿沟，而不是通过妥协和顺从。这使她成为一种经典英雄主义价值观的代言人：正直、勇敢、坚韧、战胜一切——过于俗套化了。

观点四（中国当代文学研究会会员方楚勤）：《雪城》是作者的第一部长篇小说，它不可避免地带有一些不成熟的痕迹。例如，在对待知青群体或个人的评价上，有以道德、情感乃至人性砝码代替历史评价的偏颇。对同代人的同情礼赞多于理性的批判否定。篇幅过长，致使有的地方松散、平直甚至游离，推进缓慢，下部缺乏大波澜，有些地方议论太多，冲淡了作品的艺术氛围。

观点五（首都师范大学文学院教授张志忠）：作品所充溢的对一代人命运的深切关注和作品沉重而不恣肆、弥漫而不狂放的情感力量，直面人生的态度，使作品具有恢宏的品格。当然，知青运动的历史，决定了这样的作品不可能写得壮丽辉煌，相反，作为那个时代的尾声，作为那个时代的重要社会现象——“上山下乡”运动——的心灵反馈，沉重和忧伤分明地存在着。

观点六（文学评论家潘凯雄）：《雪城》在结构上呈开放式，

以一种散点透视的观察方法去展现一群待业知青的行为，在人物塑造上也不同于《今夜有暴风雪》，后者以集中的笔墨去精细刻画几个主要人物，以获得一种立体的层次感。而在《雪城》中，为了写出更广阔的历史环境和事件，作者宁可牺牲人物的层次感，在大的色块下用对比的笔触去强调更有悲剧性的局部。这无疑都取得了很好的艺术效果，理应予以肯定。

观点七（媒体人、出版人高晓岩）：《雪城》对许多猥琐人物的情感诗意化，读者就不能不为之感动。但正因为把普通人性的美好作为其文学立足的根本，也就出现了以情感追求、人性砝码来代替历史评判的倾向。

☆ 问题来了：

摘录到这里，你可能看得出读者的唇枪舌剑已经有些火药味了，当然争鸣有些火药味也不是坏事，据理力争，各言其是，但要有个分寸，不能将学术争鸣升级为人身攻击。就此打住，该你上场了，亮出你的观点吧。

我对《雪城》的评价是：

____

____

____

____

____

____

六、学以致用

当几十万名知青被一列列火车从北大荒拉到城市，他们将直面的是怎样的境遇呢？小说《雪城》就此拉开序幕。他们原本的理想被证明是时代扭曲下的产物，原本的一腔热血撒给了政治的荒谬，新的理想将如何重构？迫切的生存需要、迷茫的个人定位、多元的价值体系……到底路在何方？沉沦，还是新生？——这是《雪城》中每一个知青面临的沉重而痛苦的叩问。《雪城》中人物的不同命运，隐喻着时代变幻里不同个体的不同抉择。事实上，当今时代也有许多时代痛点与《雪城》有相似之处。如何解决这些时代的难题，《雪城》仍然可以给予我们很多启示。

☆ 问题来了：

读完《雪城》之后，你感觉到在哪些方面自己有所开悟或者提升呢？给你一段独立思考的时间，然后写一篇完整的读后感。

七、阅读建议

1. 这篇小说采用了人物群像式的叙述方式，这些人物各有不同的性格和成长背景，阅读时要注重从性格、时代背景来理解人物的行为，并注意对不同人物的命运进行对比，加深思考。

2. 小说采取了多线索交叉并行的方式编织出一代人的喜怒哀乐，阅读时注意线索的整理和时间线的梳理。如果有兴趣，可以尝试多线索写作，如明暗线并行、同一时间轴安排两个故事等。

3. 写作来源于生活，小说中描述的知青生活大量来自作者的亲身经历，遇到印象深刻处不妨做个记号，并与自己的作文进行对比，思考如何将自己的体验融入写作中。故事里知青的生活和遭遇也有一定的代表性，如果家里有做过知青的长辈，不妨将你的阅读疑惑与他们一起探讨，从而加深你对知青群体的感知。

4. 小说中有不少人物诉说了他们对金钱、地位、婚姻、朋友、良知的看法，有的偏激，有的傲慢，有的善想象，有的接地气。在领略了这些看法后，相信你也有了自己的观点，不妨将你的想法细细整理，写在纸上，如果未来有了不同的想法，可以随时增减。

八、相关链接

1. 如果你想更多了解知青文学，可以阅读以下作品：

◆ 叶辛．蹉跎岁月．合肥：安徽文艺出版社，2017.

◆ 张承志．黑骏马．北京：东方出版社，2014.

◆ 王小波．黄金时代．北京：北京十月文艺出版社，2017.

◆ 史铁生．我的遥远的清平湾．长沙：湖南文艺出版社，2016.

2. 如果你喜欢梁晓声的写作风格，你可以阅读以下作品：

◆ 梁晓声．今夜有暴风雪．北京：中国青年出版社，2016.

◆ 梁晓声．年轮．长沙：湖南文艺出版社，2017.

◆ 梁晓声．这是一片神奇的土地．北京：首都师范大学出版社，2013.

◆ 梁晓声．父亲．北京：首都师范大学出版社，2014.

3. 如果你想了解别人如何评价梁晓声的作品，可以阅读以下资料：

◆ 贺绍俊．重读《雪城》．小说评论，1995（1）．

◆ 沈雅婷．理解梁晓声的三个关键词．中华读书报，2019-07-03．

◆ 徐晓东．《雪城》——徘徊在理想与世俗之间的精神殉葬之作．理论与创作，2004（3）．

◆ 张志忠．未曾衰竭的青春——读《雪城》兼论梁晓声．当代作家评论，1987（3）．

◆ 王炳社，曹强．论梁晓声《雪城》创作的误区．渭南师范学院学报，2001（4）．

◆ 杨丽．论梁晓声《雪城》的悲剧性色彩．吕梁学院学报，2011（3）．

狼情悲怆　世况如霜

——走进姜戎的《狼图腾》

设计者：李秀娥（浙江省三门中学）

QQ：94393157

一、导语

它横空出世，改变了全世界对狼的看法，并引领了“狼性”时代文化。

它是充满历史和文化的小说，也是充满虚构和想象的历史。情节激荡，语言硬朗，男子汉气概十足。

作者透过狼来描述人生、人类和历史，我们从狼身上读到自身、民族和世界。

☆ 问题来了：

1. 晒“存货”。读本书之前，你对狼有哪些印象？晒一晒含“狼”的词语、跟“狼”有关的故事。

____

____

____

____

2. 构“想象”。“20世纪六七十年代、内蒙古草原、知青、牧民、狼群”，你能据此想象出什么样的生活场景和动人故事呢？试以这五个关键词，构思一个故事。

二、关于作者

姜戎，本名吕嘉民。1946年4月生于北京，籍贯上海。1967—1978年在内蒙古额仑草原插队，1979年考入中国社科院研究生院。出于对草原的热爱和怀念，作者根据自身经历创作了半自传体小说《狼图腾》。据说笔名“姜戎”来自范文澜《中国通史简编》中的“炎帝姓姜……姜姓是西戎羌族的一支，自西方游牧先入中部。”截至2014年4月，《狼图腾》再版150多次，6年蝉联文学图书畅销榜的前十名，获得各种奖项几十种。正版发行近500万册，被译为30多种语言，在全球110个国家和地区发行。

☆ **问题来了：**

1.《狼图腾》1971 年起腹稿于内蒙古锡林郭勒盟东乌珠穆沁草原，1997 年初稿于北京，2003 年岁末定稿于北京，2004 年 4 月出版。

“不拍照、不录音、不接受任何采访”，这是 2004 年《狼图腾》出版时姜戎与长江文艺出版社北京中心达成的“三不”协议。

第七届“茅盾文学奖”评选时，长江文艺出版社推送的《狼图腾》入围，姜戎在报纸上看到消息后，即刻要求出版社退出评选，而他给出的理由只有一句话：独立之精神、自由之思想，自己不参评是一种选择的自由。

姜戎曾说：“这本书我是用半条命写出来的。”

读了上述文字，你对作者姜戎有什么印象？你还能补充哪些有关他的信息？

2. 在中外文学史上有这么一种现象：一些作家的处女作，就是他们的成名作，甚至成为他们的代表作。你知道哪些作家作品属于这种情况？你怎么看待这种“处女作即成名作甚至代表作”的现象？

3. 半自传体小说是作者在亲身经历的真人真事的基础上，运用小说的艺术写法和表达技巧经过虚构、想象、加工而成的一种小说体裁。《狼图腾》就是这样的一部小说。试从小说中找到主人公的一些生活细节，概括他的性格、爱好、经历、思想来源及发展，并与作者经历加以对照，也许你能从中发现一些有趣的东西。

三、内容解析

20 世纪 60 年代末，陈阵、杨克等一群北京知青来到内蒙古最后一块靠近边境的原始草原——额仑草原插队。这里的蒙古牧民还保留着游牧民族的生态特点，他们自由而浪漫地在草原上放养着牛羊，与强悍的草原狼共同维护着草原的生态平衡。这一切，都深深吸引了刚刚来到草原的陈阵。陈阵主动融入并观察着牧民生活，他发现，牧民的生活与狼息息相关，甚至没有狼也就没有了真正的草原。牧民与狼到底有什么关系？他们为什么对狼既充满恨意，又充满崇敬？他们到底从狼身上学到了哪些东西，并最终成为独特的民族魅力？陈阵为什么历尽艰辛深入狼穴掏到一只小狼，省吃俭用养活小狼，千方百计训练小狼，最终却又亲手残忍地杀死了小狼？

☆ 问题来了：

1. 复述。小说是以知青陈阵的视角来看待草原的狼群和狼性、游牧民族和农耕民族的文化差异的。如果换一个视角，会怎样看待这些现象呢？请尝试从毕利格老人、包顺贵、巴雅尔中选择一个，并以他的口吻，描述一下“与狼共舞”的日子。

2. 概括。

(1) 小说中每一章的开头，作者都引用了一段古籍中的相关记载。请你在每章开头的空白处用几个关键词或一句话，概括这段古籍记载的主要内容，并体会作者的用意。

(2) 给每一章节拟一个小标题，概括主要内容。写完后去和《小狼，小狼》比较一下，你的小标题是否更出彩？

(3) 作者介绍了狼的哪些特点？联想到人类历史的哪些人物和事件？表达了怎样的历史观？

3. 探究。陈阵通过对狼的观察得出的结论是否还有可商榷之处？你赞同陈阵关于狼和历史的看法吗？

4. 比较。书中涉及的主要历史人物在其他史书中是怎样的？选择自己感兴趣的人物或事件去翻翻史书，或者在网上查找资料，探究“历史真相”。

四、艺术鉴赏

《狼图腾》的故事生动有趣，但“有趣”的背后是作者十年“与狼共舞”的生活经历，是不可复制的宏大。《狼图腾》的议论独到深刻，但“深刻”的背后是作者几十年浸润于政史文哲的阅读与思考，有难以企及的厚重。本书有很多独具一格的写作特色，让我们一起来探究吧。

☆ 问题来了：

1. 叙事。近年来，长篇小说的“宏大叙事”普遍受到读者“审美疲劳”的拒绝。在图书市场与文艺批评的双重质疑下，《狼图腾》的作者却以坚定的自信、强大的实力与冒险精神，改写并丰富了这极难驾驭的“宏大叙事”。“宏大叙事”本意是一种“完整的叙事”。它是一种完满的设想，是一种对于人类历史发展进程有始有终的构想形式；也是针对整个人类社会历史发展进程所进行的大胆设想和历史求证，它的产生动机源于对人类历史发展前景所抱有的某种希望或恐惧。你认为《狼图腾》是“宏大叙事”吗？请结合小说的内容和结构，谈谈你的理解。

2. 文学性。评论家孟繁华这样评价这部作品：“如果将它作为小说来读，它充满了历史和传说；如果将它当作一部文化人类学著作来读，它又充满了虚构和想象。”《狼图腾》在行文上有哪些创新？你怎么看待作者对文学与史学、事实和想象交织的处理方式？

3. 细节。作家张抗抗认为：“这部书是一席丰厚的文学细节飨宴。该书随手翻来，满页皆是过目难忘的文学细节。其质地的独特、真实、密集、生动、准确，令人慨叹。”请从作品中找出一段你认为精彩的细节，分析作者是如何勾勒出一幅真实的草原生活图景，逼真而艺术地再现原始游牧草原的残酷与美丽的。

4. 议论。议论并不是小说中常用的方法，甚至会成为读者诟病的焦点。而《狼图腾》是个成功的例外，它不但在叙述和描写中经常穿插议论，而且在文章结尾处单独安排了几十页的专题议论——《理性探掘——关于狼图腾的讲座与对话》，既可以当作小说的有机组成部分，也可以看作一篇独立的学术论文，阐发了发人深省的对民族文化的反思，振聋发聩。谈谈你对这篇文章的看法，体会作者的匠心。

五、争鸣商榷

事实上，自从《狼图腾》面世以来，对它的批评几乎与褒扬一样多，批评的尖锐度也差不多和褒扬的热切度一样高。在看别人的评价之前，你不妨先从以下角度来梳理一下自己的看法。

☆ **问题来了：**

1. 主旨。作者通过“陈阵”这一人物提出了自己的一套历史观。总的来说，你怎么看待作者的相关结论？

____

____

2. 信度。你怎么看待小说的虚构与真实？你了解“半自传体小说”“纪实体小说”这两类文学类型吗？你如何看待《狼图腾》中真实与虚构的关系？

____

____

____

3. 文学。除了在“艺术鉴赏”中提到的关于小说文学价值的争鸣以外，对于人物塑造，也有争议。你觉得本书的人物塑造是否成功？

____

____

再看看别人的观点。

观点一：2015 年 2 月 13 日，蒙古族作家郭雪波在微博中表示：狼，从来不是蒙古族的图腾，蒙古族所有文史资料中从未记载过狼为图腾！这是一个汉族知青在草原上只待了三年，便生生嫁祸给蒙古族的伪文化！蒙古族信仰的最早为萨满后为佛教。狼是蒙古族生存之敌，至今见狼就杀。狼并无团队精神，两窝狼死磕，狼贪婪、自私、冷酷、残忍，无一可取之处，宣扬“狼性精神”是反人类的法西斯思想。

质疑：草原民族是否真的信奉“狼图腾”？作者宣扬的“狼性精神”是主观臆想还是客观存在？作家郭雪波的言论能否代表草原民族的观点并得到证明？

观点二：据《狼图腾批判》一书统计，以下词语出现频率分别是：狼 8 287 次，凶 198 次，狠 217 次，杀 451 次，血 507 次，死 790 次，打 1 076 次，战争 48 次。作者不仅对残忍血腥的杀戮场面进行了细致描写，并且贯穿始终，同时不失时机地将自己的一些思想赋予这些杀戮行为。

质疑：这些对残暴兽性的渲染，与我们一贯提倡的人性善行、反对战争不是背道而驰吗？为什么狼性十足的游牧民族的统治时间那么短暂，而羊性敦厚的农耕族群却能够一次次融合其他族群将自己的生命力绵延至今？书中极力呈现的“狼性论”或“大游牧精神”是开拓进取，还是鼓吹残忍血腥的战争掠夺？这种“狼性精神”真的优于“羊性精神”吗？

观点三：李建军在《假言叙事与修辞病象——三评〈狼图腾〉》一文中指出，“为什么列宁在生命垂危的时候，要让他的夫人再给他朗读杰克·伦敦的《热爱生命》。列宁是在听着人与狼生死搏斗的故事中安详长眠的，他的灵魂也可能是由异族的狼图腾带到马克思那里去了。连世上生命力最旺盛的伟人都要到荒原和野狼那里去寻找生命的活力，更何况他这个普通人了”。在这段叙述话语里，列宁听人读《热爱生命》的动机，被严重误解。本来，列宁之所以要听这个故事，不是因为狼，而是因为人，具体地说，因为想从人与狼的殊死搏斗的坚强意志里获得巨大的精神感召和心理支持。但是，在作者的叙述中，陈阵却由一个可能前提（列宁的“灵魂也可能由异族的狼图腾带到马克思那里去了”），推出一个绝对肯定的结论（“连世上生命力最旺盛的伟人都要到荒原和野狼那里去寻找生命的活力，更何况他这个普通人了”）。

质疑：是谁对列宁的故事产生了误解？

观点四：《狼图腾批判》指出，在《狼图腾》中断章取义地“使用”历史的行为主要表现在相关史料的引用上。最明显的例子就是该书每章前的题记内容。

质疑：《狼图腾》引用了古今中外很多史料和人物资料，这些引用是否有断章取义之嫌？

观点五：很多同一时期到内蒙古的知青都发文说没有见到过那么多的狼，没有那些惊心动魄的狼战场面，更没有牧民动辄说你们汉人如何如何。一些蒙古族作家也称《狼图腾》书中描写的草原生活场景并不真实。《狼图腾批判》记录了比作者晚一年插队、插队地点与《狼图腾》所写地点距离并不是很远的冯耕女士的话，“狼在当时绝对不是轻易可见的野生动物，即便早一年也没听牧民说过有书里那样的情景或场面。特别是由于对羊群的伤害，狼在当地牧民（蒙古族牧民）的眼里完全是一种令人憎恨的兽类”。另有女作家也认为“该书过度夸张了所谓狼行为的描写，很不真实”。该书作者因此得出结论：“《狼图腾》中有关狼的故事严重失实。”

质疑：真实的草原生活与作品中的草原生活有哪些差异？小

说是否允许出现这种差异？

六、学以致用

叔本华在《论教育》里说，小说里所表现的，实际上是不存在的人生和世界的状态。但年轻人却轻信并易于接受小说中所说的人生观，并成为他们思想中的一部分，他们所面临的并不是纯粹消极的无知，而是百分之百的谬误。这种谬误会引起一系列的错误概念，这种错误概念对人生经历非但起不到应有的教育作用，还会对经验所传授的东西进行曲解。

卡尔维诺说，阅读就是抛弃自己的一切意图与偏见，随时准备接受突如其来且不知来自何方的声音。这个声音不是来自书本，不是来自作者，不是来自约定俗成的文字，而是来自没有说出来的那部分，来自客观世界中尚未表达出来且尚无合适的词语表达的部分。

☆ 问题来了：

上述名人名言的价值在于：既不能全盘接受，又要学会取其精华，关键是要学以致用。请择取作品的精华，移植到你的实际生活中来，写一篇读后感。

七、阅读建议

1. 阅读《狼图腾》，首先当然是享受阅读的愉悦。从最打动人的故事情节、人物形象、场景、语言等入手，反复阅读一气呵成的几十个“狼故事”，品味作者精妙生动的语言，欣赏头狼、小狼、狼群等的“人物”形象，体会小说“宏大叙事”的博大精深、细节描写的真实生动、精妙议论的画龙点睛。

2. 再读时，可以尝试使用“摘要”“批注”“比较阅读”“反思”的方法，加深对狼性、人性、历史观等内容的理解，写下自己的疑问与思考。

3.《狼图腾》早已被搬上银幕。(1) 比较电影与原作，谈谈改编的得失。(2) 假设你是编剧，你会怎么改编剧本？请把你对主题的设置和内容的剪裁构思一下，发布出来。(3) 中影公司早在 2006 年就买下了《狼图腾》的电影改编版权，无奈改编难度太大，以当时中国的电影技术难以还原原著中描绘的“人狼对峙”“狼马大战”“飞狼”等惊险场面，所有国内名导的第一反应都是“很喜欢，但是拍不了”。(4) 假设你是导演，在准备这部电影的拍摄过程中，最大的困难是什么，你将怎样解决？你将提名哪些演员参演？拍摄场地选在哪里？

4. 三人行，必有我师焉。和同学们的讨论和辩论往往更能激发思维的火花。选择你感兴趣的内容和同学们讨论吧。在“知乎”提问或者分享也是一种不错的方式。

八、相关链接

1. 读完《狼图腾》，如果你对“与狼共舞”的奇妙历程和生活细节感兴趣，可以阅读以下几本书或观看影片：

◆ 李微漪．重返狼群．武汉：长江文艺出版社，2012.

◆ 李微漪．重返狼群 2. 武汉：长江文艺出版社，2015.

◆ 高陶布·阿吉木．蓝色蒙古的苍狼．姚克成译．武汉：长江文艺出版社，2012.

◆ 电影《狼图腾》，导演让-雅克·阿诺，主演冯绍峰、窦骁，2015 年上映。

2. 如果你对《狼图腾》的思想内容等方面有感触、有争议，可参考以下资料：

◆ 龙行健 . 狼图腾批判 . 上海：学林出版社，2007.

◆ 李建军 . 是珍珠，还是豌豆？——评《狼图腾》. 文艺争鸣，2005（2）.

◆ 李建军 . 必须说出的真相——再评《狼图腾》.（2007 - 01 - 09）[2019 - 11 - 28]. http://www.chinawriter.com.cn/56/2007/0109/2389.html.

◆ 李建军 . 假言叙事与修辞病象——三评《狼图腾》. 文学自由谈，2005（2）.

“密室”里的信仰

——走进麦家的《风声》

设计者：高丽娜（宁波市四明中学）

微信：gaogao13857808037

一、导语

大家认为谁是最会讲故事的人？有人说是莫言，有人说是汪曾祺，有人说是辛格，还有人说是生活。今天笔者就带着大家走进麦家的《风声》。它处处潜藏玄机，让人透不过气来；它设计了一个惊险的逃逸魔术，让读者在纷繁复杂的人事里，考验自己的智商：谁是真正的“老鬼”？

☆ 问题来了：

1. 你会带着什么期待进入本书的阅读？

____

____

____

2. 在阅读本书之前，先勾勒一下你对《风声》这部小说内容的大致猜测吧。

____

二、关于作者

麦家，当代著名小说家、编剧。1964 年生于浙江富阳，毕业于解放军工程技术学院无线电系和解放军艺术学院文学创作系。他曾任浙江省作家协会主席，是首位被英国"企鹅经典文库"收录作品的中国当代作家，中国"新智力小说"和"特情小说"的开创者。他的长篇小说《暗算》获第七届"茅盾文学奖"，代表作《解密》被翻译成 33 种语言，被英国《经济学人》杂志评为"2014 年度全球十大小说"。他的作品具有奇诡的想象、幽秘的人物、传奇的故事，充满悬念。

☆ 问题来了：

1. 作为一名被退稿达 13 次的军人作家，麦家在自己的专业知识的支撑下，经常会设置一个特定的历史年份，面对一个地方的地图，运用联想和想象的方式，设置故事。你还知道哪些作家有与众不同的特殊写作爱好吗？

2. 试想，开创了中国的"新智力小说"和"特情小说"、一度创造了中国图书销量纪录的麦家，会是一个怎样的儿子和父亲？

3. 你和父亲的关系怎样？

三、内容解析

上部：《东风》主要讲述的是潘教授提供的“老鬼”李宁玉，如何在封闭的裘庄与敌人肥原龙川周旋，嫁祸吴志国，争取顾小梦的帮助，最终通过自己的牺牲把情报巧妙地传给自己的哥哥“老天”的惊险行动。

下部：《西风》主要讲述“我”在老人顾小梦的口中却听到不一样的故事，情报是由顾小梦传递出来的。

外部：《静风》主要讲述在《东风》与《西风》互相争夺真实的“事实”，而两者的相争止于《静风》，随着潘老的去世，“老鬼”的秘密永远都不可能解开。

☆ 问题来了：

1. 在1941年春夏之交的杭州裘庄小洋楼，五天里，汪伪政权为了找出代号为“老鬼”的共产党，把涉嫌的五个人关在一幢小楼中审问。那些惊心动魄的故事背后，“老鬼”经历了怎样艰苦卓绝的心路历程？通过阅读他（她）的故事，你能否对他

（她）的精神品质做一个概括？

2. 三男两女中，有年轻貌美、出身名门、跋扈蛮横的富家女顾小梦；有“总是在有一下没一下梳头发”的李宁玉；有官高一级的吴志国；有年长的金生火；有仗势欺人的白小年。先是张司令通过文字游戏，接着肥原又请被拘者家属来吃饭造假情报；接着肥原布置白小年安排四人谈“谁是老鬼”，设计“鸿门酒宴”来试探顾小梦；最后肥原又采用验笔迹、酷刑伺候吴志国、搜查李宁玉办公室、肆无忌惮羞辱李宁玉等手段，使李宁玉服毒自尽……哪位才是“老鬼”？“老鬼”是怎样把情报送出的？作者结合外部《静风》，将现在与过去、采访与回忆交织，做了哪些具体的分析和精练的总结？你是否认同作者的分析？你从中获得了什么教益？

3. 本书是中国当代文学中第一部悬疑推理谍战长篇小说。最后关头，“老鬼”牺牲生命，设法将情报成功传递出去，你怎样看待“老鬼”这种选择？请以“我眼中的‘老鬼’”为题写几句话，表达自己对他（她）的看法。

4. 对于富阳出生的作者麦家来说，给自己的家乡杭州书写一部传奇的故事，书写一部与密码有关的小说，他是想揭开中国版“007”的序幕。故事设置在抗战期间的汪伪政权内。请从下列故事中选择一个，在班级里做一次故事分享（肥原设“鸿门酒宴”试探顾小梦、肥原利用二太太试探吴志国和李宁玉、肥原用假死的吴志国血书诈李宁玉、《西风》中 86 岁的老人顾小梦讲述的版本……），你可以把发言提纲写在下面：

5. 肥原龙川作为一个酷爱汉文化、芥川龙之介先生非常欣赏的日本年轻人，曾以大阪《每日新闻》驻上海记者的身份，撰写系列文章介绍中国文化和风土人情。后来，是什么让他变成了一个仇恨中国人的高级特务？他设计制造假情报，设“鸿门酒宴”试探顾小梦，毒打李宁玉并用言语侮辱：“我打死你就像打死一条狗！”……阅读他的故事，你有哪些新的收获？

6. 麦家将自己的真实与小说的虚构结合起来，说自己“收集各个年代的地图、旅游册子、地方编年史，然后把胡思乱想种在合适的时间、地理上”做小说。读完这部书，你对作者麦家的写作观有什么认识？通过他对上部《东风》里潘老讲的版本，下部《西风》里顾小梦的版本，你觉得他是怎样看待中国抗战这段特殊的历史的？对你而言，他的思考，让你获取了哪些营养？

四、艺术鉴赏

麦家的《风声》被倪匡认为是最好看的间谍小说。它混合了密室、悬疑，并将纯文学作品《小径分叉的花园》的核融入其中。“东风”已起，我们看到了“老鬼”李宁玉，身入裘庄，深陷危机，最终瞒天过海；“西风”未止，让平铺直叙的小说变得神秘莫测、跌宕起伏……“我”对肥原的看法也经历了转变，“到最后甚至都有点害怕和恨他了——因为，老是被嘲弄。我不得不承认，走近他，我感觉仿如走进了一个迷宫，到处是岔路和镜子般吊诡的幻影，我的知识和智力都受到深刻的挑战、考验和嘲弄”。富于张力和弹性的语言，仿佛鬼魅般吸引着读者。大家都想知道，肥原是如何由迷恋中国传统文化的一介书生，变成一个喜欢玩“猫捉老鼠”游戏的审判长和凶手的。

☆ **问题来了：**

1. 结构。上部《东风》是以潘老为主讲人的版本；下部《西风》是以顾小梦为主讲人的版本。如胡适所言：历史是任人打扮的小姑娘。到底谁给她打扮了多少，我们不知道。我们只知道，无论是潘老，还是顾小梦、李宁玉，他们为了破碎的国家、民族的重生和信仰的不灭，都付出了心智、力量和牺牲。五天的惊心动魄，如何在一部文学著作中得到体现和表现？作者在本书中是按照什么原则来选择材料构筑他的精彩故事的？请你总结至少两点本部小说的结构特点。

2. 主题。有人认为，《风声》和《色戒》都是写女间谍的故事，是否就是以美色勾引套取情报的老套路？随着阅读的展开，你面对“谁是老鬼”的重重迷雾不仅会茅塞顿开，而且会惊叹作者设计如此用心，穿插如此巧妙。那么，作者到底是想表达怎样的主题呢？举例子来说明。

3. 人物。麦家在《暗算》的第三部《捕风者》中，借韦夫的灵魂说：“清晨醒来看自己还活着是多么幸福。我们采取的每一个行动都可能是最后一个。我们所从事的职业是世上最神秘也最残酷的，哪怕一道不合时宜的喷嚏都可能让我们人头落地。死亡并不可怕，因为我们早把生命置之度外。你好。我好。”诗人勃朗宁说：“爱情、希望、恐惧和信仰构成了人性，它们是人性的标志和特征。”除了爱情，这句话，仿佛就是在对《风声》里的李宁玉说的。李宁玉靠什么度过那五个煎熬的深夜？作者是通过哪些手段来成功刻画她的人格魅力的？

____

____

____

____

4. 语言。本书能拥有那么多的粉丝，其中最重要的原因是占尽了缜密推理语言的优势，对“老鬼”细腻的心理描写。他的语言风格正好满足了今天读者的审美口味。如果你也喜欢作者的语言叙述风格，那么请找出几处你最欣赏的片段，逼着自己做一个分析，提炼出作品语言吸引你的内在原因，说不定会成为你对读者群的一个贡献呢。

____

____

____

五、争鸣商榷

质疑一：长江文艺出版社版的现当代长篇小说《风声》中写

道，“张司令的家乡在安徽歙县”，“十八岁参加乡试，考了个全省第一”。到后文张司令和大家玩文字游戏时的“心诗讨伐”里，作者说：“可作为一个老举人，这诗文作得实在欠佳，连基本韵律都锁不住。”正如作者分析所说：“或许是戎马多年耽误了他对诗文技法的把握，喜欢直抒胸臆，主旨明确，力透纸背之类。”能够考全省解元的张司令，在拿起自己的老本行“诗”来玩文字游戏时，一定是“铆足了劲儿”，让大家在他的“诗”里来“品味”自己的才情，同时呈现自己的意思。自古文人多有夸耀的习惯。所以，此处对张司令的诗的解读为“一个过气的老举人，得意之余的雅兴”，笔者认为过于牵强。

质疑二：麦家的几部长篇小说，构思和推理方式接近，有渐成模式之虞：新智力小说、密室小说、特情小说、谍战小说、解密小说，是不是一些实力派作家功成名就后，只能写“类型小说”？

质疑三：我认为，在处理冷面与热魂、动作与心理深度、悬疑与灵魂冲突上，存在一些问题，比如谁是“老鬼”？五人皆有可能，迷雾重重，足够紧张；但李宁玉之为“老鬼”，而且只能是她“这一个”，对其隐秘动机的揭示，就缺乏充分的信服力和感染力。

质疑四：上部《东风》中，潘老版本中的肥原自小在上海租界长大，主管江浙沪赣等地的反特工作，曾任翻译官。喜穿书生装，面容亲善。在请四人家属的宴会后，和王田香一起在西湖边给一个叫芳子的年轻太太上坟。上完坟后，他情绪低落，喝了几个小时的闷酒。难道这是他曾经的恋人？如果没有外部《静风》，会令整个故事显得不完整；但有了《静风》，悬疑小说的神秘与诡谲又没有了。如何更好地处理这个矛盾？

质疑五：上部《东风》中，潘老版本中李宁玉服毒自尽后，以肥原的智商和自以为是的小心，完全可以让尸体晚一天送出去。没找到确定的“老鬼”之前，没抓到“老K”，怎么会轻易地让张司令把尸体送出去呢？潘老难道真是顾小梦所说的“政治骗子”，还是曾经的夫妻因政治信仰不同而导致婚姻破裂后的一种相互伤害？

☆ 问题来了：

这是网友的疑惑，或许也是你和我共同的疑惑。现在，该你亮剑上场了，亮出你的观点吧！你对《风声》有什么质疑？

六、学以致用

麦家说：“把一部长篇小说改编为电影，就好像把一片滚滚麦浪做成一盒饼干，饼干好吃，但怎么可能有滚滚麦浪的风景和大地的姿态？”所以，我认为，先看小说原著，再看电影版，你一定能够看到有“滚滚麦浪”和“大地的姿态”的恢宏的风景！

☆ 问题来了：

读完这本书之后，你感觉到在哪些方面自己有所开悟或者提升呢？给你一段独立思考的时间，然后写一篇完整的读后感。

七、阅读建议

笔者认为，要进行整本书阅读，老师应当指导学生采用分散阅读与集中阅读、课内阅读与课外阅读相结合的方式；要以自己的阅读经验为基础，平等地参与交流讨论，解答学生的疑问；要求学生建立“阅读摘抄笔记”，积极撰写读后感、阅读札记；学生把书上优美的、富有哲理的、和自己的阅历相近的精彩语句、精彩语段摘录下来；通过读书报告会上的诵读分享和赏析，分享给更多的伙伴；针对某个人物，写出读后感，进行个性化解读；学会写推荐语；等等。

我的尝试：任务驱动

笔者根据本校学生学习水平与能力的实际情况，制定了初级“玩家”任务、中级“玩家”任务、高级“玩家”任务和终极“玩家”任务。在具体的实施过程中，再根据实际情况进行有效而合理的调整。

初级“玩家”任务：笔者建议学生最迟 10 天读完本书，以熟知故事情节为阅读目的，并能概括出每章的内容。要求以至少写满 16 开纸大小的摘记本的 3 页为标准。（目的：熟悉故事情节，训练对长篇小说情节的概括能力以及对语言敏锐的感知能力。）

中级“玩家”任务：在 10～20 天内完成以下任务：第一，体会作品的结构之美；第二，分别替吴志国、金生火、李宁玉、白小年、顾小梦五人写一则小传，包括姓名、性格、爱好、结局等，并能结合其生平对人物进行客观而理性的评价。（目的：对作品的结构和人物有初步的把握和认识。）

高级“玩家”任务：在光影和文字交织的时光隧道里，慢慢欣赏、慢慢品味，在比较中学会欣赏影视剧改编的魅力，感受道不尽的《风声》。（目的：在跨媒介阅读中学会比较。）

终极“玩家”任务：将“读”与“感 ”相结合，抓住一个点或某一个视角进行深入挖掘，把自己对本书的具体感受和得到的启示，通过文学表达出来。（目的：学会写规范的读后感。）

八、相关链接

1. 有人说，在当今文学世界里，麦家就像一个拥有变脸绝技的孤胆英雄，屡创奇迹，但又神秘难测，谁也不知道，下一次，他将屹立在哪个山头。如果你想了解他曾屹立在哪些山头，请阅读下面几部麦家的代表作。

◆ 麦家．刀尖1：阳面．北京：人民文学出版社，2018.

◆ 麦家．解密．北京：北京十月文艺出版社，2014.

◆ 麦家．暗算．北京：北京十月文艺出版社，2018.

◆ 麦家．密码．南京：江苏文艺出版社，2014.

2. 看《风声》前序，说它来自《暗算》。如果你想从二者的关系入手来了解麦家笔下的人心，请参考下面的作品：

◆ 胡传吉．有一种折磨叫怀疑——评麦家新作《风声》.（2007-11-18）[2019-11-28]. http://news.sohu.com/20071118/n253317277.shtml.

◆ 麦家．《风声》不是《暗算》的亲人，而是“敌人”.（2007-10-15）[2019-10-30]. http://blog.sina.com.cn/s/blog_5555b48c01000bto.html.

岁月悲叹　生命长歌

——走进余华的《活着》

设计者：牟艳娟（永康一中）

QQ：705045161

一、导语

震撼、揪心、钝痛、豁然。这不是一个煽情的故事，却比任何故事都让人动容；这里没有惊天动地的英雄，却比任何一个英雄都让人心生敬意。相信你读过之后，掩卷沉思，无论你是踌躇满志的帅哥，还是心思细腻的少女，它一定能触动你的心灵，让你找到活着的意义与生命的激情。

☆ 问题来了：

1. 阅读之前，你先猜想一下，书中的主人公大概是怎么样的一个人（性别、身份、性格等）。

____

____

2. 你喜欢看穿越类作品吗？如果可以穿越，你是否愿意到1940—1970 年的中国去体验一番？

____

____

二、关于作者

余华，1960 年 4 月 3 日生于浙江杭州，当代作家，中国先锋派小说的代表人物，与叶兆言、苏童等人齐名。主要代表作品有《活着》《许三观卖血记》《兄弟》《在细雨中呼喊》。作品以精致见长，叙述纯净细密，语言奇异、怪诞，于不急不躁中展露真实。前期作品先锋特点明显，主要写血腥、暴力、死亡和人性恶，展示人和世界的黑暗现象，小说里的人物与情节都置于非常态、非理性的现实生活之中。后期作品风格突变不再晦涩难懂，而是在现实的叙述中注入适度的现代意识，以简洁的笔触和饱满的情感赢得读者的共鸣。

☆ 问题来了：

1. 先锋文学在 20 世纪 80 年代中后期可谓风生水起、声震一时，几乎到了“无人不谈文学，谈文学必谈先锋”的地步。洪峰、马原、余华、苏童、格非、叶兆言、孙甘露等一个个耀眼的名字在读者的心中闪烁。如果你有兴趣，不妨搜索了解一下先锋文学，总结一下先锋文学的特点。

2. 先锋文学火爆了一阵子之后，在 20 世纪 80 年代后期陷入困境，当人们都觉得先锋文学淡出文学舞台的时候，余华的

《活着》横空出世，去了解一下余华经过了怎样的突围转变吧！

三、内容解析

地主少爷福贵嗜赌成性，终于赌光了家业，一贫如洗，穷困之中的福贵因为母亲生病前去求医，没想到半路上被国民党部队抓了壮丁，后被解放军俘虏，回到家乡他才知道母亲已经去世，妻子家珍含辛茹苦带大了一双儿女，但女儿不幸变成了聋哑人，儿子机灵活泼，然而……真正的悲剧从此才开始渐次上演，家珍因患有软骨病而干不了重活；儿子因与县长夫人血型相同，为救县长夫人抽血过多而亡；女儿凤霞与队长介绍的城里的偏头二喜喜结良缘，产下一男婴后，因大出血死在手术台上；凤霞死后三个月家珍也病逝；二喜因吊车出了差错，被两排水泥板夹死；外孙苦根便随福贵回到乡下，生活十分艰难，就连豆子都很难吃上，苦根生病发烧，福贵心疼便给苦根煮豆吃，不料苦根却因吃豆子撑死……生命里难得的希望被一次次死亡撕扯得粉碎，只剩老了的福贵伴随着一头老牛在阳光下回忆。

☆ 问题来了：

1. 活着？活着！活着。掩卷之后，你对“活着”有怎样的理解?

2. 十个人的十七次泪目。每一个来自内在或者外界易感点都会使泪水的堤坝决然崩溃，眼泪在完成另一种形式的言说，甚至比话语更具文学蕴藉。文中那些泪目之处，你可有过眼睛温热的感觉，谈谈令你感受最深的一处。

3. 少年去远游，中年想掘藏，老年做和尚。你如何理解福贵吟唱的这首歌和吟唱这首歌时的心情?

四、艺术鉴赏

《活着》自问世就引起很大轰动，不但销量可观，而且好评不断。美国《时代周刊》《华盛顿邮报》《西雅图时报》等重量级报纸杂志纷纷发声点赞。有人说余华的《活着》是一把手术刀，一点一点把表象剥离，把真相袒露，他的叙述独树一帜；也有人说，《活着》是对灵魂的叩问，生死存活之间探索生命的价值，它的思想耐人咀嚼；还有人说，先锋文学失去土壤后，《活着》是一种再生，它是先锋文学与传统文学的混血结晶……当然，有一千个读者就有一千个哈姆雷特，《活着》虽然先于你们出生，但我相信，你们读它时，它其实正在和你们一起成长。

☆ 问题来了：

1. 平静与波澜：福贵先后经历了整整七位家人的离世，以及老全、春生的离世。按理说每当有一位亲人故去，所带来的情感冲击都是巨大的，比如《平凡的世界》里田晓霞的牺牲、《草房子》中艾地老奶奶的离世，其作者都用了大量的篇幅描写人们的悲痛，描写他们的哀号与眼泪，但在《活着》中难以见到这样的语段，每一次的生死离别后，余华只是把大量文笔投注在语言和动作描写上。这两种表达方式，你更喜欢哪一种？说说为什么。

2. 死亡与活着：小说的题目叫“活着”，可书中却遍布死亡，一件又一件关于死亡的事情顺笔而下，它们之间没有明显的间隔，不像很多小说那样，一个死亡是一个高潮，中间停下来，有所缓和。《活着》的笔势是连绵的，“它有它们都没有的节奏，充满信心，大步向前去；舒缓，平实，具有可以让人触摸的质感”。所有与死亡有关的事情一起营造出整个氛围，是一种一直伴随的“状态”，而不是戏剧性的“瞬时性”的。你怎么看《活着》里面设置的这些死亡？

3. 荒谬与真实：“死也要活着”这个看以荒谬的说法，是《活着》中的老全临死前讲的。老全讲着自己的不死历史，可是一颗流弹瞬间就夺走了他的命。《活着》中尽是这样的死亡，带着荒诞的气息。你是否觉得这种荒诞太过伤害真实？为什么？

4. 冷酷与温情：有人说《活着》是冷酷的，一点点把人心里的热情和希望割断；有人说《活着》是温情的，俯拾皆是的细节抓住了人物的内心和深层意识，发掘出了真正的感动。你怎么看？

五、争鸣商榷

（一）对于文章主题的争鸣

观点一：《活着》表达面对人生的态度，其实是一种很消极的姿态。“为了活着而活着，而不是为了活着之外的任何事物而活着。”余华在《活着》这本书的后记中告诉我们这样一句话。似乎是对《活着》这本书的主旨的点睛，网上的读后感里也大多引用此句。那么，“为了活着而活着”究竟是为什么活着呢？“活着之外的任何事物”又是什么？余华在这里所要表达的是怎样的人生态度？

结合《活着》中主人公的一生，似乎可以看出余华表达的这种面对人生的态度是一种妥协、忍耐、顺从。人活着，就是为了“人生意义”而活，并不是为活着而活，《活着》这本书表达的意义，完全与人活着的正确意义价值取向相反。忍受苦难，是否存在要泯灭这种意义的要求？人来到这个世界上，不是只为了完成一连串的生物过程，而是要获得一系列的精神愿望，自由、平等、快乐、幸福和爱情等，都是我们要无条件满足人类的最基本的精神愿望，这是过程，也是意义，有人质疑那就是爱怎么活就怎么活。不能那样说，而要这样说：只要人懂得爱，并可以自由平等地去爱，我想他一定会努力地活出最好的姿态。

余杰在《病入膏肓的中国当代文学》中这样评价：只有肉体的“活着”而没有灵魂的求索。此类作家的代表人物就是余华。在《活着》这篇小说中，余华传达了一种让大多数中国读者都无法反对的根本原则：对于中国人来说，活着就是一切，活着就是胜利，根本不存在任何高于“活着”的价值。所谓“宁为太平犬，莫作乱离人”，长久的东方专制主义以及周期性的社会动荡，形成了一种高度实用化、物质化的“活着主义”，其关注点完全集中在人的肉体生命的保存上。从《活着》《许三观卖血记》到

《兄弟》，昔日的牙医余华不断讲述关于“如何活下来”的故事。也许是因为过去经常给患者拔牙，他知道怎样才能让读者忘却现实生活中的痛苦。余华所编造的种种故事，宛如一本经验丰富的野外生存手册，它表明由中国人所构成的社会仍处于“原野”的状态，生活于其中你必须依靠本能来求生。余华设置了一个接一个的“偶然事故”来阐释人生的悲剧性，对命运无常的叹息却无法让主人公的故事产生真正的悲剧力量。余华并不缺乏想象力，他缺乏的是对于基本的是非的判断力以及爱与同情。

观点二：《活着》体现了终极人文关怀，是一种厚重的智慧。《活着》是作者对生命意义的终极关怀，福贵本人的悲惨命运看起来如此荒诞与无法承受，却在某种意义上暗示着人类苦苦追寻的一切不过是一场无用的虚妄而已。《活着》体现了一种中国人的土地智慧，其伟大感可能恰恰源于这里。请看小说的结尾，“我看到广阔的土地和袒露着的结实的胸膛，那是召唤的姿态，就像女人召唤着她们的儿女、土地召唤着黑夜来临”“我知道福贵的一生窄如手掌，可我不知道是否也宽若大地?”从余华这样抒情的语句中不难看出他的意思：生命其实本无所谓幸福或者不幸，因为生命只是静静地活着。这是一种中国式的土地智慧，是中国在几千年来的土地生活中磨炼而出的生存智慧，正是在这个意义上，我们可以说，《活着》以一种独特的叙述手法完成了对生命意义的中国式的哲学追问。而这也正是余华的这部小说能引起这么多人共鸣的最主要原因。

西班牙《今日报》2010 年 5 月 5 日这样评论：《活着》这部书为我们提供了如何生活，尤其是如何在困境中求生的理念。这是一部描写20世纪中国惨淡生活的作品……这部小说是一首对于一个无限匮乏年代的赞歌。主人公虽然有着种种恶行，但是在“文化大革命”的大背景下还是学会了如何生活。

你的看法呢？

____

____

____

____

____

____

（二）对于死亡焦点的争议

观点一：过于频繁的苦难和死亡丧失了对读者的真实冲击。在《活着》中，余华将这种苦难的铺叙推向极致，他浓墨重彩地大肆涂抹着人类的各种苦难，甚至还不厌其烦地在读者面前勾勒出一幅幅“人类受难图”，安排了一个又一个“死亡现象展览”，毫不夸张地说，《活着》上演的其实是一出由死亡连缀的生命悲剧。福贵的父亲死于福贵的赌博嗜好，母亲死于疾病，妻子家珍死于软骨病，儿子有庆因输血给县长太太而死，女儿凤霞死于分娩大出血，女婿二喜被吊车吊起的水泥石板夹死，外孙苦根吃豆子撑死。一系列的死亡故事，使福贵习惯了死亡，使读者免疫和倦怠。如果说福贵爹的死让人叹息，有庆的死让人心中悸动，后面二喜的死和家珍的死就显得刻意而虚假了，最后苦根的死更是让人觉得是为了死而写死。

欧阳炽玉曾在《论余华〈活着〉中死亡的救赎性》中谈到，人们害怕的不是死亡本身，而是停止，为了缓解这种恐慌，大部分人愿意相信死亡不是结束而仅仅是另一个开始，因此人们热衷于探究死后究竟会怎样。但是《活着》中却没有表现“死后”这一部分，因此，《活着》所表现出的死亡观其实与《老黑奴》的死亡观是不同的，《活着》更为绝望痛苦。老黑奴与福贵同样唱着歌、微笑着，看似很乐观，但是作为一个读者，结合老黑奴心中充满死后与亲人再度相见的希望来看，会理所当然地认为那微笑是真正的微笑，充满乐观和希望的微笑。而福贵却只是麻木地微笑，没有希望、没有思考，有的只是对过去的回忆，这样的人物更像是一个画着笑脸的木偶，只能让读者倍感凄凉与压抑。

观点二：《活着》反复的“死亡”旋律，渗透着情感的力量。其向读者展示的不仅仅是生活中那形形色色的苦难，还告诉读者如何应对苦难。对于处于弱势群体的福贵来讲，在无力穿越的现实苦难面前，只有默默地忍耐，在不断地忍受苦难的同时，自己的情感也变得广阔、超脱。反复的“死亡”旋律，强化和突出了“活着”的福贵忍耐力量的强大，使读者看到了中华民族顽强的生命力。在苦难面前，反抗的方式让人们看到人类面对苦难时的积极的、行动的姿态，这是人类生命力量和意志力量的表现，是人类精神境界的最高体现。《活着》写了现实境遇中的人如何在苦难中活着，并向我们显示了“活着”的人在生命和精神两个角度上的意义。小说中，余华的讲述充满对福贵的悲悯，把苦难化为一种弥漫性的痛苦情绪，融入平静而略带温和的叙述之中，使读者感到其情感的力量和德行的力量。他对于福贵的这种深切关怀和深刻同情，给读者带来了心灵的温暖和灵魂的震撼力。

刘世棋曾在文章中谈到，余华的《活着》通过对处于中国社会底层老百姓生存状况的描述，引发人们思考“活着”以及“死亡”的意义。主人公福贵的一生与苦难为邻，被死亡环绕，在赌钱把家产输光后，厄运便接踵而至。生活的苦难使曾经的阔少爷一夜之间沦为最为穷苦的底层劳动人民，但同时也让他变得坚韧和刚强。小说以死亡的反复发生为主线，通过这些重复性的死亡让人们感知那个时代“活着”的艰难以及人们对于“活着”的执着追求。正如余华自己所言：“人是为了活着而活着，而不是为了活着之外的任何事物而活着。”主人公福贵在历经生活苦难后，变得愈加淡然和睿智。这种经苦难洗礼而练就的淡然以及对于生存的渴望与执着追求对于当今处于困境中的人们有一定的启发作用。

该你登场了，说说你的看法吧！

六、学以致用

福贵所传达的“活着”是一种“冥冥之中，独见晓焉；无声之中，独见和焉”的宁静状态，是悟了“悲欢离合总无情，一任阶前、点滴到天明”的明净。终其一生，“活着”是学会去安放自己的内心，为活着而活着，而不是无限地追寻“活着”之外的东西。放在儒家的语境下，是去践行中道，如实知见，纠正心之偏，安顿个人，达到“乐以忘忧，不知老之将至”。我们今天的生活安宁平和，没有福贵那时候的炮火和“文化大革命”，你觉得《活着》中的一些思想和情绪对这样的和平年代有现实意义吗？结合实际谈谈你的想法。

七、阅读建议

1．“我比现在年轻十岁的时候……”，故事猝不及防地开始，而我们也这样毫无防备地进入“福贵”的人生。其实，纯粹的阅读就应该不怀功利，没有目的。因此，阅读前不要去看任何评价和评论，应该放松自我。与运用理智和判断求知的哲学科学类作品不同，小说的阅读更多的是种经验的获取。

2．在初读过程中，不要预设，不要急于归纳主旨，更不要急于用知识和偏见去批判它。当然，在通读全书后，你可以表示欣赏或提出批评，但要尽量公平并说明理由。对一本书的评价往往能反映个人偏好和价值取向。而理由的罗列，可以帮助建立自己的评价体系。

3．如果愿意了解更多，你可以探究余华是如何成为余华的。

世界上任何一种阅读都不是孤立的。在余华的小说里，你能感觉到卡夫卡、马尔克斯、鲁迅的存在。如果你去读余华读过的书，走一走他经历过的“温暖和百感交集的旅程”，你会发现更丰盈而广阔的世界。

八、相关链接

余华写《活着》这部小说受到歌曲《Old Black Joe》[①] 中“老黑奴”形象的启发。同学们可以探究小说中的“福贵”与“老黑奴”的形象在塑造上的异同点。

有兴趣的同学们还可以从影视剧改编（电影《活着》，张艺谋执导）的角度分析小说人物形象的再塑造。

此外，想多了解余华和先锋文学的同学们不妨到这些作品里寻个端倪。

- 余华．我能否相信自己．北京：明天出版社，2007.
- 谢有顺．先锋就是自由．济南：山东文艺出版社，2004.

想了解余华前后作品风格的不同的同学们可以比较对照看看以下这几部小说。

- 余华．鲜血梅花．人民文学，1989（3）.
- 余华．十八岁出门远行．北京文学，1987（1）.
- 余华．兄弟．上海：上海文艺出版社，2005.

---

① 《Old Black Joe》，史蒂芬·柯林斯·福斯特创作，美国民歌。

好玩的历史 好用的智慧

——走进当年明月的《明朝那些事儿》

设计者：袁湛江（宁波诺丁汉大学附属中学）

微信：zhqzaoshui

一、导语

它以轻松的笔法、好看的故事、精彩的人物以及微妙的心理洞察力向人们展示了大明王朝三百年的历史。我从来没有看过一部书可以把枯燥的历史写得这么充满温度、妙趣横生，以至于拿起它就在再没有办法放下来。

☆ 问题来了：

1. 你会带着什么期待进入本书的阅读？

____

____

2. 在阅读本书之前，先勾勒一下你对明朝的印象吧。

____

____

二、关于作者

当年明月，《明朝那些事儿》作者的笔名，本名石悦，1979

年10月出生，湖北宜昌人。2006年，他在网络上发表历史随笔，创下近2 000万人次的点击率，后被出版社发现，将他的历史随笔出版，这就是历史小说《明朝那些事儿》。该书出版之后，很快席卷当时国内各大实体书店，截至2014年，《明朝那些事儿》累计销量过千万册，创下中国图书销量奇迹。石悦本人则连续7届荣登中国作家富豪榜。有意思的是，石悦至今仍然是一名国家公务员，写作只是他的业余爱好，但他比很多专业写手还要写得好。

☆ 问题来了：

1. 作为一名公务员，石悦在业余时间研究历史，并以自己独特的视角和思考展现历史的画卷，引起读者的热捧，一度创造了中国图书销量的纪录，其写作影响力超过了很多专业作家。如果你对作者的传奇经历感兴趣，不妨收集一下他的故事，解读他形成巨大影响力的内在原因。

2. 当年明月的这种写作现象，可能会颠覆我们对“业余爱好”的传统印象。你有什么业余爱好？你的业余爱好在生活中具有怎样的位置？

3. “当年明月”因为写作成为“网红”，你对“网红”现象怎么看？你希望自己成为“网红”吗？

三、内容解析

第一部：朱元璋艰苦卓绝的开国历史和朱棣的靖难之役
第二部：永乐大帝建国大业的辉煌与仁宣之治后的动乱
第三部：看横空出世的王守仁如何挽救大明于危难之间
第四部：嘉靖的空虚误国、朝廷内斗与边疆抗倭的交织
第五部：张居正登上历史舞台抗倭援朝开辟新的外交史
第六部：阉党与东林党展开拉锯战袁崇焕大战努尔哈赤
第七部：明朝的最后一个皇帝崇祯鲜为人知的历史真相

☆ **问题来了：**

1. 朱元璋从一个乞丐成为一个朝代的君王，那些惊心动魄的故事背后，他经历了怎样艰苦卓绝的心路历程？通过阅读他的故事，你能否对他的精神品质做一个概括？

2. 名将是怎样炼成的？作者结合实践做了哪些具体的分析和精练的总结？你是否认同作者的分析？你从中获得了什么教益？

3. 靖难之役前后，朱棣杀人无度，曾经创造了灭十族的残酷历史；永乐大帝之后，他陆续践行了五征蒙古、七下西洋、编永乐大典、迁都北京、疏通运河的一系列历史大业。你怎样看待这样一位复杂的历史人物？请以“我眼中的永乐大帝”为题写几句话，表达自己对这位有争议皇帝的看法。

4. 明朝历史上，发生了很多有意思的事儿，请在下列故事中选择一个，在班级里做一次故事分享（郑和下西洋、于谦北京保卫战、永乐大典的来龙去脉、明朝科举那些事儿、知行合一的王守仁、毁誉参半的张居正、大宦官魏忠贤覆灭记、话说东林党、印象最深的一位皇帝、崇祯到底是谁杀死的等）。你可以把发言提纲写在下面：

5. 王守仁，明代著名思想家、哲学家、文学家和军事家。他不仅是明代奇人，就是在整个中国历史上也是个奇人，他被誉为儒家学派四大传人之一（孔子、孟子、朱熹、王守仁），而且他推陈出新、知行合一，成为儒家思想的集大成者，立功、立德、立言在他身上全部得到体现。阅读他的故事，你有哪些新的收获？他的“知行合一”“格物致知”的思想给你带来什么启示？

6. 读完这部书，你对作者的历史观有什么认识？他怎样看待中国明朝这段特殊的历史时期？通过他对历史人物充满感情色彩的褒贬和对历史事件的理性分析，你看到了作者思想中什么有价值的东西？与一般的历史学者相比，他多了一些温度；与一般的文学作家相比，他少了一些矫情；与我们常人相比，他不仅做过许多专门的历史研究，而且形成了自己独到的看法。对你而言，他的思考，让你获取了哪些营养？

四、艺术鉴赏

既然能得到8位数读者的热捧，《明朝那些事儿》一定有其突出的吸引人的艺术魅力，当年明月因而成了很多读者自觉研究的对象。有人说他善于刻画人物，尤其是善于洞察并揭示人物内心深处的成长与变化、纠结与挣扎；有人说他善于叙述故事，宫廷斗争悬念丛生、金戈铁马波澜壮阔，每个故事都在他笔下变得动人心魄，摇曳多姿；有人说他的语言风格轻松幽默，充满情趣，时而在严肃的历史中穿行，时而在现实生活中潜入，时而在网络世界中调侃……其实这些都不重要，重要的是你在阅读中的体会。

☆ **问题来了：**

1. 结构。三百年的历史，如何在一部文学著作中得到体现和表现？既要尊重基本的历史事实，让读者对历史的发展脉络有一个客观的认识，又要写得好看，生动有趣。这首先是对作者结构艺术的一个考验。请关注作者在本书中是怎样搭建这三百年历史框架的，沿着什么线索、按照什么原则选择材料构筑他的精彩故事。你能否画一条线，在线上串联若干个点来展示整本书的结构？

2. 历史。在历史小说中，要想让历史故事得到清晰的展现，必然会遇到一个问题，或者说一个障碍——那些距今天的读者已经产生距离而在当时又是十分重要的历史知识，比如科举、官制、税制等。不说清楚这些问题读者就无法进入当时的历史情境，作者也就无法推进历史的演绎，进而做出一种客观的判断和理性的分析。而要说清楚这些问题又会容易堕入枯燥无味的知识叙述的套路。随着阅读的进展，你面对历史知识的重重迷雾不仅会茅塞顿开，而且会惊叹作者设计如此用心，穿插如此巧妙。那么，作者是怎样处理将历史知识融于充满情趣的叙述这个棘手问题的呢？举个例子来说明。

3. 人物。历史上的皇帝，在我们普通读者的心中，往往是一个平面化的象征性人物——高高在上，面无表情，一言九鼎，君临天下。但是在作者笔下，明朝十七帝，并不是按时间排序的十七尊塑像，而是每一个都不一样，不管在位时间长短，每一位都在一个特定的历史环境中表现了鲜明的性格。比如朱祁镇，在位时间虽然不长，但他是明朝唯一一位两次登基的皇帝，特别是在他被俘和被囚的八年岁月中，他靠什么度过这段艰苦卓绝、九死一生的岁月？作者通过哪些手段成功地刻画了这位囚徒皇帝的人格魅力？

4. 语言。毫无疑问，本书能拥有那么多的粉丝，其中一个重要的原因是占尽了语言的风光，他的语言风格正好满足了今天读者大众的审美口味。如果你不幸成为作者的一个俘虏，对作者的语言叙述风格津津乐道、流连忘返，那么请找出几处你最欣赏的片段，做一个分析，提炼出作品语言吸引你的内在原因，说不定会成为你对读者群的一个贡献呢。

五、争鸣商榷

《明朝那些事儿》从天涯网站推出，后来转战新浪，一直是网络文学的热宠。社会上无论什么事，一旦热起来必然伴随着争议，《明朝那些事儿》自然也不例外。因为该书起源于网络，本来就是一种带有草根性质的历史文学创作，网上的讨论与争鸣自然为读者提供了一种便利。我们从“知乎”这个有影响力的网络平台上摘取了几种比较有代表性的观点。不急，建议你在阅读该书，基本上已经形成自己的观点之后，再来看看你比较倾向于这些评价的哪一种，或者另辟蹊径。

观点一（中国人民大学历史系教授、博士生导师，中国明史学会副会长毛佩琦）：历史是千百万人的历史，是大家的历史，每个人都有解读历史的权利，从来每个人由于立场和学养的不同，所看到的历史都是不同的，我们既不能要求历史写作手法千人一面，又不能要求对历史的结论定于一尊……这的确是别开生面的，是一种创造。我热情地支持这种探索和创造……作者当年明月写轻松的历史，其实并不轻松；大家轻松地读历史，希望真的很轻松。

观点二（联想集团创始人柳传志）：我特想跟写《明朝那些事儿》的人聊……我觉得喜欢看的人都是有思想、愿意想事情的人，这是本好书，除了把史实摆出来，还要评论、挖掘，用现代的语言去说，他有他的角度。

观点三（网名为“潜水潜到2008”的网友）：我有个宏大的愿望，希望大伙能坚持不懈地一起将《明朝那些事儿》直接顶入中学课堂，成为每个中学生必备的书。

观点四（历史学者彭勇）：如果能做到有学术性而又好看，当然是最理想的，不过这个难度很高，可以做到的人寥寥无几……最大的特色是通俗易懂，也有趣。至于说到历史的真实，应该说大体上还是不错的，作者也花了不少工夫，没严重的错讹。当然了，这毕竟不是学术著作。

观点五（北京师范大学文学博士周枝羽）：一个流行文化研究的经典案例……这部书几乎具备了流行文学传播的一切因素。只是我没有想到一部具备了这些因素的作品居然是一部历史作品，而且是正史，完全不是戏说，我甚至不知道能不能把它称为小说，因为它几乎是完全忠实于《明史》的。

观点六（网名为“懒惰是种病”的网友）：至于其中故事细节，对人物的评论等方面，作者主观性很强。我对有些观点还是持怀疑态度。如何看待争议？取其精华，去其糟粕吧。主要还是要有自己的判断和思考，不要跟风走。

观点七（网名为“代马依风”的网友）：我觉得我是非常幸运的，因为《明朝那些事儿》是我读的第一本关于明史的书。自认为有独立思考能力的我，立刻就被这本书吸引了，而且思想几乎完全被作者左右，痛恨王振、严嵩，心疼于谦、张居正，惋惜袁崇焕、崇祯……我一度成了明粉，一谈历史就夸明朝，见人就推荐《明朝那些事儿》。但是，这种狂热在一年多后就戛然而止了，因为我读到了顾诚先生的《南明史》和《明末农民战争史》。在顾诚先生翔实的考据和严谨的推理论证面前，《明朝那些事儿》里的那些史料显得十分苍白，当年明月的那些论断更显得无比浅薄。一时间，我深感惭愧，我竟然被一部网络文学忽悠得晕头转向，当作正史四处向人炫耀。后来我又读了一些名家的明史著作，这种感觉就更加强烈。

观点八（网名为“李子寒泉”的网友）：当年明月从来没有说过自己写的是什么学术著作，只是说想把自己所理解的历史以一种更美好的方式表达出来，至于你说的主观色彩太严重，那很正常。无论是正规学术著作还是业余作品，只要这部书是一个人完成的，主观色彩普遍就很严重。司马迁的《史记》有人喜欢他的笔墨鲜明，有人觉得主观色彩太重。吕思勉在《白话中国史》中黑岳飞，钱穆在《中国历代政治得失》里面有洗白各种“封建制度”

的嫌疑。但是他们的作品我都很喜欢，我也很钦佩他们。如果一个人的作品，连主观色彩都没有，算什么“我以我笔写我心”？

观点九（网名为“曾云”的网友）：公正地说，《明朝那些事儿》让我对明朝那段历史产生了兴趣，然后我才抽空去断断续续读了《明实录》以及王阳明的《传习录》。作为一位历史爱好者，我觉得对于大多数喜欢历史的人说，最难的不是历史本身，而是对历史的兴趣。例如我，至今对魏晋南北朝、五代十国的历史不感兴趣，缺少的或许就是一个引子、一座桥梁、一种能激发我去了解这段历史的动力。我相信，很多人都和我一样，是通过《三国演义》这个文学作品，才有兴趣去了解更多有关三国的真实历史，才会去看《三国志》，甚至是《资治通鉴》里有关三国的部分内容。

观点十（西安翻译学院汉语言文学专业薛斯元）：当读者看到趣味性内容的同时，作者却做了很多枯燥的功课，这是作者能够呈现生动文字的重要基础。无论是作者的这种坚持，还是作者对史实材料的积累，都让作者能够从文学层面对写作方向、写作内容等做出判断……当年明月希望创作出“一部好看的历史”，他希望能够将历史写得更加精彩，所以创作出了符合消费时代社会大众审美需求且具有轻松愉快特质的文字。

☆ 问题来了：

摘录到这里，你可能看得出读者的唇枪舌剑已经有些火药味了，当然，争鸣有些火药味也正常，该你上场了，亮出你的观点吧。

我对《明朝那些事儿》的评价是：

六、学以致用

读书的目的在于应用，不懂得应用，读再多的书也没用，甚至会变成书呆子；聪明的人，总是善于从阅读中提炼对自己有用且有益的东西，读别人，其实就是在读自己。每一个人物发展的轨迹都会受到性格和品质魔力的驱使，尽管每个故事千变万化，但看起来毫无关联的偶然现象背后都潜藏着不以人们的意志为转移的客观规律——不论你是谁，不论你有多么强大，你都无法抗拒自然规律和历史规律！所以古人说：以铜为镜，可以正衣冠；以史为镜，可以知兴替；以人为镜，可以明得失。

☆ 问题来了：

读完这本书之后，你感觉到自己在哪些方面有所开悟或者提升呢？给你一段独立思考的时间，然后写一篇完整的读后感。

七、阅读建议

1. 在阅读本书之前，先看一下《现代汉语词典》的附录 1 “我国历代纪元表”中的明朝部分，最好按照明朝十七帝的顺序画一条线，大明王朝三百年的历史就在你的眼前了，《明朝那些事儿》的所有故事都在这条线上，虽不可能一目了然，但可以顺藤摸瓜。

2. 古人说“书非借不能读也”，这个观点已经过时，因为买书在今天对于普通读者来说已经不是什么困难的事情，更重要的是自己的书可以随意在上面及时把自己的感受记下来，批注勾画，随心所欲。书读过之后，要留下阅读者自己的痕迹。一旦需要，手到擒来，非常方便。

3. 复述，就是用自己的话把书中的内容陈述出来的一种口语表达方式。这种训练方式有助于在阅读过程中对重点内容的理解和把握。建议你在同学中寻找同样阅读过这部作品的同学，大家各自从本书中寻找一个有趣的故事，经过精心准备，举办一次“说书沙龙”，彼此做一个交流，邀请学长或者老师来担任点评嘉宾。

八、相关链接

1. 如果你想从历史科学的角度来验证这本书所陈述内容的客观性，或者对某些历史现象做更深入的探讨，下面几部历史学著作具有公认的权威性。

◆ 明实录．黄彰健校注．北京：中华书局，2016.

◆（清）张廷玉等．明史．北京：中华书局，1974.

◆ 毛佩琦．明朝十七帝．北京：光明日报出版社，2007.

◆［英］崔瑞德，［美］牟复礼．剑桥中国明代史．北京：中国社会科学出版社，1992.

2. 如果你想从历史文学的角度来比较作品的艺术特色，可以参看下面两部脍炙人口的作品：

◆ 罗贯中．三国演义．北京：中华书局，2005.

◆ 黄仁宇．万历十五年．北京：中华书局，2006.

未来已来

——走进刘慈欣的《三体》

设计者：王卓君（余姚第一职业技术学校）

QQ：47940018

一、导语

历史是一种回溯，科幻是一种探索，探索需要想象力、好奇心，而刘慈欣用他奇特的想象为你创造了一个两个文明碰撞的世界。看完《三体》你会惊叹：一个人的脑洞要大到什么程度，才能创造出与人类完全不同的地外文明呢？当外星文明窥见地球的时候，他们是有可能会如此这般的啊！我们常说，科幻小说从某种意义上是科学发展的一则预言，人类文明进程中的一个寓言，那么《三体》预言着什么？它的寓意又是什么？

☆ 问题来了：

1. 你会带着什么样的期待进入本书的阅读呢？

____

____

2. 在阅读本书之前，请你先想象一下外星文明的样子吧，如外星人的样貌、交流方式、生存环境、科技文明程度等。

二、关于作者

刘慈欣，1963 年 6 月出生，山西阳泉人。他本来是娘子关发电站这家大型国企里的一个计算机工程师，从事数据分析和网络安全领域的工作，是单位里人所共知的技术能手，人称“刘工”。在科幻的世界里，他是脑子里装满无数神奇想象和创意的大神，科幻圈里习惯叫他“大刘”，而“三体迷们”则亲切地叫他“刘电工”。这个专业的工程师利用业余时间写作科幻小说，代表作有长篇小说《超新星纪元》《球状闪电》《三体》等，短篇小说《流浪地球》已经被改编成了同名电影，《乡村教师》也被改编成了电影《疯狂的外星人》。刘慈欣凭借《三体》成为国内首位入围“星云奖”和“雨果奖”两项国际科幻大奖的作家，“将中国科幻文学提升至世界级水平”，他也因此于 2013 年成为第一位登上中国作家富豪榜的科幻作家。他被许多科幻迷和文学评论家冠以“中国科幻第一人”的美誉。

☆ 问题来了：

1. 科幻界有很多作者都是理工科专业毕业的，“大刘”作为一名计算机工程师并不是全国闻名的人，更不用说在世界上有一定的知名度了，但是作为一个科幻小说的作者他取得了科幻小说的最高奖项，据说连美国前总统奥巴马也是《三体》的粉丝。你觉得“大刘”能写出《三体》这样的作品与他的哪些特点有关？请结合他的身份、专业、爱好、出身、生存环境、品质、性格等方面来谈谈你的看法。

2. 有时候我们不能在第一时间选择自己最喜欢、最拿手的专业，所以有时候会用自己的工作养活自己的梦想；有时候我们赶着自己的工作，但还是想让自己的人生多一种可能，所以会选择跨界。这个世界中有许多跨界亮出真我风采的成功案例——“大刘”的跨界、许嵩的跨界、罗大佑的跨界、毕淑敏的跨界……对于跨界你是怎么看的呢？你有没有这样的想法？

三、内容解析

第一部，《三体·地球往事》：“文化大革命”时期，天文学家叶文洁历尽劫难被带到军方参与的绝密计划“红岸工程”，她最后以太阳为放大器，向宇宙发出地球文明的信息，信息被远在人马座的三体文明接收。庞大的三体舰队开始向地球进发，人类的末日悄然来临。

第二部，《三体·黑暗森林》：得知四百年后三体舰队将到达并入侵地球的信息，人类组建起庞大的太空舰队，同时制订了对付三体文明的“面壁计划”。人类星际舰队被三体黑科技强互作用力宇宙探测器（“水滴”）几乎全歼后，最后的面壁者罗辑以向全宇宙公布三体母星的位置坐标相威胁，暂时制止了三体舰队对太阳系的入侵，使地球文明与三体文明建立起脆弱的战略平衡。

第三部，《三体·死神永生》：云天明的大脑被装在飞行器中，送往三体舰队。程心接职罗辑执剑人之位，三体人用“水滴”攻击，致使地球文明失去了手中最后的王牌——引力波天线。人类战舰向宇宙公布了三体的坐标，三体母星被地外高一级文明摧毁，三体入侵舰队逃离太阳系。云天明被三体科技恢复人形，向程心透露大量情报，人类开始木星掩体计划。由于维德领导的空间曲率驱动研究被终止，人类最终没有能够逃脱被高级文明毁灭的命运。地外高一级文明用一张“二向箔”，把太阳系从三维降到二维，毁灭了整个太阳系。

☆ 问题来了：

1. 叶文洁从一个善良、纯真的出身高级知识分子家庭的女孩变成“第一红岸”的领导人、降临派的领袖，在试图引地外文明降临地球的过程中，她经历了什么？你如何理解她的变化？会怎样评价她的变化呢？

2. 在小说中，怎样的人选是人类文明最好的守护者（罗辑、程心、维德、章北海、云天明等)？你觉得作者倾向于选谁？而你呢？你所选定的他，做了哪些事情让你觉得他是最好的那一个？

3. 你是如何看待来自三体世界被改造成超级计算机的那两个锁住人类基础科学的质子的？结合质子的化身“智子”在澳洲计划、接见罗辑和在小宇宙中协助程心等具体事件进行分析。

4.《三体》中人类为了应对地外文明主动出击或者被迫想出了不少应对办法，引出古筝计划、摇篮计划、岩体计划、黑域计划、曲率驱动飞船计划等脑洞大开的故事。假设你要参加一个《三体》读书分享会或者班级《三体》图书推荐会，要求你以推荐者的身份，以讲故事的方式，来激发大家阅读本书的兴趣，那么请你尝试选择一个或者几个精彩的片段，在班级里做一次故事分享，你可以把故事梗概写在下面：

5. 刘慈欣在他的《三体·黑暗森林》里有过这样的提法：在大低谷时期后有这么一句口号：给岁月以文明，而不是给文明以岁月。这句话的出处是帕斯卡尔的那句：给时光以生命，而不是给生命以时光。原文是：To the time to life，rather than to life in time。但是在具体的小说情节的设置上作者却是这样安排的：先给大家展示了当人类的本能战胜人性之后人类社会的惨状。接着又展示了当人类死守人性而放弃本能后的灭绝。然后，借用维德之口说出：失去人性，失去很多。失去兽性，失去一切。这两种价值观是冲突的，这样的冲突会带来思考，也会带来思考后的混乱。那么，你在小说中看到的到底是哪种价值观呢？你自己又认同哪种呢？为什么？

四、艺术鉴赏

刘慈欣曾经说：科幻小说是一种关于可能性的文学，它把各种可能性排列出来供读者欣赏，而其中最有魅力的往往是那些最不可能的可能性。而这种最不可能的可能性的魅力最终就体现在他那些对地外文明的想象中。我们人类的母星地球承载的是一个太阳下的文明，《星球大战》系列创设出了两个太阳同时升落的塔图因星球，而理工科出身的刘慈欣就现实存在的三体问题（三体问题是天体力学中的基本力学模型），通过想象创设出了一个存在三颗太阳无规则运行之下，恒纪元和乱纪元交替出现的独特文明。这样的想象是否会让许多人难以接受呢？显然不会！其作品接受度的最好证明便是一个事实：刘慈欣成为第十三届作家财富榜榜首作家。由此可见，刘慈欣的读者群体是庞大的，也是广泛的。每一个枯燥的理论、每一个深奥的科学命题、每一次对其他维度的展示、每一个宏观太空和微观世界的创设都如此形象可感，都如此震撼人心，你是否有这样的体会和感受呢？

☆ **问题来了：**

1. 故事背景创设：基于现实的奇伟瑰丽的时空创设。每一部伟大的作品背后都有一个史诗般的宏大背景，而只有背景足够真实，才可以把读者带入一个独特的、真实的世界当中。有人说，说谎的最高境界是99%的真话加上1%的谎言，而所谓的“谎言”，在文学创作上便被称为虚构。无论是托尔金的《魔戒》系列还是阿西莫夫的《基地》系列，都是借助作品史诗般的时空背景的构建，让人们跌入了一个神奇又有真实感的世界。那么在你看来，《三体》是如何构建想象中的一个个站立在跨度极大的时间轴上的独特世界的真实感的呢？请你试着画出《三体》的整个时间轴，并在各个点上理出作者设定的背景，进一步理解艺术真实的由来。

2. 审美偏向：基于科学的技术想象、宇宙大美的刻画。《三体》三部曲被划分在科幻小说之列，科学幻想是科幻小说的关键词。百度上给出的“科幻”词条的意思为：根据有限的科学假设（某些东西的存在，某些事件的发生），在不与人类最大的可知信息量（如现有的科学理论，有据可考的事件记录）冲突的前提下，虚构可能发生的事件。《辞海》上对“科幻小说”的定义是：依据科学技术上的新发现、新成就以及在这些基础上可能达到的预见，用幻想的方式描述人类利用这些新成果完成某些奇迹的新型小说。《简明不列颠百科全书》第四卷对“科幻小说”的定义为“20世纪发展起来的一种文学体裁，这种体裁的小说以真实或想象的科学理论的发现为基础”。所以《三体》作为科幻小说，是如何利用现今科学上的发现和已有的科学成果进行最大限度的想象的呢？这些建立在科学基石之上的想象，这些奇伟瑰丽的时空创设和技术想象最终也成了《三体》最大的看点。而我们纵观《三体》三部曲发现，作品以其奇特超前的想象赢得了众多的读者。刘慈欣的《三体》以科学为生发点的奇思妙想为读者创造了一个宏大奇伟的宇宙级视界，但是不少读者认为整部作品最遗憾的地方便是缺少文学性。你是这样认为的吗？请结合《三体》举例分析（之前提及的“水滴”，隐藏在三个童话故事里的曲率驱动飞船和那个大漩涡带来的黑洞的即视感，包括将太阳系二维化之时的悲壮场景比作梵高的名画《星空》，包括微观上对一个质子一维展开、二维展开进行蚀刻等的描写）。

____

____

____

____

____

____

3. 人物塑造：单薄还是丰满，个性刻画还是群体呈现。《三体》能获得众多奖项，能拥有广大读者，无疑是一部伟大的作品，但似乎作者对人物的描写没那么上心，他对此的解释是：他是先设定一个科幻的世界，然后根据表现核心理念的需要来安排人物的，他的人物在某种程度上说更具有工具性，这是一个理科男的思维。既然迷恋《三体》，那么必然向往一睹三体人的庐山真面目，但是非常遗憾，通过阅读《三体》，除了了解三体人在进化中拥有了脱水避难、泡水复活的能力，几乎看不到更为具体的关于三体人的描述。甚至是代表着地球文明的人类，比如维德、章北海、叶文洁、程心、云天明、关一帆、艾 AA，似乎所有的人物形象都不是特别立体。你读了《三体》之后，想象中的三体人是怎样的呢？人类代表人物中，谁给你留下了最为深刻的印象呢？作者主要是通过哪些手段来刻画这位人物的呢？

4. 语言表达：深刻而形象。有人做过统计，除自然科学知识以外，《三体》对哲学、宗教学、心理学、社会学、人类学、生态环境学、美学、文学等各个学科知识均有不同程度的涉及。作者的知识覆盖面是极为广泛的，因此，我们作为读者在阅读这三部曲时，会经由作者之手的引领，走向更深广的人类文明世界。这么多的学科知识有机融合在一起，必然会让那些没有相关知识背景的读者无法好好理解文本：我们看到《三体》中，作者为我们展示了众多的术语，有的来自他的自创，有的来自相关学科，如宇宙社会学、猜疑链、技术爆炸、黑暗森林、曲率引擎、慢雾、死线、黑域、四维气泡、思想钢印、农场主假说、费米悖论等。这些专有名词或术语的出现加大了阅读的难度，可能会让初次接触的读者知难而退，因而可能会导致《三体》读者的小众化，但是真相是刘慈欣的作品能被大众接受。那么，他又是利用什么艺术手法把深奥的理论降维成通俗可感的形象的呢？怎么做到深刻却被受众接受呢？请找出几处你欣赏的片段，做一个分析。

五、争鸣商榷

《三体》从在《科幻世界》连载到收获科幻界“星云奖”和“雨果奖”两项大奖，一直是科幻迷最喜欢的作品之一，特别是获奖之后，刘慈欣的另一本小说《流浪地球》被拍成电影之后，更多的“科幻小白”也开始路转粉。有热度就会有评说、有争议，那么大家对《三体》的评价到底如何呢？且让我们摘取部分来看看吧。建议你在阅读该书，基本上形成自己的观点之后，再来看看你比较倾向于哪一种评价，或者你又会发出怎样不同的声音。

观点一（浙江师范大学人文学院徐勇）：我们从小说中又感到一种作者所特有的对人类的深深的绝望以及因之而来的深刻反思。这一反思，早已超出人类中心主义的高度，也非民族国家的本位主义立场；这一反思，因其借助于科幻文学这一文类和形式，毋宁说带有宇宙的视角，因而也更具有终极性和根本性。

观点二（科幻作家韩松）：刘慈欣的《三体》本身就是工匠精神的杰作。他花了好些年时间，用大量的细节和独特的创意构筑了这个宇宙，讨论了生命和一切的爱、艺术与道德问题……想象很奇特，漫无边际，汪洋恣肆，像庄子。

观点三（科幻作家王晋康）：作为真正核心的科幻作品，《三体》是从短篇时代、短篇杂志时代到长篇畅销书时代的标志，刘慈欣迈的第一脚；而且他把科幻的影响，从科幻圈子向主流文学界，向社会扩散，也是他踢的第一脚。

观点四（《科幻世界》主编姚海军）：中国空间技术研究院打来电话，要求与刘慈欣通电话。说是《三体》给他们非常大的启发，要求进一步沟通。原来“神舟”“嫦娥”项目中有那么多科研人员都看了《三体》。谁还能再说科学家轻视科幻？

观点五（小米创始人、企业家雷军）：这十年里面，我推荐最多的书是《三体》，没看过的真的可以看一看，看完你就知道互联网的战略。大家现在谈得比较多的“降维攻击”“黑暗森林”，基本都是《三体》讲的。

观点六（Facebook创始人扎克伯格）

My next book for A Year of Books is *The Three-Body Problem* by Liu Cixin.

It's a Chinese science fiction book that has gotten so popular there's now a Hollywood movie being made based on it.

This will also be a fun break from all the economics and social science books I've read recently.

And for those book club members reading along with me—I apologize for the week delay in sharing this next book. I've been busy with travel and fell a bit behind on reading. We'll catch up by reading a bit faster towards the end of the year!

观点七［美国《纽约客》杂志作者乔舒亚·罗斯曼（Joshua Rothman)］

China is on the path of rapid modernization and progress, kind of like the U. S. during the golden age of science fiction in the'30s to the'60s, Mr. Liu said. “The future in the people's eyes is full of attractions, temptations and hope. But at the same time, it is also full of threats and challenges.”

观点八（不知名网友）：《三体》并没有被高估，相反，它所带来的价值被大大低估了。首先，作者超乎常人的想象力给了读者一场超级厉害的脑洞盛宴，是成千上万个点子堆在一起的狂欢。其次，《三体·黑暗森林》系列中的哲学体系是能和阿西莫夫的机器人三定律媲美的严密基础设定，是可以成为未来无数优秀的创作逻辑起点的。最后，它所构造的人类文明的未来世界、各种地外文明等，是完全不输《星球大战》和漫威宇宙的空间设定，留下的是无数进一步创作故事的空间。而它所带来的科技时代的特征，才是对目前我们来讲最大的亮点。

观点九（知乎上德国的网友）：本来想法巨棒，但是对结尾有点失望。首先呢，这本小说以一个数学和物理问题入手，给人的感觉非常聪明。那些对粒子加速器、数学或者量子物理没啥概念的人可能在开始读这本书的时候很痛苦，因为有太多相关的内容。整个故事写得非常棒，我已经读过英语版本了，因为大多数情况下还是英文译本翻译得更好。写作风格也不错，故事直到最后两章之前情节都非常紧张，自然科学层面上的内容也不难理解。但是最后两章让这本书彻底迷失了，甚至看起来似乎像是缺失了一章，出现了一些逻辑漏洞，三体人的行为也失去了真实性。整个故事戛然而止，就像作者突然没兴趣接着写了一样。很多一再捧起这本书的人，要么读不下去，要么不知道里面那些物理数学内容讲了些啥。直到现在，英文 Kindle 的版本还没有第二部的内容，我已经彻底放弃了。

观点十（网名为“当年明月图”的网友）：为什么好多人批评刘慈欣《三体》的文笔？那种平静中酝酿眼泪的文笔，叫文采不好？你们对他了解太少了，我推荐《最糟的宇宙，最好的地球》这本书，这是他以前所有非正式文章的合集，可以真正地了解他这个人，一个发福、戴着眼镜的中老年人的外表下，埋藏着怎样高大又浪漫的灵魂和意志？

☆ **问题来了：**

摘录到这里，你可能看得出每一个读者心中都有各自的想法，所谓万紫千红才是春，有争鸣、有火花，各言其是，是《三体》的春天，也将带来文学的春天。该你上场了，亮出你的观点，为这个春天献上最为独特的一朵花吧。

我对《三体》的评价是：

六、学以致用

《娱乐至死》一书的作者尼尔·波兹曼认为：从口语到铅字的媒介转换是人类历史上一次巨大的智力进步，但是，从铅字到电视的第二次媒介转换却是一次严重的智力灾难。这是因为电视不断地用娱乐噱头来博取观众的眼球，埋下了智力弱化的祸根。同样，日本作家大前研一在《低智商社会》一书中写道：时代的发展似乎并没有提高人们的智商，反而使得人们的智商在逐渐衰退，你看：时下的年轻人只关心自己半径三米以内的事情；没有成功欲望、学习能力低下，但丝毫不以为然；看到电视中的广告就会马上冲动购买；遇到困难懒于思考，就立即放弃；人云亦云，做什么事总愿意随大溜……从电视到智能手机，从为娱乐而娱乐的电视剧、综艺节目到网络游戏、直播平台，人们的世界越来越小，人们的头越来越低。在这个空前便利的电子传媒时代，我们在物质上拥有的比以往任何时候都丰富，每天接收着铺天盖地的信息。但是，“政治、商业和精神意识都发生了孩子气的退化降级，成为娱乐，成为幼稚和肤浅的弱智文化，使印刷时代的高品级思维以及个性特征面临致命的威胁”。现代人的业余生活几乎都被囚禁在小小的一方荧光屏前，智能手机和互联网，把现实的世界和虚幻的世界同时带到我们的眼前，放眼望去，我们看到的是一双双近视的眼睛，可近视的仅仅是眼睛吗？我们迷醉在甜腻的肥皂剧泡泡里，沉溺在综艺制造的对他人欢乐生活的围观中，陶醉在自己早起晚睡之间批阅奏折般刷微信的过程中，但是我们又有多少时间，去抬头仰望星空？我们这些叼着精神奶嘴的掌控地球文明的人类到底还能走多远？这样的大众娱乐的人类文明到底还能存在多久？

科幻是一种文学样式，是一种文化，科幻带给大家的不仅是故事，更是一种思维方式，是一种看待世界的视角。希望《三体》能触发你我危机意识的开关，主动思考人类文明的出路。

☆ 问题来了：

读完这本书之后，你感觉到自己在思维方式上有没有变化？有哪些变化？你是否也开始思考地球文明的发展方向、人类文明的出路等问题？请你认真思考，并尝试着从某个角度写一篇读后感。

七、阅读建议

有一位西方媒体人曾经说过：任何以获得资讯为目的的阅读，对自身阅读与写作能力的提高都是没有多少帮助的。这就是为什么很多同学从小到大看了不少书，但是自己的阅读能力和写作水平都没怎么提高的缘故。如果你想在《三体》的阅读中收获什么，那么我们要制订一个读书计划，即使只是阅读一部书而已。

1. 粗读，在情节上把握小说。我们可以参考诸葛亮的阅读方式，通篇阅读，不求甚解，不要为《三体》中出现的你不能一下子理解的科学术语和深奥的理论停留，也不要为此急着去翻阅相关资料，只需在兴趣的引导下，一口气读完整本书，以便对它有个整体性的了解，而不是支离破碎的解读。粗读如果能在情节上把握小说，接受《三体》那不在你的猜测范围内的奇思妙想和紧凑的情节带给你的初次的心灵震撼，并为接下来的重读打下基础就可以了。当然，也可以为之写一个故事梗概，或者把这个故事讲给同学们听，以此来培养自己的概括能力，提升自己讲故事的能力——未来是属于会讲故事的人的。

2. 选读，根据自身兴趣深入研读相关内容，寻找激发专业思考的点。有选择地重读、研读你感兴趣的《三体》部分。我们说《红楼梦》的作者曹雪芹是个杂家，从中我们可以看到诗词、饮食文化、药学文化、服饰文化、建筑文化、民俗文化等，《三体》同样涉及多个领域的学科内容，有人统计说有物理学、哲学、心理学、社会学、美学、人类学、建筑学等 13 门学科的相关内容，我们可以根据自己的专业兴趣和学科需要，或者阅读的深浅层次来进行关注点迥异的阅读。

3. 群文阅读，有利于更全面和立体地评价《三体》本尊。为了更好地认识《三体》，我们可以进行群文阅读的尝试，即找与《三体》相关的作品，比如《三体导读》或者纪录片和作者访谈录，甚至作者崇拜的亚瑟·克拉克的作品，如《天堂的喷泉》《童年的终结》等进行赏析，从而较为全面和立体地评价《三体》本身。同学们还可以看一看美国作家莫提默·艾德勒和查尔斯·范多伦的《如何阅读一本书》。

八、相关链接

1. 如果你想通过同类科幻作品对科幻小说某些共性进行更深入的探讨，下面几部著作值得一看。

◆ 刘慈欣．流浪地球．武汉：长江文艺出版社，2008.

◆［英］亚瑟·克拉克．2001：太空漫游．上海：上海文艺出版社，2019.

◆［英］亚瑟·克拉克．天堂的喷泉．成都：四川科学技术出版社，2012.

◆［英］亚瑟·克拉克．童年的终结．成都：四川科学技术出版社，2006.

◆［美］阿西莫夫．银河帝国：基地七部曲．南京：江苏文艺出版社，2015.

◆《星球大战》系列电影。

2. 如果你想从科学的角度来比较作品，可以参看下面两部科学家写的相关作品：

◆李淼．《三体》中的物理学．成都：四川科学技术出版社，2015.

◆卡维洛斯．《星球大战》里的科学．北京：北京联合出版公司，2016.

3. 如果你想看看其他人对《三体》完整的解读和分析，可以阅读以下作品：

◆詹琰，路姜波．《三体》导读．天津：天津人民出版社，2016.

◆李广益，陈颀．《三体》的 X 种读法．北京：生活·读书·新知三联书店，2017.

4. 如果你想了解作者刘慈欣更多的想法，你可以听听：

◆喜马拉雅听书：刘慈欣的思想实验室。

不畏浮云遮望眼

——走进黄仁宇的《万历十五年》

设计者：程芳兰（宁波荣安实验中学）

QQ：76759932

一、导语

这本书，是反腐题材电视剧《人民的名义》里多次提到的书；是以 300 万册销量创造了学术类著作出版“神话”的书。运用通俗化的叙事形式来联结历史与当下，此书是开山之祖。

☆ 问题来了：

1. 你之前读过学术类著作吗？如果有，你积累了哪些阅读经验和策略？

____

____

____

2. 万历十五年，即 1587 年，这一年世界无大事，作者为什么将它作为本书的时间背景来研究？你的基本判断是什么？

____

二、关于作者

黄仁宇（1918—2000 年），早年就读南开大学机电工程系，抗日战争爆发后辍学参军。1950 年退伍后赴美，进入密歇根大学新闻系，从大三读起，后转历史系，于 1964 年获博士学位。其间，先后任教于几所大学。后因多年无新著问世，62 岁时被纽约州立大学纽普兹分校从正教授的职位上解聘。第二年，他的《万历十五年》由耶鲁大学出版社印行，次年出中文版，被美国多所大学采用为教科书。此后，几乎每本著作都受追捧，出现“黄书走红”现象。

☆ 问题来了：

1. 从职业军人到研究明史的历史学家，这中间的跨度是很大的。如果你对作者的传奇经历感兴趣，不妨收集一些他的故事，写下你的感触。

2. 张爱玲说“出名要趁早”；但著名导演李安38岁前还是个在家煮饭带娃的宅男，摩西奶奶70多岁才开始作画，姜子牙80岁才被人赏识，他们和黄仁宇都属于“大器晚成”者。你更倾向于哪种人生？说说你的理由。

三、内容解析

学术类、教科书，看到这样的定性，同学们是不是有些发怵了呢？作者采用传记体的铺叙方式降低了我们的阅读难度，勾起了我们的阅读兴趣。他用七章容量写了六人：万历皇帝、张居正、申时行、海瑞、戚继光、李贽，分别对应当时的统治者、执政者（张居正和申时行）、普通官员、军事家、思想家。为了让我们深刻了解发展到明清已成为阻碍国家发展的官僚制度，作者以万历十五年（1587年）为时间节点，重点讲述各个历史角色与“文官集团”所秉持的规则之间的博弈。

☆ 问题来了：

1. 世间已无“六宫粉黛无颜色”的杨贵妃，万历皇帝这个君王为何还是“从此不早朝”？你可以从他的童年、青年时期和张居正死后他的行为和思想上的不同表现来深入思考这个问题吗？

2. 万历皇帝故意不与文官合作，33 年来消极怠工，比如不出席各种法定的典礼（当然包括早朝）、不补官，最后造成整个王朝走到崩溃边缘的局面。联系《论语》中的“为政以德”，谈谈你对为政者素养的理解。

3. 两任首辅张居正和申时行行事迥异，最后为什么都失败了？请细读文本，找出作者对两人心理描写的内容和分析两人结局的语段来思考这个问题。

4. 作者对戚继光的做法做了哪些具体的分析和精练的总结？

你是否认同作者的分析？你从中获得了什么教益？

5. 历来都说海瑞是清官，作者对这位清官的哪些分析刷新了你的认识？

6. 李贽是一个自己放弃做官、创建佛院、著书立言的“离经叛道”的思想家，但究竟是什么原因竟要万历皇帝亲自批示他下狱？

7. “文官集团”在明朝的政治体制中发挥了特别重要的作用，本书中各种代表人物轮番围剿它，博弈的结果是，万历皇帝以天子之尊贵，张居正以独裁者之能干，申时行以和事佬之练达，海瑞以原教旨主义者之偏执，戚继光以战神之功伟，李贽以哲学家之叛逆，都成了它手下败将。你阅读之后，能说说为什么文官制度在明朝能够如此强大？它背后的潜规则是什么？

8. 美国气象学家洛伦兹于 1963 年提出了“蝴蝶效应”一说，读完这部书，你怎么看待作者的历史观？通过他对历史人物有温度的评论和对历史事件的理性分析，你看到了作者思想中哪些有价值的东西？

四、艺术鉴赏

科技史学者江晓原有段回忆文字：“读硕士研究生时看了很

多前人的论文，不幸的是它们经常令我昏昏欲睡，我想到以后要以写这样的东西为业就有些沮丧了，正在这时读到了《万历十五年》，原来学术文本可以这样写啊，这坚定了我选择学术生涯的信心。”是怎样的叙述结构和手法，怎样的处理史料方法，让这位学者从此不再视专业的学术研究为畏途？

☆ 问题来了：

1. 结构。本书开头非常独特与智慧，它领着我们从毫无大事可记的年份中发生的一些小事看起，到后面章节是从六个主要历史人物的悲剧症结去鸟瞰整个明王朝衰败的背影，进而分析整个中国在近代衰落的原因，你能说出这种叙述结构的名称吗？这种写法有什么好处？

____

____

____

____

____

2. 历史。美国作家厄普代克认为《万历十五年》尽管是一部严谨的学术作品，却像是一个好看又令人感伤的故事，像卡夫卡的小说《中国长城的建造》(*The Great Wall of China*)，具有超现实主义的梦幻色彩，中国的一部分读者还说阅读此书犹如读金庸武侠小说。虽然每个章节都有数据的考证，节末都有上百条文献资料的罗列，但六个历史人物与严守成规和社会习惯、力求保持政府和社会的整体均衡的“文官集团”发生的一次次非虚构性的博弈故事，给我们带来了有异于传统通史教科书的新鲜感。

作者是如何做到在历史的真实客观与文学的温度间游刃有余的呢？

3. 人物。历史上的人物，在我们读者心中，往往是平面化的人物。但是在作者笔下，六位历史人物以及他们周围的人物都表现出了鲜明的性格。他是运用什么样的手法让这些历史人物在厚重、尘封的历史画卷中鲜活起来的？请找出几处你最欣赏的片段，试做分析。

五、争鸣商榷

视角一：本书最初在美国并不被视为历史学术著作，也不像一般意义上的通俗读物，所以多次被出版社拒之门外。

视角二：耿立群先生在《黄仁宇研究资料目录》一文中指出：黄仁宇在学术界毁誉参半、褒贬互见，未能获得一致的肯定，历史学者或汉学家常质疑其半路出家，学术著作不够严谨；骤然处理数百年、上千年的大历史架构，总让历史学者觉得过于冒险，将历史解释简单化。

视角三：美国名作家厄普代克在《纽约客》杂志为本书撰写书评时虽然赞誉有加，也指出了其缺憾，并提出建议：黄仁宇先生若是将明朝的衰亡置于中国历史的大循环和它独特的文化连续性中进行阐述，也许会更令人同情和理解。

视角四：英文版序言的作者、美国历史学家富路特于1980年5月2日帮作者解释过“谴责中国的官僚制度，并不是要否认全部的中国文化”。

☆ 问题来了：

读书贵有疑，质疑书中某些观点，不是为了否定这本书，更不是去否定黄仁宇先生作为历史学家的资格和成就。复旦大学杨乃乔教授在《文学性的叙事与通俗化的经典——论黄仁宇〈万历十五年〉的书写策略》结尾说过：当下阅读的时代背景转换了，黄仁宇投诸《万历十五年》（1982 年中文初稿）中的价值评判叙事时过境迁了，在当下读完《万历十五年》之后的设问只能是：我们这个时代的文化出路在哪里？人文精神的归宿又在何方？在远离了中国文化传统那些烦琐的人文典章制度后，我们仅仅借助经济、科技与法律就可以给予当代中国人全部的人文价值关怀了吗？请同学们认真思考这三个问题，试着写出自己的观点。

六、学以致用

《普通高中语文课程标准》（2017 年版）在“课程目标”中提出高中阶段课外自读总量“不少于 150 万字”，阅读内容包括“文学名著及其他读物”。而事实上高中三年下来课外阅读量能达标者并不多，其中学术类专著的阅读就更少了。学术类经典的阅读是目前高中课外阅读的一个盲点，这会导致我们语言建构与运用能力的缺失，不利于理性思维能力的发展与提升。

俗话说“半部论语治天下”，讲的是学以致用，不贪多，下功夫精读一本书，我们收获的将是一个成熟的思想。精读《万历十五年》，看他们的故事，长我们的见识。

☆ 问题来了：

读完这本书之后，你感觉到自己在哪些方面有所开悟或者提升呢？独立思考后写一篇完整的读后感吧。

七、阅读建议

阅读分初读和细读分享两个步骤：

1. 初读与笔记：建议选中华书局 2015 年 8 月第 26 次印刷版作为阅读范本，正文共七章，我们可利用碎片时间在读了《自序》和《〈万历十五年〉和我的“大”历史观》两文后，每周一章（每周建议读 1～2 小时），每读完一章，做人物生平事迹年表、章节提要或思维导图。接着对前期阅读做回顾和梳理，以探究人物行为背后的原因为切入点，撰写“我的初读感受”或“我的最大疑惑”。为了保证在相对统一的时间内通读全书，可制定阅读学习单，教师定期检查。学习单的完成质量也是本次阅读活动评价的重要依据。

2. 细读与分享：以小组合作的形式，自由组合成6～8个阅读小组，以一个月时间为限，先在组内交流阅读疑惑，再确定一个本小组探究的主题，合力撰写读书报告初稿，教师给出修改建议。各小组制作演示文稿，并派代表在读书报告会上展示，评出奖项。这也是一次极好的写作与口语实践练习。

八、 相关链接

1. 读完本书后，你可能对整个明朝史产生了兴趣，也对“变革”这个话题有了新想法，推荐下面几部书。

◆ 当年明月．明朝那些事儿．北京：中国海关出版社，2009.

◆ 明实录．黄彰健校注．北京：中华书局，2016.

◆ 林东林．谋国者．上海：上海三联书店，2013.

◆ 孟森．明史讲义．商传导读．上海：上海古籍出版社，2019.

◆ 上田信．海与帝国：明清时代．桂林：广西师大出版社，2014.

2. 你可通过电子媒介，参考他人对历史人物的心理分析、阅读收获等加强对相关问题解读的准确性和全面性。

◆ 黄仁宇．[2019－11－29]. https://baike.so.com/doc/5160437－5390771.html'refff_5160437－5390771－3.

◆ 视频综艺节目《一本好书之万历十五年》。

◆ 喜马拉雅音频《百家讲坛：万历兴亡录》《冬梅讲国史之一起来读书第一期：万历十五年》等。

特立独行于喧嚣之上

——走进王小波的《沉默的大多数》

设计者：苗雪（宁波诺丁汉大学附属中学）

微信：15145879006

一、导语

《沉默的大多数》是王小波的一部杂文集，涉及文化、道德伦理、科学、影视诸多领域。王小波作为自由主义代言人，倾其一生努力追求做一个“能思考、会思考、敢思考”的自由人。该作品以“文化大革命”为背景，倾注了作者对国民，尤其是知识分子命运的关注，运用反讽、调侃、诙谐幽默手法书写着对自由与理性的反思。

☆ 问题来了：

1. 你对“自由主义”如何理解？

____

____

____

2. 尽可能多地收集作品描述的时代哲学的真实素材，并说说你对那段历史的认识。

二、关于作者

王小波（1952—1997 年），当代著名学者、作家。出生于北京，先后当过知青、民办教师、工人，1978 年考入中国人民大学，1984 年赴美国匹兹堡大学东亚研究中心求学，2 年后获得硕士学位。1986 年游历了西欧多个国家。1988 年回国，先后在北京大学、中国人民大学任教。1992 年辞去教职，做自由撰稿人。1980 年王小波与李银河结婚，同年发表处女作《地久天长》。他的代表作品有《黄金时代》《白银时代》《青铜时代》《黑铁时代》《沉默的大多数》等。1997 年 4 月，因病辞世。同年 10 月，香港明镜出版社出版《沉默的大多数》。

☆ 问题来了：

1. 作为一名高中生，即将成为社会的栋梁之材，是万千知识分子中的一员，请你谈谈，你心中的理想“知识分子”形象。

2. 王小波作为一名学者、知识分子，理性率真，既热血又冷静，看得明白又敢说实话，在几十年前的中国实属另类，是特立独行的代表人物。不妨收集一下有关王小波的资料，探究作者个性及思想形成的时代背景及原因。

3. 你对王小波其他作品有了解吗？请简单介绍他的1～2部作品。王小波的作品给你留下什么印象？

三、内容解析

王小波在《人为什么活着》一文中说到，在我们的生活中，有各式各样的镜子可以供我们检查自己是否变傻、变疯，在这诸多镜子中，最好、最大、最有效的一面镜子便是“沉默的大多数”。王小波的《沉默的大多数》确确实实像一面镜子，映射着人性的弱点，读他的文章，时常能够在字里行间看见自己的影子，甚至感到那里面的人和事仿佛就在我们身边。不仅如此，他引领我们对中国文化、中国历史、知识分子等方面进行了深入思考，其厚重感不言而喻。

☆ **问题来了：**

1.《沉默的大多数》是王小波杂文集中的第一篇文章，也是最能体现他哲理思考的一篇文章。“文革”中，沉默，成为那个时代普遍的生活方式。人们沉默的方式有哪些？表现是什么？

____

____

____

____

2. 王小波笔下的“大多数”为什么选择沉默？请结合历史背景谈谈你的看法。

____

____

____

____

3. 王小波通过幽默、调侃的文风完成了他对自由的追求。他曾表示，一个人，尤其一个知识分子首先要成为一个思想自由的人，更要成为这个社会中的精英——思维的精英。这与帕斯卡尔（Pascal）所强调的“人是一根能思想的苇草”如出一辙。在《沉默的大多数》杂文集中，诸多文章都表达了作者对自由的渴望与追求。你怎样理解“知识分子首先要成为一个思想自由的人”这句话？

4. 作为知识分子，思想自由表现在哪些方面？试结合文本中的2～3篇文章进行说明。

5. 作为一名高中生，在学习和生活中如何做一个思想自由的人？

6. 王小波在文章中问道：“知识分子该干什么？”谈谈你对这个问题的看法。

四、艺术鉴赏

王小波的作品像一面镜子，映射着人性的弱点，总是不断地叩击读者的心扉，让人反省、深思，这在很大程度上既得益于其独特的叙事语调，又得益于其对反讽、调侃手法的运用。

☆ 问题来了：

1. 举例说明《沉默的大多数》中反讽和调侃的写作手法，并鉴赏该写作手法。请你就当前社会中存在的某一现象，学习借鉴该手法，写一段不少于200字的短文。

2. 文如其人，很多作家都有自己独特的语言风格，比如鲁迅、张爱玲、沈从文等优秀作家，他们的作品里都有属于他们独有的叙事特征。而王小波的独特之处是在他的杂文里有很多“我”字的出现，请你结合文本谈谈这种叙事特征的作用。

3. 王小波曾经说过：小说正向诗的方向改变自己。他比较尊敬的王道乾先生就是一位诗人。由此看来王小波在文字的组织上注重这种音律般的节奏感，请你在文本中找出几处片段进行赏析，分析这样组织文字吸引读者的内在原因。

五、争鸣商榷

初读《沉默的大多数》会感到枯燥无味，深入阅读，其文笔幽默、风趣，令人捧腹之余，又给读者留下深深思索。他的作品直面人性的弱点，直击社会的痛点，正因为如此，王小波的《沉默的大多数》引发了众多读者的热评。下面我们就来看看这些读者的主要观点。

观点一（网名为“青河”的网友）：读王小波的作品，无论是从构思还是内容上，都可以感受到他所崇尚的理念：世界本就是参差多态的，人性亦是参差多态的，你要接受一切的存在。王小波的想法总是别出心裁，他的一些观点，放到现在亦可引领时代思潮，更别说在当时，也许这就是他的作品能够长盛不衰的原因。王小波崇尚思想的自由，相信知识的美好，但是，他却并不认同知识的灌输，把功利的想法施加在思维之上。

观点二（网名为“有书”的网友）：有句话说“好看的皮囊千篇一律，有趣的灵魂万里挑一”，有书君自认为，王小波应该就是这样的人吧。王小波的相貌无论放在什么时代，嗯……应该都属于拼才华的那一种，就连自己的妻子李银河在被他表白时都觉得难以接受，可你猜王小波是怎么说的？他在情书里写道：“一想到你，我这张丑脸上就泛起微笑。”这样一个有趣的人，换作你，能不动心吗？王小波的杂文集《沉默的大多数》里面收录了近40篇精选杂文，包含了王小波先生对社会、对历史、对人性的各种看法，文章虽短小，却无比犀利，加上作者幽默的文笔，读起来真是让人欲罢不能。

观点三（网名为“无名氏”的网友）：作为王小波，我想他对于自由的观点，更多停留在思想层面上。比如他说“对于一位知识分子来说，成为思维的精英，比成为道德的精英更为重要”。他甚至提到了“一个常常在进行着接近自己限度的斗争的人总是常常会失败，一个想改革社会的人更是常常失败。只有那些安于自己限度之内的生活的人才总是胜利”。但从根本上讲，王小波所做的一切努力，仅仅是在思想层面上的，乃至于只是在知识层面上的。这也就是我认为王小波的“自由主义”不应该是西方主流思想中的“自由主义”。从这个层面来说，我甚至更支持李华芳先生将“自由派”与“自由主义”分别翻译，表达不同含义的观点。

观点四（文化学者朱大可）：王小波毕生都在向自由致敬，在王小波那里，自由是一种坚固的信念，缠绕于身体的每个部位，最终在头颅的灵魂深处形成无法摧毁的封印。人们已经发现，这自由的封印，张贴在小波的所有作品之中。

观点五（冯唐）：王小波作品的好处首先是有趣味。“小波的文字，仿佛钻石着光，春花带露，灿烂无比，蛊惑人心。”其次是说真话，因为他觉得“这一点非常基本的做人作文要求，长久以来对于我们是一种奢侈”。最后是小波的文字有一种纯粹个人主义的边缘态度。在肯定好处的同时，冯唐还谈到了王小波的三点不足。第一，文字寒碜，“我们伟大的汉语完全可以更质感，更丰腴，更灵动”。第二，结构臃肿。冯唐认为即使是王小波最好的小说《黄金时代》，结构也是异常臃肿的。第三，流于趣味，“除了趣味，小波没剩太多。除了《黄金时代》和《绿毛水怪》偶尔真情流露，没有见到大师应有的悲天悯人”。在《王小波到底有多么伟大》文章的最后，冯唐说王小波的出现是个奇迹，他的作品在文学史上是有一定地位的，但是还谈不上伟大。

观点六（高晓松）：说起王小波，我有千言万语，但是真到了要讲他的时候，又不知从何说起。以我有限的阅读量，王小波在我读过的白话文作家中绝对排第一，并且甩开第二名非常远，他在我心里是神一样的存在。王小波营造的是一个世界，你明明知道这个世界并不存在，但是你又并没有把它当成寓言或者童话去看待。每次读王小波，都觉得心在飘浮。读《万寿寺》，每次都像一个信佛的人在读佛经、一个基督徒在读《圣经》一样，发自内心地充满喜悦：白话文原来可以营造出这样的世界、这样的氛围，还有这样的节奏感。节奏感其实是可以学习的，但是王小波营造出的氛围是极为精彩而非人化的，就像神一样。我读许多人的文字的时候，一边看一边揪心：怎么突然就绷不住了？怎么突然落地上了？怎么突然又控制不住飞到天上去了？但是王小波的作品始终让人特别放心。他一定能保持在离地不高不低的地方，既不接地气，不会成为现实主义，又也不至于神经兮兮，他始终保持着漂亮的速度和轨迹。

观点七（林少华）：他是个不老实的边缘人，总是对主流怀有戒心，不时旁敲侧击，甚至像个天真烂漫、口无遮拦的孩子，指出看似西装革履、道貌岸然的人其实可能什么也没穿。众所周知，王小波最讨厌假正经、伪善和“精神复制品”，最不甘心俯首帖耳做“沉默的大多数”。他认为，对知识分子来说，知识并不神圣，重要的是讲真话。实际上他的杂文也通篇是真话，不说废话，更不说假话。毋庸讳言，在中国有时候讲真话是多么艰难，而讲假话是多么容易。在这种情况下，讲真话就变得尤其重要。也正是讲真话这点，最终使得王小波以非主流的边缘人身份，超越了边缘和主流，从而引起了无数读者的灵魂震颤和情感共鸣，为沉默的大多数的平庸生活提供了一缕温暖的光照和一丝会心的微笑。他之所以被人提起和怀念，这点肯定是个主要原因。

☆ 问题来了：

1. 王小波的文集中，认为西方人有一种令人震惊的思维特质，是我们孔孟思想所不具备的，他的许多笔墨用在批判中国传统文化和思想，结合文本举例说明。

____

____

____

2. 王小波对中国传统文化和孔孟思想的看法，你认同吗？王小波产生这种看法的根源是什么？

____

____

3. 举例说一说中国传统文化和思想的精髓与糟粕，以及应该如何对待这些文化。

4. 结合社会实际，说一说中国传统文化对你个人生活、学习及现代社会的影响。

六、学以致用

王小波一生崇尚自由，呼吁人们不要做沉默的大多数，要勇敢发声，读他的文章，内心受到莫大的鼓舞和心灵的洗涤，不禁要为王小波点赞，他把人们的丑态暴露无遗，你会不自觉地从文本中找寻时代的影子，你会情不自禁地跳出文章联系社会实际并深入思考。

☆ **问题来了：**

1. 你能列举出现实社会中有哪些“沉默”的现象吗？你如何看待这些现象？

2. 读完这本书，你有哪些感悟和启发？

七、阅读建议

“整本书阅读”如此重要，那么怎样阅读一本书，阅读方法就格外重要了。

1. “精读”文本，考查词句，通读全书。“整本书阅读”离不开“精读”这个常用的阅读方法，所谓“精读”就是要慢下来品读、摘录，及时记录下自己的所思所想，也就是要求我们“读思结合，读写结合”。就《沉默的大多数》而言，对初读的同学们来说不建议泛读，或者说少用泛读这种方法，因为文章时代背景与我们有一定的距离，理解上稍显困难，再加上作者引经据典和对反讽手法的运用，加大了理解难度，因此在阅读时，要一字一句、一篇一篇地细读，不仅要边读边思、边读边写，还要边读边查阅。

2. 以“内容和思想情感”为线索，打乱原书顺序，通读全书。《沉默的大多数》与其他整本书不同的地方在于它是一本杂文集，并不是一个连贯的故事，在阅读时，应善于抓住这些文章的内容和价值体现的共同之处，可以将其归纳、分类、整理，归纳若干主题，按主题摘录，看书里作者的思想是什么。

3. 从艺术手法角度出发，对文本进行赏析品评。《沉默的大多数》是一本杂文集，作者王小波在文章中运用了多种艺术手法来表达自己的态度与特立独行的个性特征，其中反讽、调侃的艺术手法尤为突出，也收到了不同凡响的艺术效果。与此同时，作者独特的叙述语调、近乎诗歌般的语言风格，都值得每位读者仔细品评领悟、学习和借鉴。

4. 比较阅读。王小波写作杂文，善于运用反讽、幽默手法，于嬉笑怒骂中阐述深奥道理，这让我们不得不想到中国著名思想家、文学家鲁迅，因此可以对王小波与鲁迅的写作手法进行一番比较。王小波塑造了众多让人印象深刻的群体形象，在中国文坛上有许多作家同样塑造了一批批生动的群体形象，如：巴金笔下麻痹的市民、老舍笔下糊涂的国民、萧红笔下病态的灵魂、张爱玲笔下琐碎的凡人等，有兴趣的同学可以鉴赏分析众多作家笔下群体形象的异同。

5. 自我总结。我们读一本书，就一定要从中有所收获。从知识层面来说：艺术手法、语言风格、行文布局、材料选择等，同学们要学会总结，并运用在日常写作中，这样才能达到学以致用的目的。从思想层面来说：书籍是净化心灵的清洁剂，是人类的精神食粮，每读一本好书，我们一定都从中得到心灵的启迪、精神的净化。《沉默的大多数》正是这样的一部好书，同学们在读的过程中一定要不断地进行自我对照、反思、解剖，对书中诸多问题一定都要有自己的见解和看法，希望同学们把自己的感悟、心得体会写成文章。

北大中文系教授陈平原曾说：“读书真正好的状态是不断总结自己的道路，然后自己做调整。”相信只要坚持读书，你就一定能从书中获取知识和养分，领略智者的思想，不断提高文学素养，增加自身的内涵。

八、相关链接

1. 为了更好地了解中华人民共和国成立后的历史，有兴趣的同学可以阅读：

◆ 中国共产党中央委员会关于建国以来党的若干历史问题的决议．北京：人民出版社，2009.

2. 为了更好地理解王小波《沉默的大多数》，有兴趣的同学不妨阅读以下书籍：

◆ 王小波．黄金时代．广州：花城出版社，1999.

◆ 王小波．白银时代．广州：花城出版社，1999.

◆ 王小波．青铜时代．广州：花城出版社，1999.

◆ 王小波．一只特立独行的猪．哈尔滨：北方文艺出版社，2006.

◆［英］C. P. 斯诺．两种文化．纪树立译．北京：生活·读书·新知三联书店，1995.

◆ 贾平凹．废都．北京：北京出版社，1993.

◆［古希腊］柏拉图．理想国．顾寿观译．北京：商务印书馆，1986.

◆［英］伯特兰·罗素．自由之路．李国山译．北京：西苑出版社，2004.

◆ 马识途．马识途文集 8：沧桑十年．成都：四川文艺出版社，2018.

后　记

自2018年初教育部《普通高中语文课程标准》（2017年版）面世以来，广大语文教师一边忙着应对目前高考所需要的教育教学任务，一边开始研究十八个学习任务群的推进与落实，各自为战，步履维艰。在我的倡导下，以沪浙苏皖新语文圆桌论坛部分骨干教师为基础，成立了一个以推进“整本书阅读”为主题的新语文教师联盟，并迅速得到了包括北京人大附中，上海复旦附中，河北开滦一中，浙江宁波中学、效实中学、镇海中学以及宁波诺丁汉大学附属中学等三十多所知名学校的积极响应，各路语文精英纷纷献计献策。今天的这本小书，就是在实践操作层面对整本书阅读的一种思考和解读。

2018年7月在江苏常州高级中学举办的第二十一届沪浙苏皖新语文圆桌论坛上决定第二十二届论坛将在安徽马鞍山二中举行，该校的郭校长采纳了我的建议，主题定为：“整本书阅读”研究。2018年10月全国中语会在重庆召开，我被邀请在校长论坛发言，我谈了在课改中“语文校长的特殊使命”，会议期间，有幸遇到了中国人民大学出版社的费小琳老师，我向她介绍了我们“整本书阅读”的想法和进展，得到了她热情的肯定和鼓励。

一年来，我们这支团队为了“整本书阅读”的推进与落实，积极合作，优势互补，资源共享，群策群力，几乎每天都有信息往来，我和每位作者都有个性化的深入沟通。非常感激各位语文同人的无私奉献以及对我这个苛刻过人的主编的包容。

感谢人民教育出版社的顾之川先生、北京大学的温儒敏先生的教诲，感谢人大附中于树泉老师、复旦附中黄玉峰老师、开滦一中张丽钧老师的指导，感谢安徽的杨桦老师、湖北的史绍典老师、江苏的朱茫茫老师、上海的谭轶斌老师和邓彤老师、深圳的程红兵老师、浙江的胡勤老师和褚树荣老师的鼓励与鞭策。没有你们的帮助和指点，我们可能仍在黑暗中摸索蜗行。

此外，要特别感谢中国人民大学出版社的费小琳老师，我们此前素不相识，但是共同的梦想、人格的力量让我们迅速成为知己和诤友，费老师不仅给我们热情的鼓励，更重要的是多次为本书提出中肯的修改意见，每一次都呈现着清晰的思路，洋溢着智慧和理性，让人有顿悟之感。

新课改的方向是从以教学为主逐步转向以学习为主，我们意识到：这不是一个简单的主体变化，而是一场从观念到行动的变革。

我们做好准备了吗？

袁湛江

2019 年 8 月 8 日

图书在版编目（CIP）数据

相约经典　走进名著（中国现当代卷）/袁湛江主编．-- 北京：中国人民大学出版社，2020.3

ISBN 978-7-300-27833-9

Ⅰ．①相…　Ⅱ．①袁…　Ⅲ．①阅读课－中学－教学参考资料
Ⅳ．①G634.333

中国版本图书馆 CIP 数据核字（2020）第 002445 号

相约经典　走进名著（中国现当代卷）
主　编　袁湛江
Xiangyue Jingdian　Zoujin Mingzhu（Zhongguo Xiandangdai juan）

出版发行	中国人民大学出版社		
社　　址	北京中关村大街 31 号	**邮政编码**	100080
电　　话	010－62511242（总编室）		010－62511770（质管部）
	010－82501766（邮购部）		010－62514148（门市部）
	010－62515195（发行公司）		010－62515275（盗版举报）
网　　址	http://www.crup.com.cn		
经　　销	新华书店		
印　　刷	德富泰（唐山）印务有限公司		
规　　格	148 mm×210 mm　16 开本	**版　　次**	2020 年 3 月第 1 版
印　　张	16.125	**印　　次**	2020 年 3 月第 1 次印刷
字　　数	342 000	**定　　价**	58.00 元